ハーバード式不動産投資術

Real Estate Design and Investment: Lessons from Harvard

資産26倍を可能にする世界最高峰のノウハウ

Ueta Masamichi
上田真路

ダイヤモンド社

はじめに

どんな時代でも驚異のリターンを上げ、社会的インパクトを創造する不動産投資家になるために

高知の田舎から大学入学で上京し、資産ゼロ、コネゼロ、高田馬場の大家さんに家賃を6年間払い続けた僕が、独学で不動産投資を学び実践し、その後、家賃収入（＋奨学金）でハーバード大学デザイン大学院（以下、GSD）に留学。僕の不動産投資戦歴のひとつを紹介すると、5年間での自己資金に対する投資リターンが26倍になったものもある。この驚異のリターンを実現できたのも、GSDでのファイナンスとデザインを結びつける学びのおかげだ。この世界最高峰のノウハウともいえるハーバード式不動産投資術の真髄を公開させていただきたい。

僕が不動産投資を始めたきっかけは、2008年のリーマンショック時に設計の仕事がなくなったことだった。当時はゼネコンに勤務する建築の設計者として、リゾートホテルや複合施設の設計を国内外で活発に行っていた。しかし、リーマンショックが猛威を振るい、不動産業界にとって冬の時代が訪れると、不動産プロジェクトの川上で資金と融資の供給が完全ストップ。連鎖してデベロッパー（不動産開発業者）や不動産ファンドが倒産し、そこから仕事を受注している設計者やゼネコンの仕事がいっきになくなった。

僕の担当していた不動産開発プロジェクトも例外ではなく、不動産オーナーは泣く泣く土地を売り払い、僕の設計者としての仕事も当然なくなった。もちろん設計料も回収できず。その時に、もし自分がこの不況下でも生き残れる不動産投資家だったら、開発用地を売却せずに保持して、クリエイティブに軌道修正をし、なんとか開発プロジェクトを続けられる方法があったのではないかと、悔しい思いをした。

そして、サラリーマンのみの収入に頼らずに、どんな状況下でも安定した不労所得と売却益を確保しつつ、自分の好きな設計の仕事に打ち込める経済状況を手に入れるべきとも思った。そう、つまり自分がリスクを取り、クリエイティブに投資をコントロールできる建築家大家になれば、プロジェクトの主導権もしっかりと握り、いい建物を設計し、結果的にリスクを取った分の大きなリターンを得られる、という考えに至ったのだ。

そうは言っても、自分も昔は一介のサラリーマンで、資金や知識、人脈もなく、どこから始めればよいのかも分からなかった。そんな中で、数々の不動産セミナーに顔を出し、不動産関連書籍も50冊は読破し、投資総額10億円超えのメガ大家とよばれる不動産投資の大先輩たちとの出会いもあって、やっと最初の物件に投資することができた。

さらに、不動産投資とデザインの関係を探るためにGSDへの留学、不動産ファンドでの経験を経て、唯一無二の物件をいくつか投資・開発し、今のところは山あり谷ありで充実した不動産投資ライフを過ごさせてもらっている。成功していると言い切れないのは、僕がこの世からいなくなるまで成功かどうかが判明しないと考えているためだ。

もちろん数々の失敗をし、挫折も味わってきたが、今のところ資産拡大法の自分なりの答えを出し、積み上げてきており、将来像を明確に見ることができているから「純粋にエキサイティングに楽しんでいる」状態だ。だが、不動産投資が自分の資産拡大に与えるインパクトは経済的な一面にすぎない。不動産投資という社会活動がユーザーや地域、そして都市に及ぼす社会的インパクトは非常に大きく、そして末永いものだ。

今の自分があるのは、自己流で編み出してきた投資手法、メガ大家の先輩方からの教え、そして不動産投資成功の普遍的な方程式を授けてくれたハーバード大学院からの学びのおかげだ。この3つの学びを融合、整理した手法を「ハーバード式不動産投資術」として順を追ってお伝えする。

不動産投資の素人だった僕のケースを追体験していただくからこそ、これから不動産投資を始める方でも、もちろん実行できる手法だ。このノウハウは再現性のあるものだし、世界共通の手法でもあり、さらに、どんな時代でも生き抜くことができる「不動産投資の普遍の教養」だと考えている。

世の中がますます複雑性や国際性を増してゆき、さまざまなライフスタイルや働き方が求められる時代だからこそ、より普遍的な不動産投資の思考方法や、投資姿勢が必要となってきている。

今回、本書をまとめたのは、そうしたニーズに答えるために、一度、ハーバードで学んだ世界基準のノウハウを自分なりに言語化して、実行可能なナレッジとして皆さんとシェアしたいと思ったからだ。

よい不動産ができれば、よい人が住んで生き生きと暮らし、活気ある街ができる

僕は、ひとつの仮説を立てて不動産投資を楽しんでいる。

「よい不動産ができれば、よい人が住んで生き生きと暮らし、そんな活気ある不動産が集まりよい街ができる。もちろん大家さんも家賃収入を伸ばし、不動産価値も上がり、さらに活気ある街が醸成されてゆく好循環が生まれる」

想像してほしい。自分がつくり上げた建物がデザインも優れていて、街並みにも相応しく、唯一無二の住環境を提供しているとする。そこには、平均的な家賃相場や設備条件で住まいを選ばせる不動産仲介会社が入り込む余地はない。

あなたの建物に、ぜひプレミアムな家賃を払ってでも住みたいという人が暮らし、その人らしい生き生きとした生活や商業活動を展開している。結果的に、画一的なマンション物件よりも利回りは高く得られている。そして、あなたの成功を見てきた隣の地主さんも、どうせ建てるならと、あなたのフォロワーになってくれることだろう。

続いて一軒、また一軒と活気ある場を提供する建物が街にはできてきて、住んでも働いても、そ

して遊んでも楽しい街になってゆく。次第に街全体の価値もじりじりと上がってゆき、そこに住みたいという人たちが集まってくるという好循環が生まれる。そして漏れなく、この好循環に加担した大家さんには大きな経済的リターンが待っている。そのリターンを使って、さらに大きくワクワクする不動産投資を実行したくなる循環が生まれる。

こうした好循環の可能性が、あなたの中にも、ありありと映画の情景のように浮かぶようにガイドをするのが本書の役割だ。

本書で公開するナレッジは、これから不動産投資を始めたい人はもちろん、既に大家業に取り組まれている方々や不動産事業を実務とされているプロフェッショナルの皆さんにもぜひ、シェアさせていただきたい。また、何歳でも不動産投資の世界はあなたを待っているからこそ、ぜひ学生にも、そのメカニズムに触れてほしい。

僕が不動産投資に着目し始めたのは、建築学科の大学院生時代だったが、実際に第1棟目を購入できたのは社会人4年目だった。自分のサラリーマンとしての年収と同じ額がローン後キャッシュフローで入ってきたときの感動は今でも忘れがたい思い出だ。

ぜひこれから社会に出る学生の皆さんには、自分の希望年収を確保してくれうる可能性のある不動産投資の世界に飛び込む準備をしていただければと思う。

ハーバード式不動産投資術とは

ハーバード大学デザイン大学院（GSD）でのケース・スタディでは日本の大規模開発事例も扱うが、そのナレッジを米国や海外のケースと組み合わせることで、さらに面白い街が日本にはきっと創れると僕は信じている。本書をきっかけに、ワクワクしながらよい利回りを実現し、あなた自身の不動産ポートフォリオが益々拡大してゆく投資術を身につける「学び」の扉をぜひ、開けてみてほしい。

・なぜ不動産投資なのか？
・よい不動産をデザインするとは、どういうことか？
・驚異のリターンを実現するファイナンスの極意とは？
・経済的なリターンだけではなく、社会にインパクトを与え、「やりがい」としてのリターンも得るには？
・不動産投資のリスクなんてコントロールできるのか？
・ハーバード大学普遍のテクニックである「α方程式」において、やってはいけない不動産投資とは？
・なぜチームビルディングやネットワーキングが大切なのか？
・不動産投資を始めるのはいつがいいのか？

図表0-0　これがハーバードで学んだCreating αだ！

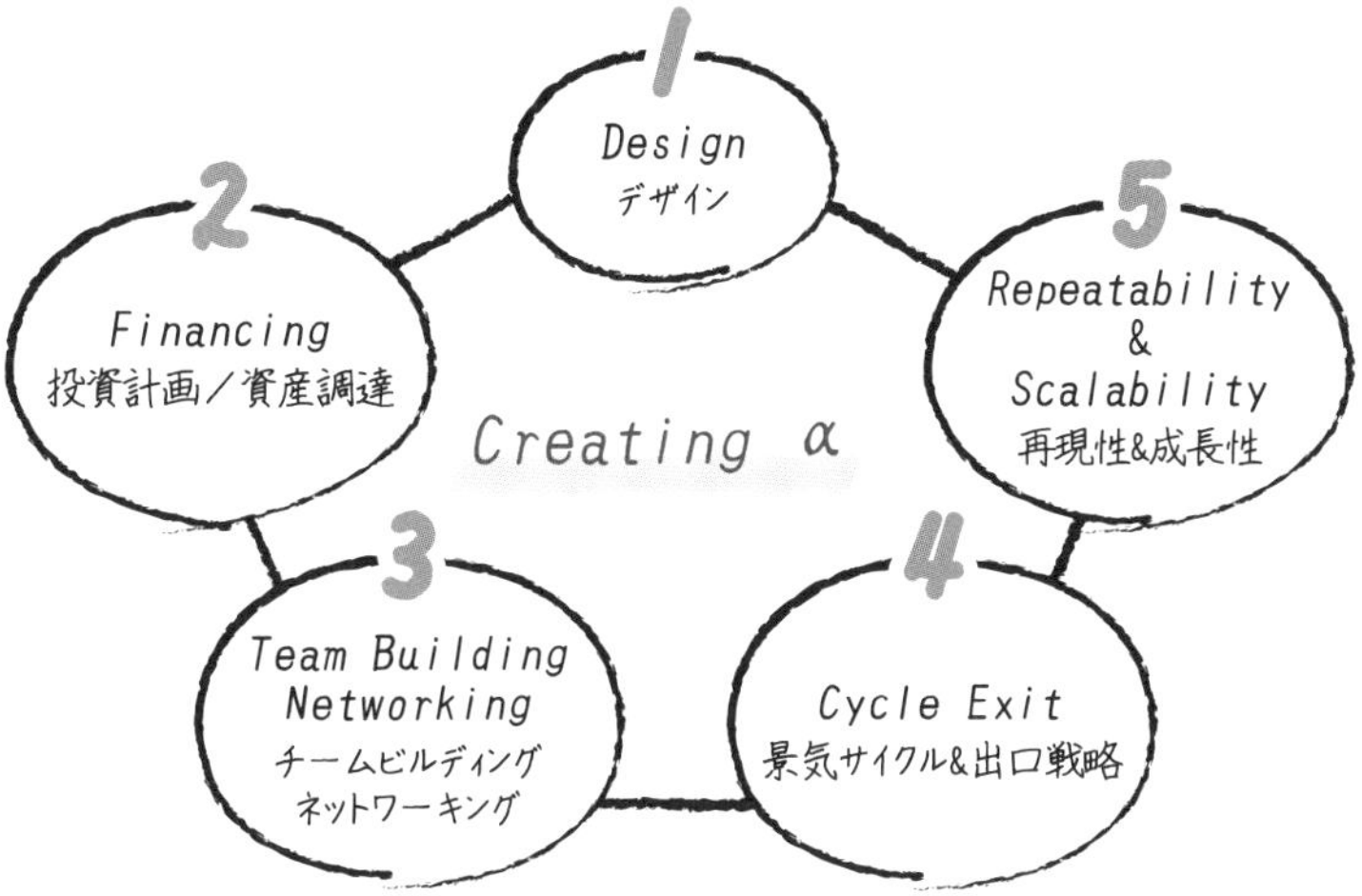

こういったことを、実例（ケース・スタディ）を踏まえてメカニズムを解き明かしてゆく。

コアとなる考え方は、

１「デザイン」、２「ファイナンシング（投資計画と資金調達）」、３「チームビルディングとネットワーキング」、４「景気サイクル&出口戦略」、５「再現性&成長性」、の５つに着目すること。そして、これら５つの観点で、平均値を上回ること。これが、僕がハーバードで学んだ「Creating《クリエイティング》 α《アルファ》」という教えだ。

本書では、読者の皆さんが自ら不動産を企画、指揮、実行できる「不動産プロデューサー」になることをゴールとして設定する。

・まずどんなことを不動産投資を通じて実現したいか？　つまり、あなたの映画「不動産投資ものがたり」のテーマは？

・どんな用途なら最もリターンが高くなるのか？
・資金をどう調達すれば、レバレッジをかけつつ、リスクを最小化できるのか？
・どの業者に設計や施工を頼むと不動産の価値を最大化できるのか？
・投資のサイクルをどう考えればよいのか？

などといったことを構想し、チームを指揮する映画プロデューサーのような仕事だ。

初動の段階で、いかにこうした諸条件をデザインするかによって、高利回りとリスク低減が現実のものとなり、また、あなたにとってもユーザーにとっても、そして社会にとっても意義のある不動産投資活動が可能になる。デザインという言葉を使っているが、デザインとはある課題をクリアするための解法のようなものだ。実際にあなたがデッサン画を描き、図面を引き木材を切ったり削ったりして建物を造ることではない。あくまで、今直面しようとしている投資物件の特徴や課題を捉えて、どう良くできるのか？　この解決方法を着想し、専門家のチームを雇い、指示を飛ばしてチームの力で物件を造り上げるのだ。それはメールでも電話でも、あるいは言葉やスケッチで伝えたり、参考写真を見せることでもできる。

不動産投資には人脈形成が大事！

ＧＳＤでの１日目は、学科長から全生徒に向けてのオリエンテーションから始まった。そこでの

ハーバードのスタジオと呼ばれる大アトリエ

教授からの言葉が非常に印象的だったのでシェアしたい。

君たちがこのハーバードで真っ先にすべきことは何か？

それは「Networking, Networking, and Networking」だ！　と。

つまり人脈形成である。これには日本語の人脈形成という言葉以上に、助け合ったり、知識を補完し合ったり、切磋琢磨し合える「真の仲間とのつながり」という意味がある。不動産投資においても、すべてを自分で行う必要はなく、まさに知識や実行段階での役割を補完し合える、よきネットワークやチームワークづくりが成功のカギとなるのだ。

本書は、ハーバード・ビジネス・スクールやGSDの真骨頂でもある授業形式「ケース・スタディ・メソッド」も披露してゆく。ぜひ、本書の様々なケース（事例）で出てくる、生々しい数字とストーリーを感じ取って、ご自身でも追体験をしながら、ディスカッションに参加しているつもりで、考えてみて欲しい。本書を通じて、ひとりでも多くの方に、よい不動産と大きなリターンをデザインしていただき、活気ある美しい街並みを醸成するクリエイティブ大家の仲間になってもらいたいと強く願っている。

目次　Contents

序章　ハーバード式不動産投資術を学ぶための心得

第1章 ハーバード式不動産投資術 普遍の方程式「Creating α」

第2章 ハーバードで学んだ 不動産をデザインするとは（Design）

第3章 ハーバードで学んだ不動産ファイナンスの極意（Financing）

第4章

ハーバードで学んだ不動産チームの重要性（Team Building & Networking）

第5章

ハーバードで学んだ勝ち残るために必要な景気サイクルと出口戦略（Cycle & Exit）

第6章

ハーバードで学んだ再現性と成長性の戦略（Repeatability & Scalability）

第7章 ケース・スタディから見えてくる不動産投資の新しいデザイン手法

第8章 Q&Aセッション

序章

ハーバード式不動産投資術を学ぶための心得

1 Why Real Estate? なぜ、不動産投資をやりたいのか？

あなたは不動産投資家として、あるいはこれから不動産投資を始めるにあたり、何かテーマを持っているだろうか？　ハーバードの入学試験をパスするために最も重きを置かれるのがエッセイなのだが、このエッセイで答えなくてはいけない、シンプルだが核心を突く問い、それが「Why Harvard?（なぜ、ハーバードなのか？）」だ。

この問いに答えるためには、何のしがらみもない子供の頃の夢を思い出してみたり、挫折やターニングポイントとなったライフ・イベントを振り返ってみたりする必要がある。

自分の人生を振り返りながら、それでもハーバードに自分が行くべき理由を探り当て、さらに卒業後にハーバードでの学びを活かして、その先に何を実現し、世界をどう変えたいのか？　という自分自身の人生のテーマを深く掘り下げてゆくのだ。

ここで皆さんにも少し考えてもらいたいのが、**なぜ不動産投資をするのかだ。**

・経済的な自由を得たいから？

・経済的な自由を得て、その先で何を実現したいだろうか？

・勤め人を辞めて社会貢献に携わりたいだろうか？
・子供と一緒に悠々自適に時間の制約なく過ごしたい？
・子供の頃に夢中になった事をもう一度大人になって実現してみたい？
・世界中を旅したり、留学をしてみたい？
・インテリアが好きだからその才能を発揮して、入居者が喜んでくれる顔をみたい？
・シェアハウスを運営して多様な居住者とワイワイガヤガヤ過ごしてみたい？

様々な答えが浮かぶと思う。僕の場合の答えは、現時点ではこうなっている。

不動産投資を通じて建物を変え、ひとを変え、そして街を変えたい！

僕が建築設計を始めたきっかけは地元高知の叔父が建築家だったことだ。叔父が我が家を設計してくれた時、打ち合わせに持ってくる建築模型がかっこよくて、その模型を見様見真似で工作して再現したりもしていた。何より叔父が設計してくれた家に思春期のころから高校卒業まで住む中で、家族の関係が建築マジックにかけられたかのようにポジティブに変わっていったのが不思議だった。

今でも家族内でいろんな話題を共有し、お互いの結婚相手や友人を招いてはホームパーティをしている。目に見えるデザインを超えた、一種の人のつながりをデザインしているのだと思った。僕の家族の例のように、建物は住んでいる人の人生を変えることだってある。そんな力が建物にはあることを実体験として知ったのだ。

しかし、いざ大学生として上京し、街に出てみればどうだろう？　御多分に漏れずにワンルームマンションに住むことになったが、何か違うなと感じる。社会人になって設計士として仕事をするが、事業主や不動産オーナーからの注文に応えるだけでは、どうも床面積の最大化とコスト圧縮という条件からは逃れられない。その背景で働いている不動産のメカニズムがいかに強力で支配的なものかということを嫌というほど思い知らされた。

ならばと思いついたのが、自身が大家となり、自分が理想とするような物件を創ってみようということだった。つまり不動産投資のメカニズムを活用して自分なりの建築や街を創り、住む人の人生に少しでもプラスの影響を与えたいということだ。

ひとりでも多くのクリエイティブなプロデューサー型大家が生まれて欲しい

当面の数字的な目標は、1万人の住み手の成長や充実したひと時を最大化できる住宅を提供することである。今のところは数棟の不動産を自身で投資開発し、多様で面白いバックグラウンドを持つ住人との輪も広がり、日々楽しく運営させてもらっている。1棟ずつではあるが、使う人や住んでいる人の人生をプラスに影響できるような、素晴らしい建物を創りあげることができれば、何万人という多くの人の人生を変えられるのではないかと思う。

人を勇気付けたり活気付ける空間や建物が街に少しずつ増えてくれれば、街も次第に活気付くし、それぞれの地域の持ち味をいかした街並みが形成されたり、あたらしいコミュニティが生まれることにも繋がる。時間をかけて醸成された魅力ある街というものは、地域住人が自信の持てるものになり、さらに外部からも新しい人々が移り住んでくる。

こういった好循環を回し始めることができるのは、実は地域のクリエイティブ大家さんだと思っている。本書で紹介する不動産投資に対する考え方や姿勢、そして手法を駆使して、不動産投資家として何ができるのか、一緒に考えていきたい。

10年後、20年後、その先の「建物や街、そして人」の未来予想図を具体的に描き、そして自らの知恵と行動力、ちょっぴりの資本を投じて、この好循環を回し始められるのは、まぎれもない不動産投資家であるあなたなのだ。

だからハーバードでの学びやメガ大家からの教え、そして僕の山あり谷ありの生々しい経験やケースをシェアさせていただきたい。驚異の経済的リターンは粛々と取り組むことで必ず実現できる。ただ、そのリターンを創り込む過程が、ワクワクに満ちた旅路となり、巻き込まれた仲間が楽しめるもののほうがよいし、でき上がった建物に住む人々が生き生きとしていたら経済的リターン以上に充実感を得られるものだ。

ひとりでも多くの不動産投資家が、クリエイティブなプロデューサー型大家となり、建物を変え、人を変え、街を変え、そして成功してくれることが僕なりの不動産投資を通じての社会的インパクトの生み出し方だと考えている。

みなさんの「**なぜ、不動産投資？**」に対する答えをここで明確に宣言する必要はないが、この問いがあればこそ、これから始まる山あり谷ありの講義も、成功するためにやらなくてはならない膨大な出題課題にもモチベーションを持って取り組むことができると思う。

ぜひ左のような要素について、少し立ち止まって考えてみてもらう時間をとってから進んでもらいたい。

WHY不動産投資?

・興味を持ったきっかけは?
・自分のバックグラウンドや特技、好きな事をどう不動産投資と組み合わせられるか?
・子供の頃に好きだったものは?
・お気に入りのお店や建物、街はどこだろう? 日本では? 世界では?
・経済的な自由とは年収いくらだろう? 資産はどれほど積み上げたいだろう?
・経済的な自由が手に入ったとして何がやりたいだろう?
・どんな社会的/経済的報酬があれば、非常に辛い局面がきても耐えられるだろう?
・どんな仲間と不動産投資をしてゆきたいだろう?
・不動産投資を通じてどんな社会貢献をしたいのだろう?
・これから10年、20年、30年先の未来に何を残したいだろう?

2 レッスン前の準備体操からスタート

具体的なノウハウのレッスンに入る前に、まずは準備体操から始めよう。その理由は、**多くの不動産投資本やセミナーが、基礎体力といえる、不動産投資の基本を教えていないからだ。**基本ができて初めて、自分の独自性を出したり、エッジの利いた特殊な不動産投資もできるようになる。まずは準備体操をしてもらい、そして技である各章のナレッジをステップを追って習得してもらい、実際の事例でもあるケース・スタディを追体験しながら、各自の不動産投資スタイルを編み出す応用編へと進んでほしい。

ハーバード不動産投資授業のDay1

さっきまでクラスの同級生とのたわいもない会話で溢れかえっていた教室に一瞬の静寂が訪れる。GSD共同代表のリチャード・パイザー名誉教授が教室に入ってきて、堰を切ったように生徒にまくし立てる。Total Development Cost（総開発費用）はいくら?

この物件のNOI（実質収益）は？ Cap Rate（期待利回り）は？ それで最終的なValuation（不動産評価額）はいくらか？ 前日まで慣れない横文字と格闘しつつケース・スタディを頭に詰め込んだ僕は少々面くらうも、その横で世界中から来ている同級生が次々と教授の問いに答えてゆく。尻込みしている生徒にも容赦なくコールドコール（背筋も凍る名指し質問）が飛んでくる。ではOPEX（賃貸運営経費）をマサはどう考える？ と。

結論、君ならこの物件に投資をするのか？ 投資に「ゴー」なら、どのように不動産評価額を上げて利益を出すのか？ もし全ての横文字専門用語での質問に答えられるようなら、おめでとう！ あなたはパイザー教授の授業を少なくとも単位取得できる。そして、この準備体操の章は卒業してもらって構わない。先に進もう！

いやいや、そんな横文字ちんぷんかんぷんだし、そもそも英語で不動産投資を学ぶ必要があるかすら分からない。そう思っていらっしゃる方が多いのではないだろうか。まさしく、序章はそういった読者のための準備体操と位置付けている。

ぜひ、身近な問いや事例から、横文字不動産用語を解き明かしてゆきつつ、慣れていっていただきたい。**実は不動産投資用語は世界共通言語であることに気づくだろう。**そして不動産投資で生き残り、**成果をあげるための大切な姿勢についてもお伝えしたい。**その内容は、僕が不動産投資の一件目を独学で行い、とてつもなく洗練されたメガ大家たちから伝授していただいた「教え」に加えて、ハーバード大学で教鞭をとり、自身も不動産ファンドを運営する4人の名教授からの金言ともいえるレッスンを加えたものだ。ぜひ、これから始まる不動産投資の旅路のまえに、リラックスし

図表0-1　基本となる不動産用語一覧

共有言語	何の略語？	つまり分かりやすくいうと？
GPI	Gross Potential Income 総潜在賃料収入	満室時家賃収入
EI	Effective Income 実効総収入	空室考慮時の家賃収入
OPEX	Operating Expense 事業運営経費	賃貸運営経費 とにかく引かれる数字
NOI	Net Operating Income 営業純収益	実質収益 真水の収益だ！
CFAF	Cash Flow After Finance ローン後キャッシュフロー	ローン後収益 または不労所得！
Cap Rate	Capitalization Rate 収益還元率／還元利回り	分かりにくいので期待投資利回りと考える
DS	Debt Service 債務返済	ローンの月額 or 年額の返済
TDC	Total Development Cost 総開発費用	総開発費用 または総投資費用
Valuation	不動産評価額	つまり売却できる価格

て準備体操をしていただきたい。

とは言っても、先ほどの英語での専門用語が気になることだろう。不動産用語は世界普遍の共通言語と言われているから、一度覚えてしまえば一生使えるスキルとなるためぜひ習得してもらいたい。

まずは、本書でたびたび使う基本的な用語について説明しておこう。理解をサポートするために僕なりの意訳も加えた前ページの不動産用語一覧をみて欲しい。本書の中でも出来る限り日本語併記で伝えてゆくので、まずは眺める程度で大丈夫だ。

本書を読み進める中で、出てくる用語がわからなくなったら、またここに立ち戻って確認して欲しい。

3

何をおいても身につけるべきスキル、それは"Do Your Homework!!"

仕事中に見知らぬ番号から一本の電話がかかってくる。

「現在、企業にお勤めの方に節税対策のためのご提案をさせていただいております○○のものです。今回は節税対策のためにワンルームマンション投資のご案内をさせていただいております……」

このような営業電話を受け取った方は多いのではないだろうか？　僕もそのひとりだったし、実際に社会人3年目の頃、会社のお昼休みに抜け出してその営業マンと面談をし、ワンルームマンションを危うく買いそうになったことがあった。

あるいは、結婚を機に建て売り戸建ての住宅展示場にパートナーと一緒に行く。とんとん拍子に住宅ローンを組まされ、住宅を購入し、ローン完済のために勤め人を続けている方も多いと思う。

ではなぜ、最も大切な不動産投資で成功し、生き残るためのスキルが「Do Your Homework!!自分の宿題をする！」なのか？

答えは非常にシンプルで、**世の中に不動産や建物を買わせたい人は山ほどいるが、その中で本当**

に投資してよいと判断できるものは、誰も教えてくれないからだ。

そんなの当たり前だ。もし僕が自身で本当に投資をしてよいと思った物件を、あなたにタダで教えるだろうか？

少し前に話題となった地方銀行とタッグを組んだ不動産販売業者が、あなたが組めるローンの限度額を教えてくれて、かつ本当は教えたくない素晴らしい投資物件を教えてくれるだろうか？　もちろん運がよければ、利回りの高い物件に数件目で出合うこともあるかもしれない。

しかし、その先で果たして物件の瑕疵《かし》は見つけられるだろうか？　有利な条件での融資は引けるだろうか？　はたまた、管理や修繕を適切に行えるだろうか？

Homework（宿題）をしっかりとできる大家は、他人が持ち込んできた物件や巷に溢れかえる情報に振り回されることはなく、**自らの眼力でいい物件かどうかを判断できる**。そうなるための一番の近道は自身の宿題を淡々とこなし、投資に必要な判断材料を自分の頭と足でかき集めることだ。

それは一次情報を取る、といったりするもので、間に入ってくる多数の業者の歪曲された情報や友人、知人、家族や親（実はかなり関与してくる）ではなく、自身で集めたファクト（事実）ベースの情報だ。

この普遍的な姿勢は、もちろん先ほど英語での専門用語に圧倒されながらも追体験していただいたハーバード大学のケース・スタディ方式の授業でも、必須の姿勢だ。一事例で1時間半のケース授業に参加するためには、少なくとも5時間程度の「Do Your Homework」（自習）時間が必要だ。

ケースに出てくる不動産の状況を一次情報をもとに分析し、のちに紹介する投資判断のための計算を行い、そして自分なりの結論を準備しておくのだ。授業では生徒全員がケースを読み込み、宿題をこなしてきた前提で活発な議論がなされる。

自分で投資判断をしなくてはならないし、その根拠を示して、反対意見をいってくる同級生に対抗しなくてはならないのだ。ケース授業は、所詮は授業だから宿題をしなくても、せいぜい教室で恥をかき、評価が下がる程度で済む。

しかし、実際の投資の現場ではどうか？　もし、自身がやるべき宿題、いいかえると下調べができておらずに、たまたまローンが組めたからと物件を買ってしまったらどうなるだろうか。買った瞬間に評価損が出てしまったり、空室が20％出ただけでローン後キャッシュフローがマイナスになり、毎月の給与所得から補填する事態になるかもしれない。そうなったら背筋も凍る状況だろう。

実際に、この手の物件を買わされたサラリーマンは、僕の周りにも大勢いた。

しかし、もし自身で宿題をこなし、簡便でも最低限、投資判断の計算をし、マーケット調査も行っていたら、この手の情報はまっ先に断れるはずだ。

生き残れる不動産投資家になるためには、**100ある甘そうな話から99を断るための理論武装、そして本当に価値のある1を選び抜くための消去法テストに合格しなくてはならない！**

それができれば、間違いなくあなたはメガ大家（クリエイティブ大家）への道を歩むための姿勢と知識を身につけたことになる。

では、ここにミニ・テストとしてのケース・スタディを示すので、まずはウォーミング・アップだと思って一緒に考えてもらいたい。この投資物件に、あなたならゴーサインを出すだろうか？

Case Study：ブルーパンプキン（Blue Pumpkin）

ハーバードのケース・スタディでは実例を暗喩する名前が付けられている。具体名は避けるが、Blueはある地方銀行を示し、Pumpkinは一時流行ったシェアハウス投資スキームの案件名から由来している。

物件価格：9800万円
年額家賃収入：640万円（表面利回り6・5％）
賃貸運営経費（固定資産税含む）：70万円
空室率：5％
ローン条件：9000万円の借入（自己資金800万円）、元利均等返済35年ローン（金利4・5％）

結論から言うと、これは絶対にやってはいけない投資だ。

この不動産に投資してしまった場合の収益を見てみよう。計算方法については、この後すぐに紹介するので、まずは結果がどうなったかを見て感じてもらいたい。

数字が語ることはこうだ。あなたは、サラリーマンとして必死に貯めた800万円を自己資金と

図表0-2　キャッシュフロー計算(表)

Case Study:Blue Pumpkin	(単位:万円)
総投資額(TDC)	9,800
自己資金(Equity)	800
融資(Loan)	9,000
金利(Interest)	4.5%
借入期間(Term)	35
年額家賃収入(満室時)(GPI)	640
空室率(Vacancy)	5%
実質収益(EI)	608
賃貸運営経費(OPEX)	-70
実質収益(NOI)	538
ローン返済(年額)(DS)	-511
ローン後キャッシュフロー(CFAP)	27

残りは何と年間27万円!!

して、安定したサラリーと与信を背景に銀行から9000万円の融資を引いて実行した。その結果、ローンを返済した後のキャッシュフローは、年額でたったの27万円だ。

そして空室率が5%から10%に上がったとすると、サラリーマンの給料から返済のために補填しなくてはいけなくなる！

このようにHomework（宿題）を自分で考えて、解きもしないで、不動産営業マンが持ってくる都合のよい「答え（セールストーク）」を信じたら大変なことになる。

節税や将来の貯金になるからと、銀行融資手続きなどの煩雑な宿題も他人任せにしてしまった結果には、悪夢が待っているのだ。

たとえ多少面倒だとしても、ほんのちょっとだけ自分自身の手で宿題をすれば、こういった悪魔のささやき（筋の悪い投資話）には見向きもせずに、成功する投資だけに集中することができるようになる。

もうひとつ、なぜDo Your Homeworkの姿勢が大切なのかをお伝えしておきたい。

「不動産投資は数のゲームだ」

これは『金持ち父さん 貧乏父さん』で有名なロバート・キヨサキの不動産投資の恩師であるドルフ・デ・ルースの言葉でもあるし、僕自身が実践してきて、最も結果を出しているルールでもある。

100の物件を見て、10の物件に買付証明書を出し、3つの物件の売主からOKが出て、最後の

図表0-3　不動産投資は数のゲーム

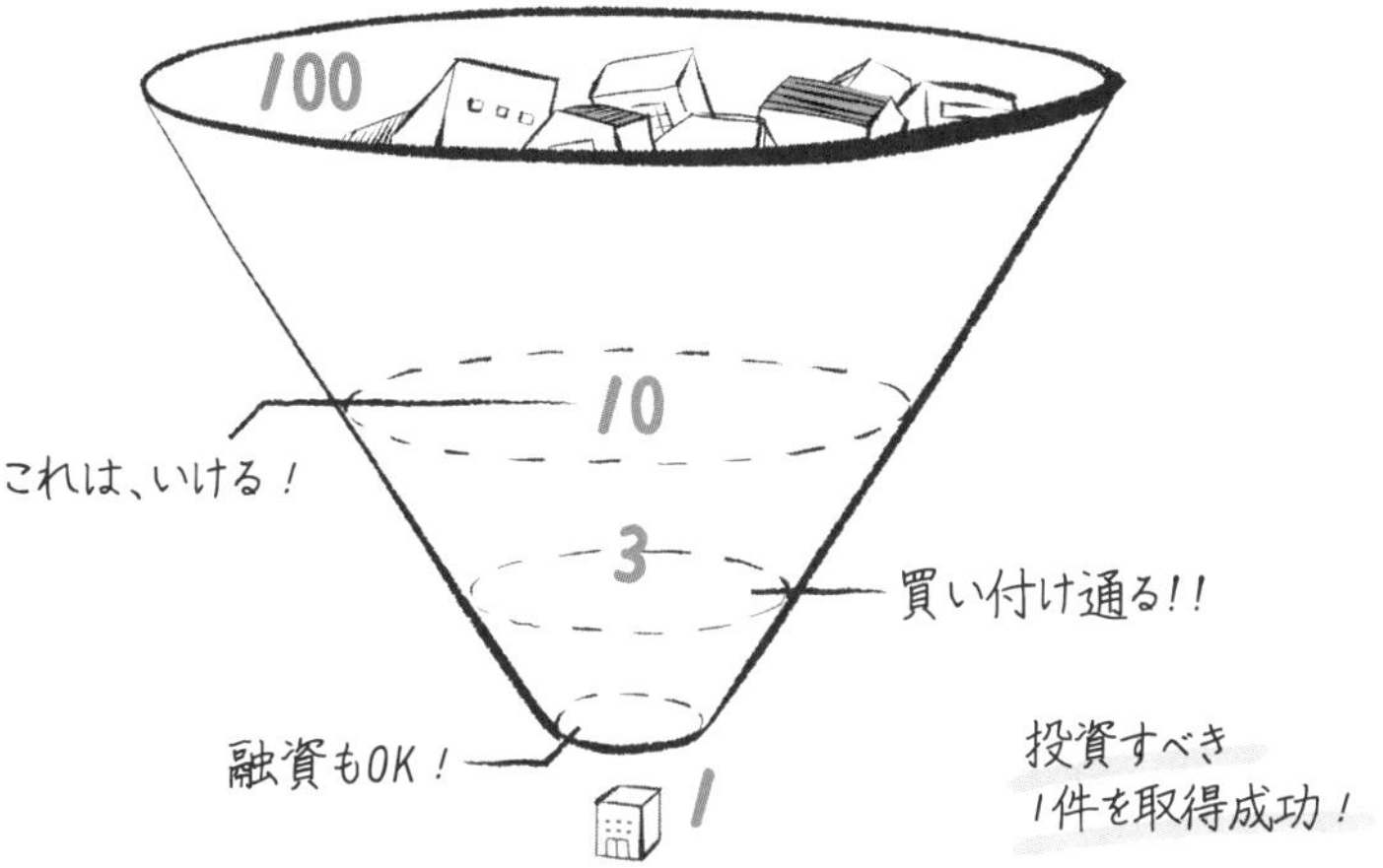

1件に希望の融資が通る。そしてめでたく、素晴らしい投資を実行できる。

この数のゲームは古今東西、どんな不動産ノウハウの中でも、最も重要で普遍的なものだということは、不動産の書籍を読んだり、また投資を実際に行ってきた方なら身をもっておわかりだろう。

では、理論としては知っているけど、はたして、日々の忙しい仕事や家族の用事の最中に、このシンプルな誰にも強要されない宿題を淡々と実行できるだろうか？　それこそが「Do Your Homework」なのだ。

そして、しっかりとこの数のゲームを宿題でこなしてゆくと、面白いように不動産投資の成功が積み上がってくる。

数のゲームに打ち勝つには上記のような宿題を常に素早くこなさなくてはならない。100の物件をさっと分析し、銀行からの融資を獲得するために様々な資料を準備し、関係業者すべてと滞りなく連携する。膨大な宿題に思うだろうか？

ただし、数のゲームなので宿題をこなせば、必ず誰でも結果は出る。

これは僕も実践してきたからこそ言えるし、とてつもない成功を続けているメガ大家達も日常的に、まるで呼吸をすることと同じように黙々と行っている。

最初の1件は宿題の仕方もわからないため、非常に時間もかかり大変だが、2件目以降はそれこそ、自転車に一度乗れたら乗り方を体が勝手に覚えているように、自然にできるようになるので安心してほしい。

4

身近な住まいの感覚から始まる不動産投資の世界"What's Your Rent?"

では宿題をやるために、まずは何から取りかかればよいのだろうか？

複雑そうな不動産投資分析も、実際はシンプルで身近な数字からスタートできる。

大学時代や社会人に成り立てのころ、自身で、あるいはご両親の力を借りて、初めて家賃を払い始めたころを覚えているだろうか？　不動産投資の世界に飛び込むために、手触り感のある最も身近な「ケース・スタディ」は自分の払っていた家賃から始める投資分析だ。

これを僕は"What's Your Rent Analysis"（あなたの払っている家賃分析）と呼んでいる。

実際にご自身が今払っている家賃から、自分のマンションの大家さんがどのような不動産収益を得ているか、実は簡単に計算できてしまうのだ。

では、自分の住んだ賃貸マンションで一体どのような不動産投資メカニズムが動いていたのか？

そこから始まる不動産投資の深淵で飽くことのない世界へと一緒に旅立ってみよう！

図表0-4　あなたの払っている家賃分析
「僕が学生時代に払った家賃のケース」

僕が6年間住んだ
パークサイド松木（高田馬場）Case

- 月額家賃 8万円×12ヶ月×6年間=576万円（6年間合計）

- 松木さん（仮名）大家さんの収益は？
  - 一部屋8万円（月額）×12部屋×12ヶ月＝1,152万円（年収）
  - 空室率4%だとして…
    1,152万円×（100%−4%）=1,106万円
  - 大家さんの経費は…固定資産税都税、火災保険、賃貸広告
    水道光熱費…だいたい収入の10%
    1,106万円×10%=111万円の年間経費
  - 実質の松木さんの不労所得は？
    →1,106万円−111万円＝995万円！！

図表0－4の簡単なメモを見ていただいたが、学生時代の間に僕が払った家賃はトータルで576万円にものぼる。

そしてパークサイド松木の大家さんである松木さん（仮名）の年間家賃収入、つまり不労所得は995万円という数字だ。ごくごく簡単な計算ではあるが、こういった身近な事例や手触り感のある数字から不動産の平均的な投資指標を考えられるようにしたい。

5 ハーバードで学んだ不動産学は、世界の共通語、一生使えるスキル「BOE分析」

BOE分析という言葉をご存じだろうか？　昔から不動産投資家は街を歩きながら、売り物件を発見しては、手持ちの**封筒の裏（Back of Envelope）**で投資判断をさっと分析してきた。その物件が投資に価《あたい》するかどうかを、要点をついた数字で瞬時に判断したところから、この普遍的で素早い計算方法の名前がきている。

もちろん、現在でも、そして世界中どこでも普遍的に使える手法であり、共通言語だ。個人大家さんも、現役の巨大不動産ファンド・マネジャーも、そしてGSD教授陣も、まずは、この**封筒裏書き分析法（Back of Envelope／BOE分析）**を殴り書きし、そして判断のためのファーストステップとしている。

さきほどの、やってはいけない投資判断でも少し触れた計算式だ。ぜひ一生使えるスキルとして身につけていただきたいし、このBOE分析をこれから何百と繰り返すことが、どんな時代でも生き残れる不動産投資家への道だ。

最初は要領を得ず時間がかかるかもしれないが、やればやるほど分析速度と精度が上がり、掘り

図表0-5　まずはゴールとしての参考BOE計算

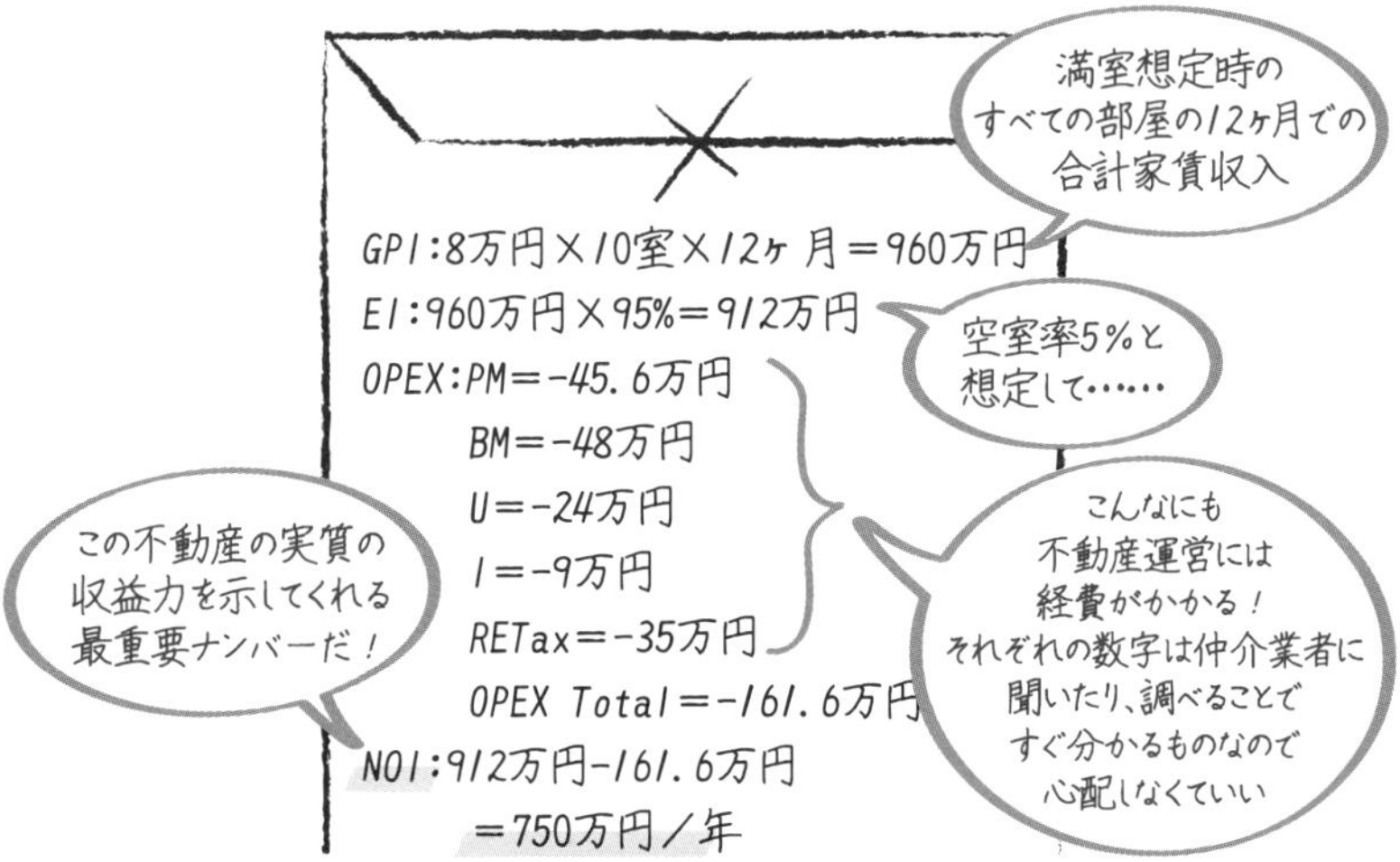

満室想定時の
すべての部屋の12ヶ月での
合計家賃収入
GPI：8万円×10室×12ヶ月＝960万円
EI：960万円×95%＝912万円
空室率5%と
想定して……
OPEX：PM＝−45.6万円
BM＝−48万円
U＝−24万円
I＝−9万円
RETax＝−35万円
OPEX Total＝−161.6万円
こんなにも
不動産運営には
経費がかかる！
それぞれの数字は仲介業者に
聞いたり、調べることで
すぐ分かるものなので
心配しなくていい
この不動産の実質の
収益力を示してくれる
最重要ナンバーだ！
NOI：912万円−161.6万円
＝750万円／年

出し物にたどり着ける確率が上がる！　ほんの数個の不動産専門用語を理解すれば、あとは上図のように殴り書き程度のメモで出来る簡易分析だ。では早速、この封筒の裏を使った計算法を順を追って説明しよう。

何を置いてもまずは NOI（実質収益）を想定する

What's Your Rent分析でも行ってもらった通り、実際に手に入る家賃からの不動産収益を想定することがスタートラインだ。これをNet Operating Income（実質収益）という。つまり入ってくるだろう家賃収入から、不動産管理に関わる経費や固定資産税を差し引いた不動産所得、真水の取り分だ。図0－7のような収益物件のNOI（実質収益）を計算してみよう。

図表0-6 NOI(実質収益)とは

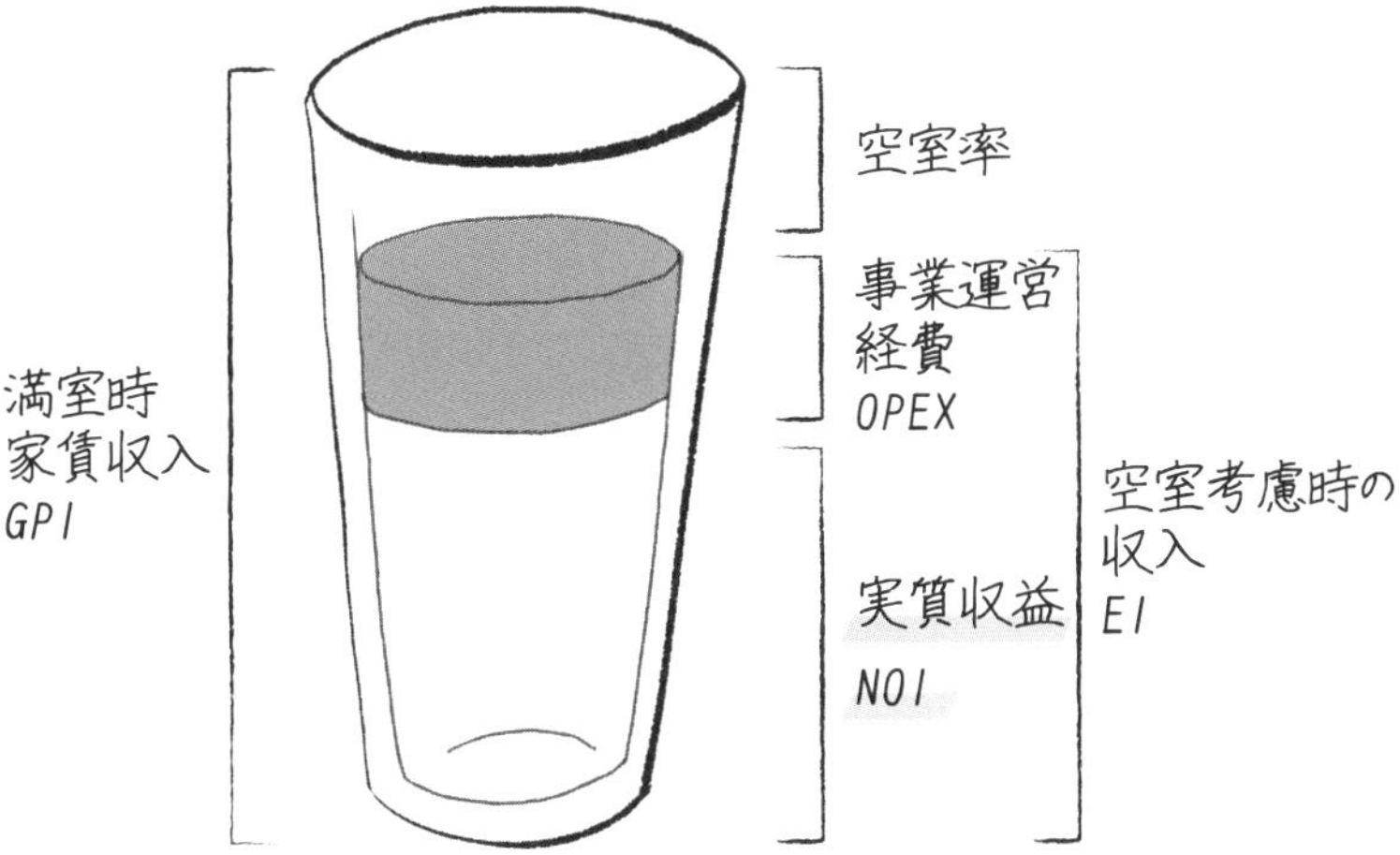

満室時家賃収入（ＧＰＩ：Gross Potential Income）に空室率を加味して実効収入（ＥＩ：Effective Income）を出す。もちろん、不動産賃貸業を営むうえでは経費がかかる。日々の賃貸付けのための不動産仲介手数料や管理料（ＰＭ費用：Property Management Fee）、そして建物の管理メンテナンスや清掃費用（ＢＭ費用：Building Management Fee）などだ。

共用部の水道光熱費も大家持ちだ（Utility Cost 図表０－５では「Ｕ」）。さらに建物を持っているだけで必要な経費もある。火災地震保険（Insurance：図表０－５では「Ｉ」）には必ず加入しなくてはいけないし、もちろん固定資産税と都市計画税（ＲＥ Tax：Real Estate Tax）も毎年払わなくてはならない。これらをまとめて、賃貸運営経費（ＯＰＥＸ：Operating Expense）という。

この経費を引いて初めて、純粋な実質収益（ＮＯＩ：Net Operating Income）が判明する。高いＮ

図表0-7　NOI(実質収益)を想定する

- 1 Room ×10部屋
- 家賃:8万円/月
  (管理費込み)
- 空室率:5%
- 不動産管理費(PM費):EI(実効収益)×5%
- 建物管理費(BM費):4万円／月
- 水道光熱費用(Utility Cost):2万円／月
- 火災地震保険費用(Insurance):9万円／年
- 固定資産税・都市計画税(RE Tax):35万円／年
- 取得価格もしくは総開発費用:1億2000万円

OI（実質収益）をいかに確保できるか？　これこそが十分な不労所得の確保につながるし、後に示すように不動産評価額を上げることにつながる。まさに大きく資産を伸ばすための最初の一歩となる。こういった不動産の収益を示す指標は、世界共通で伝わる普遍的な言語なので、ぜひ英語でも覚えてほしい。それにアルファベットのほうが走り書きしやすい。右のイラストのような物件を想定してステップ・バイ・ステップでBOE分析を計算をしてみよう。

計算例：収入の部

1室月額家賃8万円×10室×12ヶ月＝960万円（満室時年間想定家賃収入／GPI）

空室率5％とすると稼働率は95％なので

960万円×95％＝912万円（実効総収入／EI）

計算例：支出（OPEX）の部は経験を積めば割合で概算できる

不動産管理費用（PM費用）：EI（実効総収入）の5％　912万円×5％＝45.6万円（年額）

建物管理費用（BM費用）：月額4万円　4万円×12ヶ月＝48万円

水道光熱費用（Utility Cost）：月額2万円　2万円×12ヶ月＝24万円

火災地震保険費用（Insurance）：年額9万円

固定資産税・都市計画税（RE Tax）：年額35万円

図表0-8　実際にBOE分析をしてみよう！

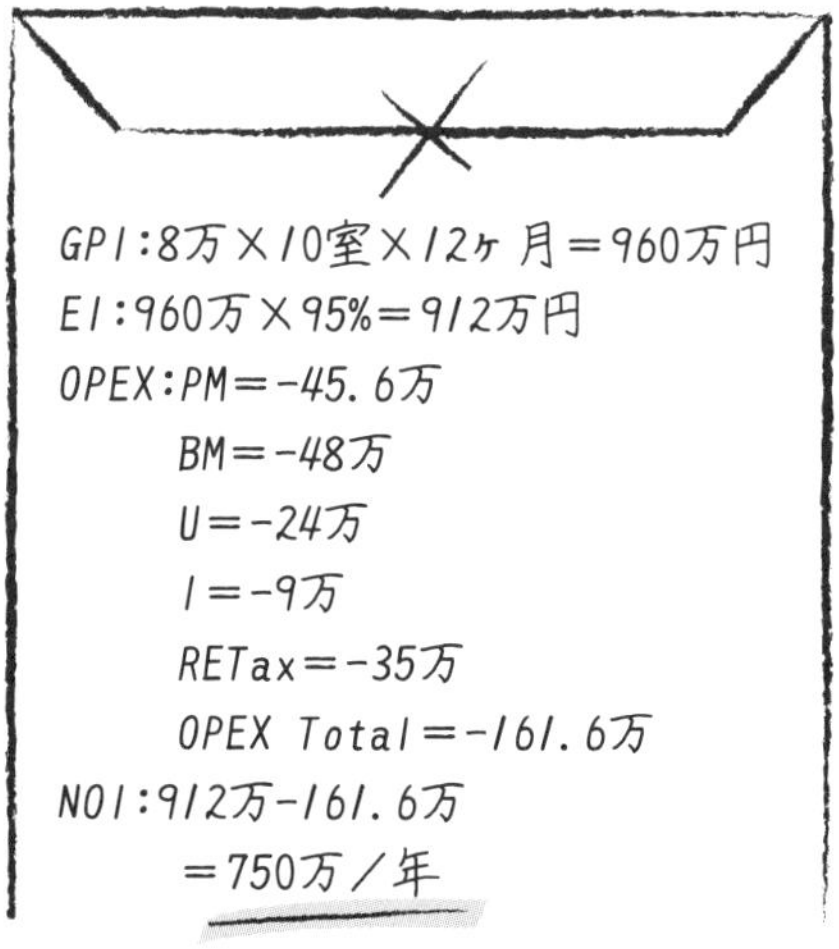

つまり合計の不動産運営経費は、
OPEX＝45・6万円＋48万円＋24万円＋9万円＋35万円＝161・6万円

これをEIからさっぴけばNOI（実質収益）が出る。

NOI＝912万円－161・6万円＝750万円（小数点省略）

改めて、まとめると上のBOE分析となる。

実際に手にする年額の家賃収入からの真水の収入が750万円だということがわかった。

しかし、**これは融資をまったく活用せずに不動産投資をおこなった場合だ。**不動産投資を全てキャッシュで実行する人はほぼいないだろう。むしろ不動産投資においては賢く有利な条件で融資を引くことで、少ない自己資金で大きな投資が可能になる。

仮に、この不動産投資の総開発費用を1億2000万円としよう。そして1億1000万円のローンを次の条件で借り入れることに成功したとする。自己資金は1000万円だ。

借入れ総額：1億1000万円
返済期間：35年元利均等返済
金利：1・5％

ここからローンの年間返済額（Debt Service／DS）を算出する。といっても、自身で複雑な元利均等返済の計算をする必要はない。ローンシミュレーターなどインターネット上にはいくらでもツールが転がっているし、ローン返済計算に便利なアプリもある。僕はスマホに入れているローン返済シミュレーターか、エクセルを使うことが多い。52ページにローン計算のための関数を入れたエクセルを共有するので使っていただいても構わない。

年額ローン返済（DS）は、下記の結果になる。414万円。

最終的に手に入るローン返済後の所得（CFAF：Cash Flow After Finance）を算出するのは、もう簡単だ。つまりNOI（実質収益）から年額ローン返済を引けば良い。

CFAF＝750万円－414万円＝336万円

この投資指標判断だけでも、この投資が実行できれば、**ローンを返済しても年間の不労所得336万円をこの物件がしっかりと稼いでくれることがわかる。**

そして毎年順調に返済が進み、資産価値が下がらなければ、銀行への貯金をあたかも賃借人が手伝ってくれているように、純粋なあなたの資産が積み立てられてゆく。

図表0－9のイメージ図で捉えてもらいたい。年数の経過とともに右に伸びてゆく矢印の下側が投資した総額または支出で、上側にゆくと収益、つまり家賃収入だ。

初年度（0年）は投資総額1億2000万円で、そのうち自己資金が1000万円となる。敢えてイメージで表現している理由は、この先のレクチャーで扱う実際の世界での事業計画策定にエクセルが使われていて一見複雑に見えるが、それをシンプルかつ直感的に捉えてもらうためだ。

0年度は自己資金と融資活用で資金を投じ、続く1年目以降はNOI（実質収入）から年額ローン返済を差し引けば真水のキャッシュフロー、つまり不労所得が毎年入ってくる。

もうひとつ、ここでわかるのは不動産投資の成績である利回りだ。

つまり総開発／投資費用（TDC：Total Development Cost）に対して、年間でどれだけのリターンが利回りとしてあるかという投資指標だ。

図表0-9　不労所得の推移はこうなる

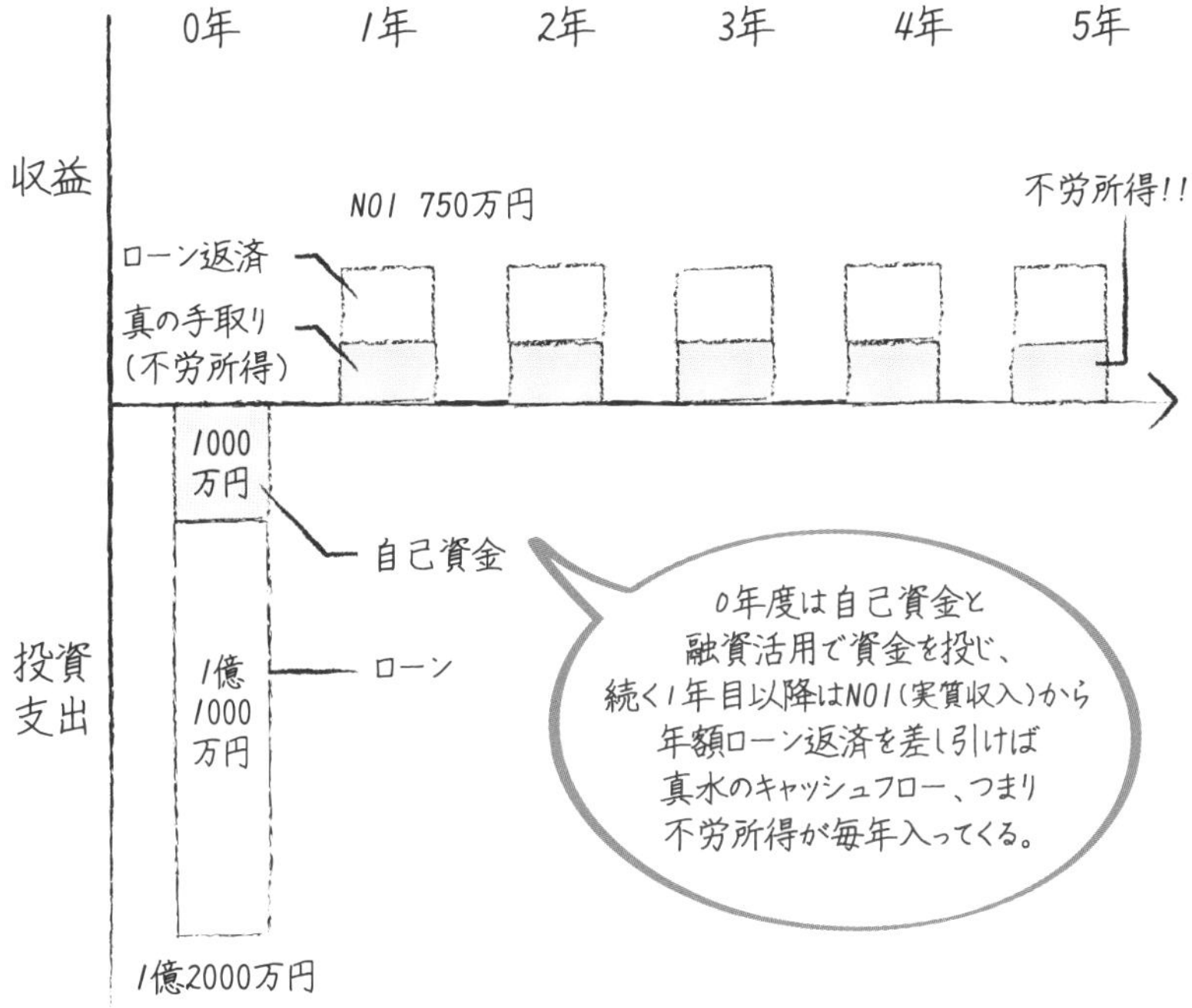

表面利回り：GPI 960万円÷総開発／投資費用（TDC）1億2000万円＝8％

実質NOI利回り：NOI 750万円÷1億2000万円＝6・25％

表面利回りとは物件が満室想定時にどれだけ稼ぐ可能性があるかを示す投資リターンだ。対して実質NOI利回りとは、現状の実際の空室率や賃貸経費を加味した、よりリアルな純収益に対する利回りとなる。この2つは国際的には非常に重要な意味を持っているが、日本のマーケットでは、特に表面利回りが注目されるため、まずは表面利回りを使っていこう。

では、この表面利回り８％という成績を持った物件の市場での不動産評価額はいくらだろう？

１億２０００万円もの投資をしたのだから、実際の不動産市場価値として１億２０００万円がお買い得だったのか、投資損を抱えているのか、知りたくはないだろうか？

つまり、仮にあなたの物件を売却する時に１億２０００万円以上で売れるのか、それとも値引きされて損が出てしまうのかを知るのだ。

これは専門用語で**Valuation**、つまり**不動産評価額算定**と呼ぶ。基本的には収益還元法と呼ばれる、不動産の家賃収入からの逆算で、不動産価値を求める手法が収益不動産の売買では多く使われる。このやり方は世界共通でもあることから、ぜひ**収益還元法（Income Capitalization Approach）**を学んでもらいたい。収益還元法は、言葉は難しいが理屈はシンプルだ。つまり、不動産マーケットで**ある投資家が、あなたの不動産を買うとしたら、どれくらいの利回りを期待して買うか？　という問いに答える計算式**だ。この期待利回りのことを**Cap Rate**という。厳密には**Cap Rate**は還元利回りとされるが、不動産投資で概念を掴んでもらうために、ある人があなたの物件を買う時の期待利回りと捉えればいい。

例えば、この物件が東京都心の新宿区にあり、鉄筋コンクリートの築10年の建物だとすると、一般的な投資家の期待利回り（Cap Rate）は5〜6％ほどだ。このCap Rateの把握方法は意外と簡単で、インターネット上に売りに出ている近隣物件で、似た様な建物が表面利回り何％で売りに出ているかを何件かリサーチすればよい。日本では表面利回りに対する期待利回りが一般的な投資

図表0-10　丸の内と高知ではCap Rate（期待利回り）が変わる

家の関心事なので、表面Cap Rateを使って算出してみよう。

GPI（満室時家賃収入）÷表面Cap Rate＝日本版Valuation

ではCap Rateが高い、低いとは具体的にどういうことなのだろうか？

例えば、東京新宿区高田馬場にある物件の期待利回りが5％ということは投資した金額を回収するのに20年かかる計算になる。

では僕の故郷、高知市の駅前物件では期待利回りは上がるだろうか、はたまた下がるだろうか？　これはリスクとリターンの関係で理解できる。

高田馬場の物件に比べて、過疎化の進む高知の物件はリスクが高いので、投資回収のための期間を短くしたいのが投資家の心情だろう。つまり、10年ほどで回収したいとすると、期待利回りはリスクに対して高くなくてはならない。約10%程度の期待利回りがなければ、誰も高知の投資物件を買わないだろう。

逆に東京駅前、日本の経済の中心である丸の内のピカピカのビルはどうだろう。丸の内は100年経っても丸の内だ。必ず賃貸ニーズがあり、家賃も高い。こういった場所のリスクは極端に低いので、何十年も持っていたい企業だって個人資産家だっている。

この場合の期待利回りは上がる、それとも下がる？ そう、答えは極端に下がる。ニューヨークのマンハッタン、ミッドタウンではさらに下がるだろう。世界中の人が買いたいのだ。リスクが極端に低いし、将来の値上がりの可能性だってある。東京丸の内では2〜3%の期待利回りでも十分に買い手がつくのだ。

試しに、この物件の数字を入れて表面Cap Rate 6%で不動産評価をしてみよう。

GPI（満室時家賃収入）÷表面Cap Rate＝日本版Valuation

960万円÷6%＝1億6000万円

非常に単純な計算の結果は1億6000万円だ。つまり、あなたの物件を1億6000万円で買って、6%の期待利回りで年間の満室想定家賃収入960万円を得たい一般投資家がいるということを示している。もうおわかりだろう。あなたが1億2000万円で創り上げたこの物件は、総開発費用以上の大きな価値があるのだ！

1億6000万円で売却できれば単純計算で4000万円の売却益（キャピタル・ゲイン）だ。

では、仮にあなたの物件が高知駅前にあった場合はどうだろう？　さきほどの表面Cap Rate高知駅前版10％を使って計算してみよう。

GPI（満室時家賃収入）÷表面Cap Rate＝日本版Valuation
960万円÷10％＝9600万円

なんと、**結果は1億2000万円の総開発費用を下回って9600万円になってしまった**。そして、過疎化とともに家賃が将来的に少しずつ下がってゆくかもしれない。つまり満室時家賃収入GPIが徐々に下がってくる。こうなっては、10年後、20年後にさらに不動産評価額が下がっていくことを避けられそうもない。

ただし、地元の名誉のためにも、付け加えておくと、もし高知駅前で自分の開発した物件が表面利回り13％を確保する物件だった場合は、投資は成功だ。

つまり10％の利回りで売れれば、しっかりと売却益も稼げる。そして高知駅前は高知市のさらに遠隔地である農村部から移り住む人が徐々に増えていたりもする。僕なら高知駅前で利回り13％であれば即、投資する。

いろいろな専門用語が英語併記で出てきたが、一度ここで、まさに封筒の裏書メモとしてBOE分析をまとめておこう。

図表0-11　BOE分析はここまでできれば完璧

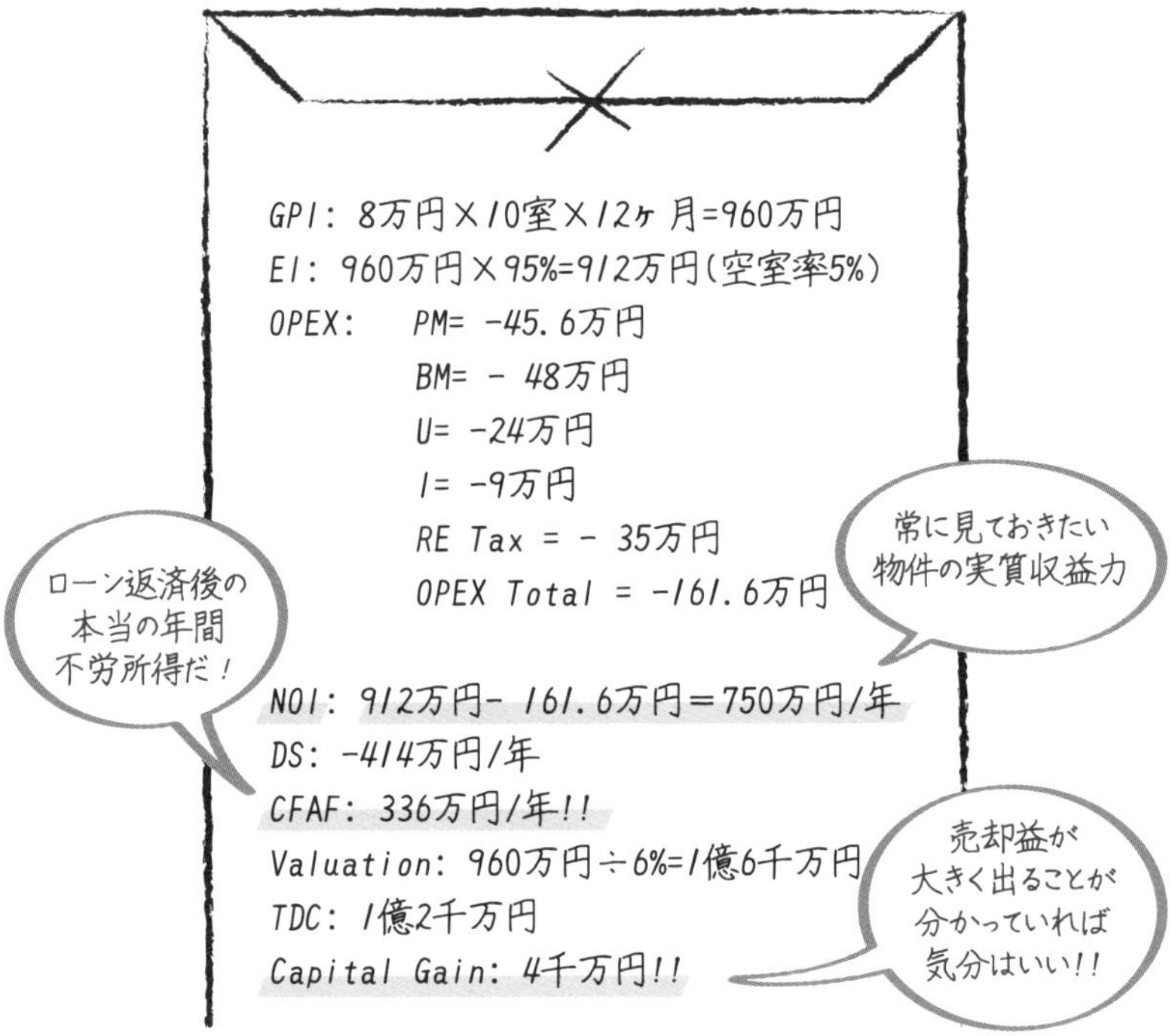

ローンの年間返済（Debt Service／DS）とローン後キャッシュフロー（CFAF）、そしてValuation（不動産評価額）と総開発／投資費用（TDC）まで含む不動産の基本的な収益を瞬時に把握できるものになっている。

この封筒裏書き分析法（BOE分析）を英語で、さっとメモ書きすることができれば、日本国内のどの地域の物件でも分析可能であることは当然として、海外の不動産投資の話が持ち込まれた際にもさっと分析し、判断することができる。

ハワイのコンドミニアム投

図表0-12 BOE分析のスケッチ

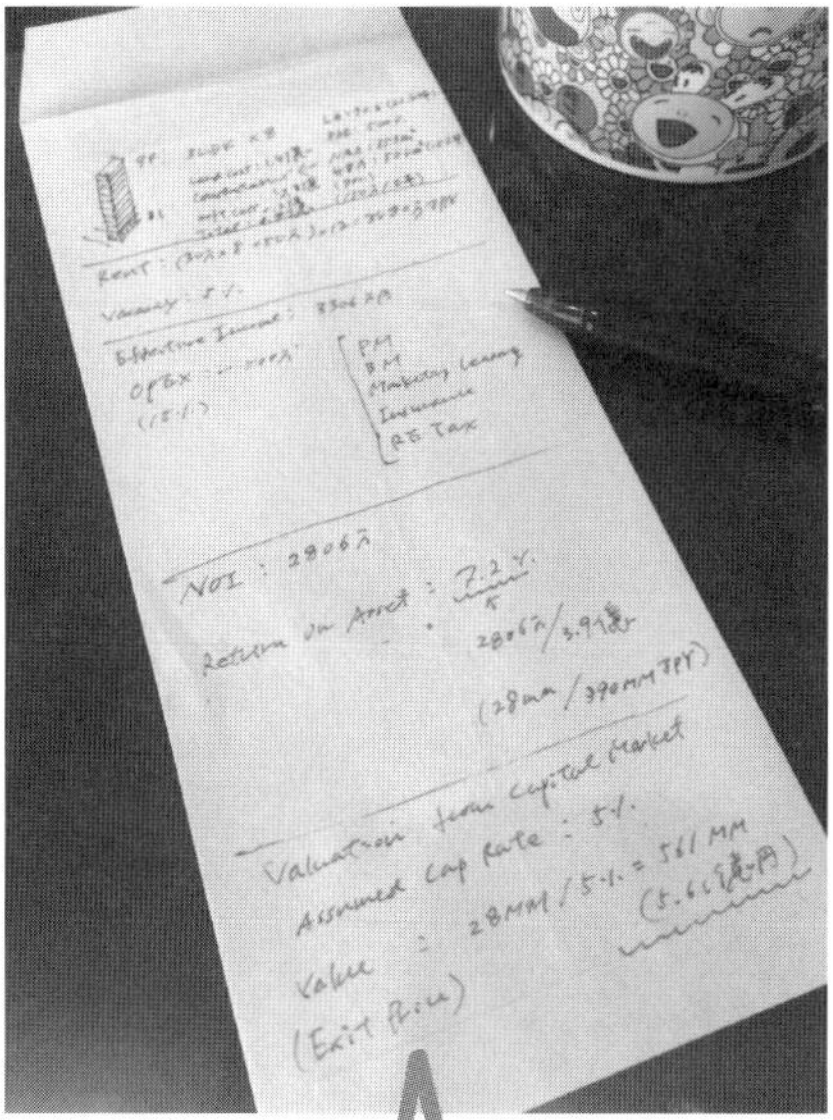

筆者が西早稲田の物件投資を決めるために実際に使ったBOE分析。共通言語として日本語と英語両方での専門用語を使いこなせれば、世界中どこでも不動産投資の機会を逃さないだろう。

- ・TDC（総開発費用/総投資費用）
- ・GPI / EI（満室時家賃収入／空室考慮時の家賃収入）
- ・OPEX（賃貸運営経費）
- ・NOI（実質収益）
- ・Gross / Net Yield（表面/実質利回り）
- ・CAP Rate（期待投資利回り）
- ・Valuation（不動産評価額/売却想定価値）

図表0-13 BOE簡易分析・比較ツール ローンシミュレーション付き！

1	BOE簡易分析ツール						
2	基本想定(単位:万円)	神楽坂マンション	戸塚市マンション	中古マンションA	築地ビル	物件 #001	中古物件 #002
3	土地取得価格(Land Cost)	¥5,000	¥14,000		¥15,000	¥5,000	
4	開発想定費用(Construction Cost)	¥12,000	¥18,200		¥25,500	¥15,600	
5	建設坪単価(Cost /tsubo)	¥120	¥140		¥170	¥150	
6	延べ床面積(坪)(Area of Tsubo)	100.0	130.0		150.0	104.0	
7	企画設計費用等(Design)	¥1,200	¥1,820		¥2,550	¥1,560	
8	取得時諸経費等(Acquisition Cost)	¥680	¥1,288		¥1,620	¥824	
9	**総開発/投資費用/物件取得価格(TDC)**	**¥18,880**	**¥35,308**	**¥12,000**	**¥44,670**	**¥22,984**	**¥45,000**
10							
11	**満室時想定家賃計算(GPI)**	**¥1,612**	**¥2,580**	**¥964**	**¥3,480**	**¥1,860**	**¥3,024**
12							
13							
14	BOE分析(単位:万円)						
15	総開発/投資費用(TDC)	¥18,880	¥35,308	¥12,000	¥44,670	¥22,984	¥45,000
16	自己資金(Equity)	¥1,888	¥3,531	¥2,400	¥4,467	¥2,298	¥6,750
17	ローン借入(Debt)	¥16,992	¥31,777	¥9,600	¥40,203	¥20,686	¥38,250
18	借入比率(LTV)	90%	90%	80%	90%	90%	85%
19	利率(Interest)	0.900%	0.900%	1.500%	1.200%	0.975%	0.900%
20	借入期間年数(Term)	27	33	25	30	35	25
21	年間ローン返済(Debt Service)	−¥709	−¥1,113	−¥461	−¥1,596	−¥698	−¥1,709
22							
23	満室時想定家賃(GPI)	¥1,612	¥2,580	¥964	¥3,480	¥1,860	¥3,024
24	空室率(Vacancy)	4.0%	6.0%	5.0%	4.0%	4.0%	4.0%
25	満室考慮家賃収入(EI)	¥1,547	¥2,425	¥915	¥3,341	¥1,786	¥2,903
26	賃貸運営経費(OPEX)	¥-155	¥-243	¥-92	¥-334	¥-179	¥-290
27	実質収益(NOI)	¥1,392	¥2,183	¥824	¥3,007	¥1,607	¥2,613
28	年間ローン返済(Debt Service)	¥-709	¥-1,113	¥-461	¥-1,596	¥-698	¥-1,709
29	ローン後キャッシュフロー(CFAF)	¥683	¥1,069	¥363	¥1,410	¥909	¥904
30	表面利回り(Gross Yield)	8.54%	7.31%	8.03%	7.79%	8.09%	6.72%
31	CAP Rate(期待利回り)	5.5%	4.8%	5.0%	4.5%	4.5%	4.0%
32	Valuation(不動産評価額/売却想定価格)	¥29,302	¥53,750	¥19,272	¥77,333	¥41,333	¥75,600
33	取得総額(Purchase Price)	¥18,880	¥35,308	¥12,000	¥44,670	¥22,984	¥45,000
34	売却益(Capital Gain)	¥10,422	¥18,442	¥7,272	¥32,663	¥18,349	¥30,600

ダウンロード教材共通URL：https://www.kurofune-dh.com/contact

資、東南アジアの建設中のホテル・レジデンス投資や、米国の戸建て投資など、時と場所を選ばず分析が可能だ。そして、やり始めると、国内旅行中や海外旅行中にも、ふとBOE分析がしてみたくなったりする。もしかしたら旅行中に掘り出し物が見つけられるかもしれない。もちろんBOE分析を旅行先で少しでも行えば、不動産視察旅行の名目だから、全額経費にして節税もできるだろう。実際にはBOEをローン返済計算含めて、さっとはじき出せるエクセルを僕は活用している。右図のように物件ごとのBOEを瞬時に把握できるエクセルをシェアしておく。

このBOE分析を活用して、まずはネット上で不動産投資物件を検索して、自分が見つけた物件を簡易分析してみて欲しい。ここでは中古の1棟マンションや1室マンション投資だって構わない。昨今の不動産投資ブームにより、ネット上で投資用不動産物件を検索することは比較的容易になっているので、下記のようなサイトが活用できる。

楽待　https://www.rakumachi.jp/
健美家　https://www.kenbiya.com/
at home 投資　https://toushi-athome.jp/

Case Study：大手不動産ポータルサイト掲載物件を試しにBOE分析してみよう。55ページの物件は場所や建物写真など架空のケース・スタディで実際に掲載されている物件ではないが、大手不動産投資系ポータルサイトには、このように情報が整理されて掲載されているのでBOE分析の特訓をしやすい。

条件等：

GPI（満室時家賃収入）：783万円

EI（空室考慮時の家賃収入）：空室率5%と仮定

OPEX（賃貸運営経費）：住宅用途でエレベーターがない場合や新築の場合はEIの8%程度と仮定。詳しくは詳細を問い合わせれば、売主または不動産仲介業者がしっかりと出してくれる

NOI（実質収益）を算出してみることが最初の一歩だ。

ローンは10%を自己資金で賄い、90%融資が引けると仮定。金利は1・5%で30年元利均等返済。

ご自身でさっと検索してBOE分析を行ってもらった結果、ローン後キャッシュフロー（CFAF）は自分が望むものだっただろうか？　一発で望むCFAFを叩き出した場合は、即時に買付証明書を売主に送付しよう！

いやいや、実際やってみるとCFAFが雀の涙ほどということがほとんどだ。100物件に3つの可能性なのだから、この分析を根気よくやる必要がある。まさにDo Your Homework!

面白いことに、BOE分析を繰り返し行い、数字の勘所がわかってくれば、優良物件を見極める数字的感覚が研ぎ澄まされていき、投資に価する物件を引き当てる確率がどんどん上がってゆくのがわかる。ぜひ、まずはBOE分析を一週間で100件こなすなどの自分なりのゴールを設定して取り組んでもらいたい。

図表0-14　大手不動産ポータルサイトの掲載物件（仮）をBOE分析してみよう

物件名	大島駅近物件　最寄り駅まで徒歩約8分！平成28年度築				
所在地	東京都江東区大島四丁目				
沿線交通	都営新宿線　大島駅　徒歩8分 都営新宿線　住吉駅　徒歩9分				
販売価格	1億4660万円	表面利回り	5.34%	想定年間収入	7,830,000円 （652,500円／月）
建物構造	木造	階数	2階建て	築年月	2016年6月（築5年）
建物面積	178.32㎡	間取り	1K×2戸 1R×7戸	総戸数	9戸
駐車場		土地面積	135.57㎡ 公簿	土地権利	所有権
私道負担面積		地目	宅地	都市計画区域	市街化区域
用途地域	第一種住居地域	建ぺい率	60%	容積率	300%
国土法提出		接道状況	公道　東3.64m	現況	賃貸中（満室）

図表0-15　大手不動産ポータルサイト物件のBOE分析

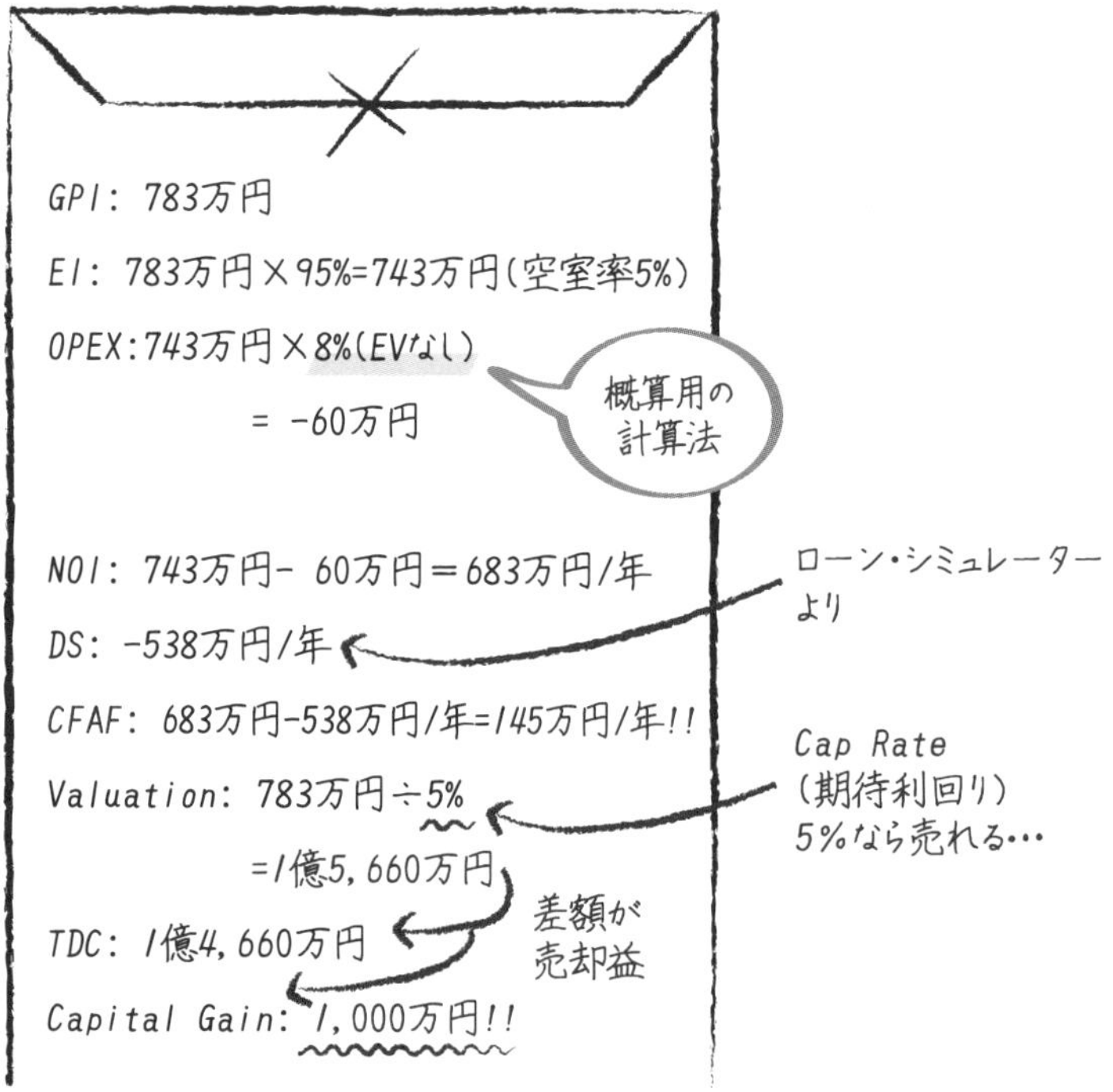

ＢＯＥ分析でＣＦＡＦ（ローン後キャッシュフロー）が自分の年収をカバーできるほどになったり、はたまたValuation（不動産評価額）が総開発費用**を十分に上回って10年分の年収に匹敵するキャピタル・ゲインが出ようものなら、きっと興奮するはずだ！**

僕もそういった物件に出くわすと、手に汗を握りながら、すぐに買付証明書を出している。

では、少し答え合わせをしてみよう。

この物件のＢＯＥ分析を行うと上の封筒裏スケッチのようになる。ご自身のＢＯＥ分析と見比べて合っていただろうか？

100件のBOE分析を行っても、興奮する数字にならない？

そう、実は一般的な手法や相場家賃、不動産投資営業がもってくる画一的な物件のみでBOE分析を行っている間は、興奮するBOE分析結果はなかなか出づらいものなのだ。

特に、不動産投資への参入障壁が下がってきている現在の状況や、また好況と不況のスイッチ時期などでは、ひと工夫必要なのである。さあ、クリエイティブなBOE分析を駆使して、いよいよ生き残る大家になるためのクラスを開始しよう！

コラム1

家賃収入でハーバード大学院へ留学！

2015年の春、不動産投資家としての最初の新築投資物件が無事に着工をし、全てが順風満帆に進んでいる余韻に浸っていた。そこへ届いたのが、受験を終えていたハーバード大学院からの不合格通知のメールだった。ゼネコン社員として日夜設計業務に追われながら、不動産投資の勉強もし、英語を詰め込んで何とか受験をこなしたという自負があっただけに、とてつもないショックを受けた。

それからほどなくして、さらに悪い知らせが届いた。せっかく着工した新築物件の施工会社が突如、地下掘削工事のみを行った状態で倒産するという信じられない事態が起こったのだ。施工会社が途中で放棄してしまった工事を他の施工会社が引き継ぎ、完遂することは引き継いだ施工会社にとっても非常にリスクが高いし、コストが大幅に膨れ上がる。正直、この時は破産さえも覚悟したほどだった。しかし、ここで踏みとどまらせてくれたのが妻からの次の言葉だった。

「こんな大きな困難を経験するのが若い時でよかったじゃない。5年後にはきっと笑っているよ。私には想像できる」。不合格通知を受け取り、建設が暗礁に乗り上げていた半年間、先の見えないストレスとマルチタスクの同時処理で心身ともに疲労困憊《ひろうこんぱい》していた僕は、体重が7キロも落ちてしまっていた。しかし、こんなところでめげてはいられない。淡々と自分の扱える問題をひとつずつ潰してゆくことから始めるしかない。メガ大家の先輩にも対処方法をいろいろと尋ね、実行できることはエクセル表にまとめて、ひとつずつ潰していった。

留学のための受験も、もう一度英語の基礎づくりからやり直しを図り、さらにGSDの現地を訪れ、その半年間で徹底的にリサーチを行い、師事したい教授陣にも会い、Face to Faceで自分の経験とこれから研究したいことをぶつけた。

実は、僕が昨年に受験した学科は、少し研究内容がずれており、ど真ん中の受験すべき学科は「不動産デザイン学科」だということがこの時にわかったのだ。現地に足を運び、生の情報を確かめるという姿勢は、奇しくも不動産投資で必須の、人から聞いたものやネットに落ちている情報ではなく、自分で直接足を運び調べて物件を検証するというものと同じだった。

受験プロセスをもう一度見直し、準備万端で自分のアカデミック・ゴールを実現してくれる不動産デザイン学科への準備を進めた。その間、家族と先輩大家からの精神的な支えもあり、何とか建設途中で放棄された現場を引き受けてくれる建設会社を見つけ、自身で何度も現場に通い、職人とも話しながら、建物を完成させていった。

年が明けて2016年1月に新築投資物件の第1棟目が、やっとの想いで完成にいたった時は心底安堵した。順調に賃貸付けも進み、非常にいい住人と飲食テナントにも恵まれて、いい建物を苦労して創ったことの波及効果を噛み締めていた。余談だが、GSDの受験にはポートフォリオ（デザイン実務の作品集）提出が求められる。せっかくなので提出する作品集の中に苦心の末に完成しようとしている物件の工事現場写真も盛り込んだ。

3月に合格のオファーをもらった時には、妻と抱き合い、苦労を振り返りながら涙して喜んだ。今から考えると、一度目の受験で不合格をもらえたことは、何かのお告げだったのかもしれない。おまえには、まだ日本で自分の手と足、知恵と勇気を使って完遂するべき仕事が残っている、と。もし米国からリモートで最初の開発物件を管理していたら、これほどいい建物ができただろうか？

大学院の学費は年間500万円にものぼり、そしてさらに寮費や生活費がかかるため、年間800万円ほどの最低生活資金が必要だ。家族帯同を予定している場合はさらに膨れ上がる。

結果的に、一部を奨学金で賄ったものの、物件が完成し安定稼働を始めていたために、その大半を何とか家賃収入から捻出することができた。さらに、米国渡航直前にも土地を仕込むことができ、遠隔でも動いてくれる頼もしいチームもできた。こういった経済的な自由を持っていると、留学中の余裕も生まれるため、学びも深まり、自身の生々しい投資経験をクラスメートや教授とシェアすることもでき、研究も一気にリアルな内容となっていった。もちろん自分が現在進行中で開発をしている物件にハーバードでの学びを即座に反映することができる。

ハーバードなどの米国教育研究機関に限らず、留学や海外赴任で今のコンフォート・ゾーンから抜け出し挑戦したいという方は、ぜひ不動産収入の確立にトライしてみてはいかがだろうか。一度できてしまえば、経済的な自由も手に入るが、それ以上に人生の可能性を大きく広げてくれるはずだ。留学ノウハウなど詳しくは僕のブログをどうぞ。http://harvard-real-estate-design.blogspot.com/

第1章

ハーバード式不動産投資術
普遍の方程式「Creating α」

1 生き残る不動産投資家になる方程式は Creating α

左に掲げたのは、非常に単純なリスクとリターンの相関関係を表した図だ（図表1－1参照）。リターンが高いものは、もちろんリスクも高い。その逆はローリスク・ローリターン投資、というわけだ。別の言い方をすれば、高いリスクをとる投資家は、高いリターンを得る可能性があるということだ。もちろんリスクにさらされている分、投資した資金が吹っ飛ぶ可能性は高くなる。

ローリスクのみを許容する投資家は、もちろん投資元金が吹っ飛ぶ確率は低い代わりに、リターンもそれ相応に低いというわけだ。これを不動産投資で喩えてみよう。

すでに序章でも述べたが、東京駅前の丸の内にあるピカピカのオフィスビルの利回りは、2～3％くらいだ。もちろんリスクは極端に低い。100年たっても丸の内は丸の内だ。それに比べて筆者の出身地、高知の駅前マンションの利回りはどうか？　だいたい9～11％くらいの利回りがないと誰も先の読めないリスクばかりで投資はしないだろう。過疎地だし、新幹線も残念ながら当面は通りそうもないので特需もなさそうだ。

リスクとリターンの極端な例は、低く安定した利回りの日本国債では、ほぼゼロに近いリスクだ

図表1-1　Creating αとは「平均を上回る」こと

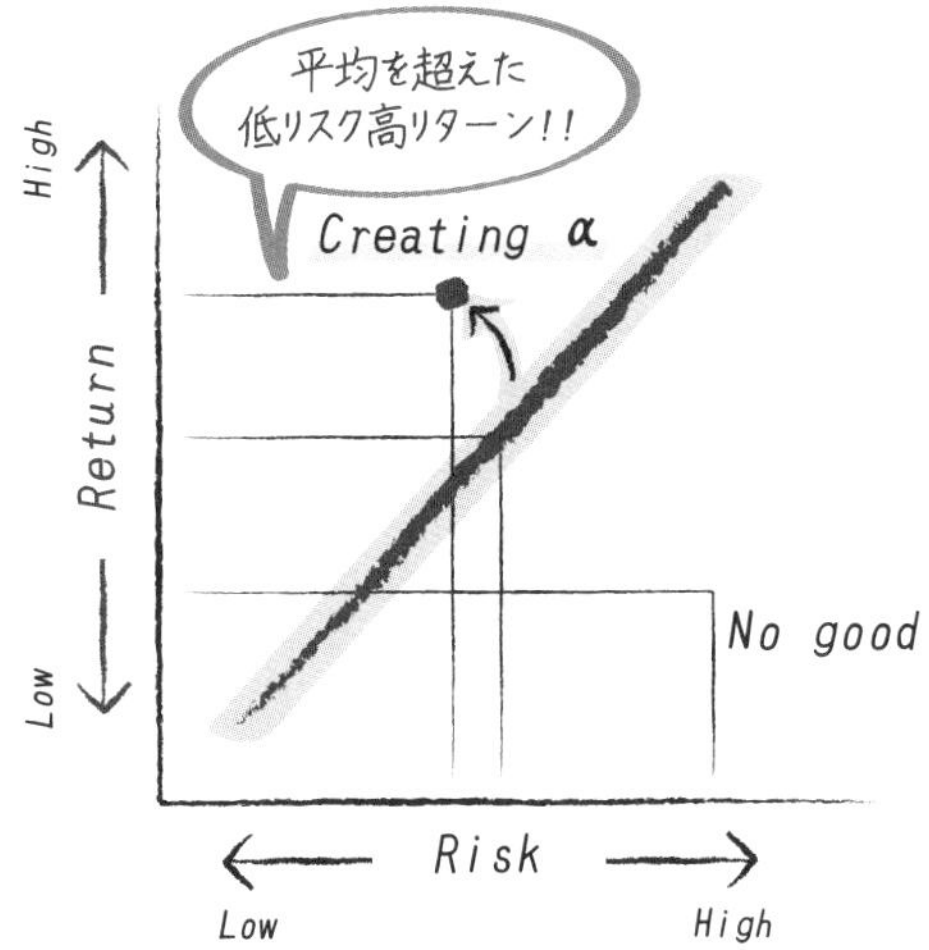

し、その逆は新興国株などのボラティリティ（変動性）の大きい高リスク高リターン型株式投資だ。この図表1－1の45度の線は、**斜め線の右上に向かってリスクが高まれば、それだけリターンも高まることを示している。**逆も同じで、斜め線の左下に行ってリスクが低くなれば、それだけリターンも低くなるというものだ。

この太く描かれた45度の均衡線、これを右上の領域に行きつつ、かつリスクを低減しながらリターンを高くすることが出来れば最高だ。しかし、そんな物理法則を打ち破るようなことができるのだろうか？　このように45度の均衡線（境界線）の上半分の領域を見出すことを金融用語で**「Creating α」**という。プラスアルファを創造するために、不動産投資をクリエイティブに考えるということだ。すぐれた不動産投資家と起業家を長年輩出してきたGSDのフランク・アペシェッセ教授は、自身も、このCreating α領域で淡々と投資を実行してきたからこそ、現在の成功があると授業で語っている。

「Creating α」は、平たく言うと、様々なファクターで「**平均を上回る**」ことだ。

想像してみて欲しい。どんなアイデアだと平均を上回ることができるのだろうか？

例えば、リターン（利益）を増やすためには、平均よりも有利な金利や長い返済期間で融資を受けられればローン後キャッシュフローを増やせる。

実質収益（NOI）を平均よりも高くするために、空室率を減らしたり、建物維持や賃貸管理にかかる経費を見直してみる。新築開発なら、画一的で平凡なワンルームを計画するよりも、デザイン性の高い、貸し床面積の広い、素敵な住空間を計画する。

売却時期はどうだろう？　どんな時期でも平均的な売却評価額よりも高い価格で買いたがる買い手を引き付けられるだろうか？　好景気時はもちろんだが、リーマンショックやコロナショック時においても同様だ。

では、これらの平均値を上回る戦略は、次の投資でも同じように再現してアルファをクリエイトできるだろうか？

2

5つの舞台でアルファを創造し平均を上回る

ハーバード式不動産投資術でぜひおさえていただきたいアルファを創造（Creating）する舞台（ステージ）は、次の5つになる。このステージでの平均値を少しでも上回り続ければ、驚異的なリターンを生み出し、社会的に大きなインパクトを生み、自分自身も楽しみながら充実した不動産投資ライフを過ごすことができるだろう。順を追って簡単に説明する。

①デザイン（Design）
②ファイナンシング（Financing）
③チームビルディングとネットワーキング（Team building & Networking）
④景気サイクルと出口戦略（Cycle & Exit）
⑤再現性と成長性（Repeatability & Scalability）

①デザイン（Design）

デザインというのは豪華な外装や、きらびやかな内装にお金をかけることではない。建物の用途や構造、改修の仕方などを、企画し、工夫することで、平均的な家賃よりも高い家賃を稼いでくれる建物をつくることだ。

加えて、投資総額を圧縮したり、図表I－2にある通り、ソフトとハードの両面のデザインに注目しよう。賃貸運営経費（OPEX）がコストカットされるような建物運用方法を編み出すことも必要だ。つまり、純粋な実質収益（NOI）を高く稼いでくれる不動産を企画デザインしてもらいたい。もちろん、あなたが実際の設計やデザインをする必要はない。単身者向けの賃貸マンションなのか、シェアオフィスなのかなど、物件の大きな全体像をクリエイティブに企画し、各協力業者に対してさまざまな指示を明確に出せればいいのだ。

②ファイナンシング（Financing／投資計画・資金調達）

ファイナンシングとは、投資事業計画の策定であり、融資のスマートな活用方法であり、ローン後キャッシュフローを最大限にもたらしてくれる有利な条件の融資を獲得することだ。今取り組んでいる不動産投資活動が将来にわたってどれだけ儲かるかを知ったうえで、日々の不動産収益を管理する。これができれば、あなたの元手キャッシュを大きく増やすことができ、素晴らしい不労所得が毎年入ってくるのみならず、売却でも大成功を収めて、大きなリターンを得ることができる。

図表1-2　不動産デザインのゴール、ソフトとハードをデザインする

NOI↑：家賃を上げてOPEXを圧縮！
TDC↓：総開発費（投資）を効率よく圧縮！
Valuation↑：不動産評価を上げる建物！

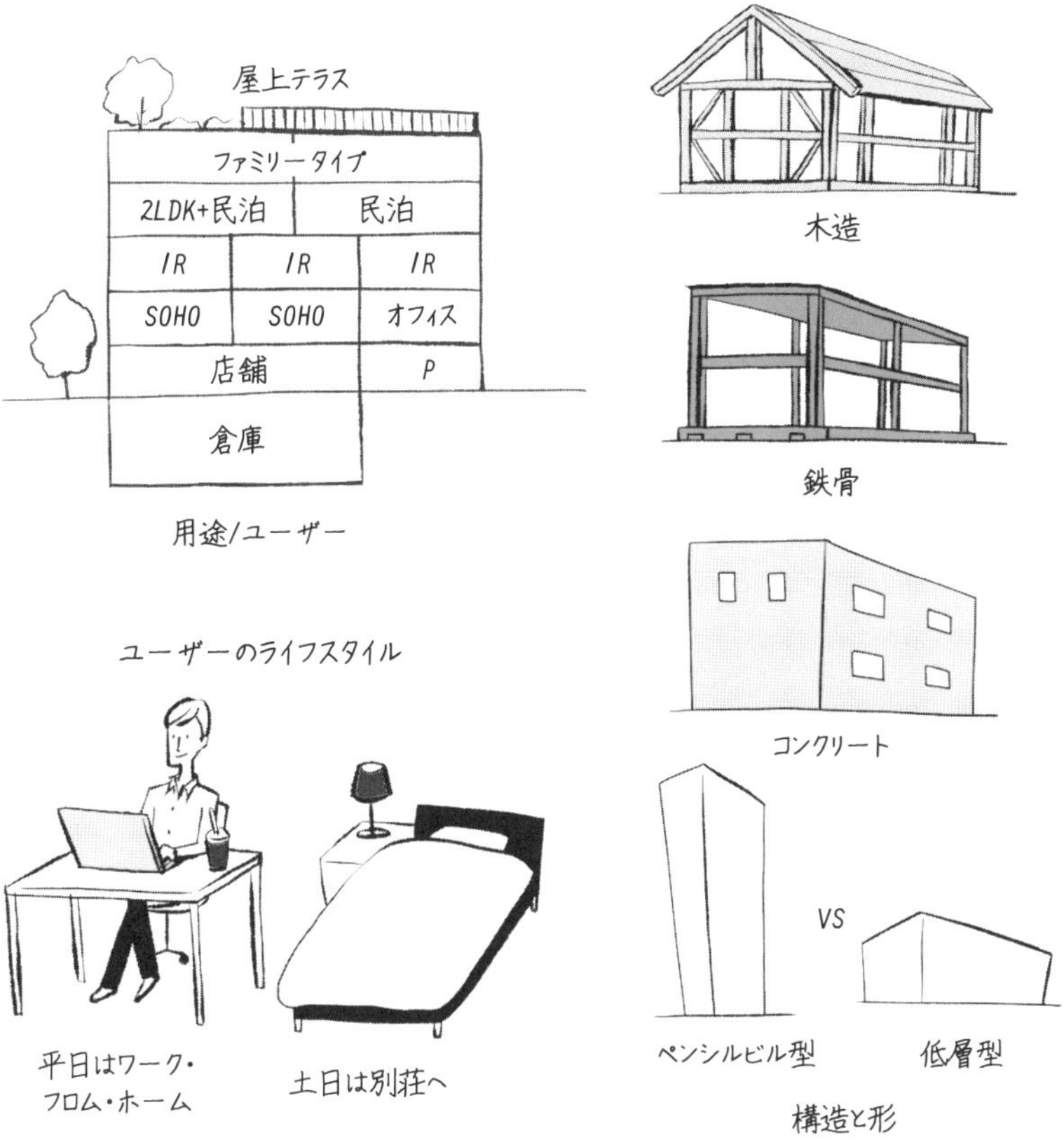

つまりソフトのデザイン

つまりハードのデザイン

NOI（実質収益）を平均的な家賃相場よりも高く取れる工夫
TDC（総開発／投資費用）を効率よく圧縮、またはNOIを上げてくれる場合は追加での資本投下
Valuation（不動産評価額）を上げてくれる建物構造や構成
これらで平均を上回り、アルファをクリエイトしてくれる投資計画書を策定する。

③チームビルディングとネットワーキング（Team building & Networking）

ハーバードでも、そして世界の成功している不動産投資ファンドでも言われている格言がある。それは「**不動産は人ビジネスであり、そしてチームワークである**」だ。あなたが、ごくごく平均的な不動産投資家よりも、リーダーシップをとって、関係する様々な外注業者をチームとして束ねて投資活動を行えば、チームみんなが平均を少しでも超えるための努力をしてくれる。そうすると当然、少ない予算でいい建物ができるし、家賃も少しでも高く設定できるし、はたまた、少しでも有利な融資が引けるかもしれない。チームを尊敬し大切にしつつ、励まし、時には叱咤激励しよう！

④景気サイクルと出口戦略（Cycle & Exit）

景気サイクルと出口戦略は、特に重要性を強調しておきたい。GSDで「不動産マーケットと都

市経済」を教えているレイモンド・トルト教授が、見事に2020年のコロナによる不動産不況を言い当ててしまったからだ。

不動産の景気サイクルには2つの波がある。ひとつはマクロ経済や経済的なイベント（出来事）による大きな10年の景気サイクル。そしてもうひとつが人間の記憶による5年のサイクルだ。

さらに、出口（物件売却と利益確定）を想定しての資産拡大手法は、ハーバード式不動産投資の真骨頂のひとつだ。売却については、あまり紹介している書籍がないし、日本の不動産投資家の大半は家賃収入を得続けて、物件を半永久的に保持することを好む。

しかし、出口を想定しつつ、うまく売却できれば、不労所得を享受しつつ、莫大な売却益を得ることができる。家賃収入と売却収益の合わせ技で資産を拡大しよう。

⑤再現性と成長性（Repeatability & Scalability）

再現性と成長性とは、これまでの不動産投資の仕込みから運用、そして出口までの一連の流れを、何度も何度も再現できるか？　という問いに答えることだ。そして、それがイエスなら、あなたの資産は雪だるま式に段々と大きくなってゆく。つまり成長性を持つことになり、年間の不労所得が多くなり、あなたの自己資金も、どんどんと増えてゆく。拡大してゆくあなたの不動産のコレクション（専門用語でポートフォリオという）と、口座に日々増えゆくキャッシュをぜひモチベーションにして欲しい。

3

アルファを創造し、指数関数的に資産を拡大する

では、5つの舞台でアルファを創造し、平均値を上回る不動産投資を実行し続けると、いったい資産にはどのような動きが起こるのだろう？　次の図式を見てもらいたい。

まずは小さく始めた1件目の物件から家賃収入が毎年入ってくる。

図表1－3では、1年目から3年目まで毎月のローンを返済した後も順調に手残り家賃が蓄積されている。

ここで平均を超えて素晴らしい家賃収益を上げている不動産になっている物件を売却して、次の投資への元手をつくるのが4年目だ。

4年目には売却益と家賃収入の蓄積から、まとまった資金が手に入るだろう。

この膨れ上がった元手を使って、少し大きな新築鉄筋コンクリート造などの1棟ものに投資してみるのだ。毎月の家賃収入も大きくなってきており、さらに3年ほど家賃を貯蓄にまわしつつ、同時に複数物件を仕込み始めてもよい。

図表1-3　家賃収入と資産入れ替えで資産は累積する！

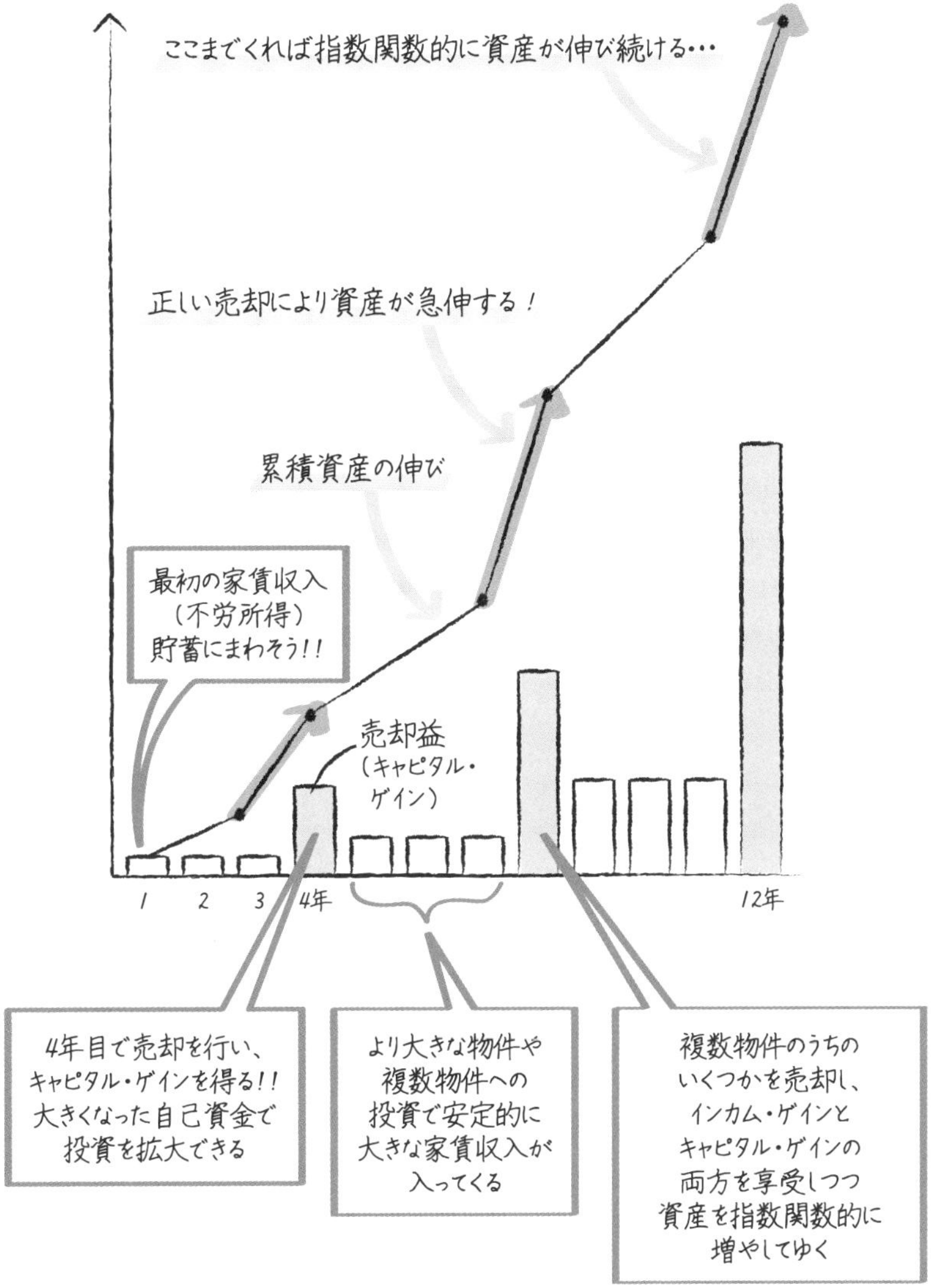
ここまでくれば指数関数的に資産が伸び続ける…
正しい売却により資産が急伸する！
累積資産の伸び
最初の家賃収入
（不労所得）
貯蓄にまわそう!!
売却益
（キャピタル・
ゲイン）
1
2
3
4年
12年
4年目で売却を行い、
キャピタル・ゲインを得る!!
大きくなった自己資金で
投資を拡大できる
より大きな物件や
複数物件への
投資で安定的に
大きな家賃収入が
入ってくる
複数物件のうちの
いくつかを売却し、
インカム・ゲインと
キャピタル・ゲインの
両方を享受しつつ
資産を指数関数的に
増やしてゆく

スタートしてから8年目に、複数物件のうちの1棟を資産入れ替えのため売却し、さらに大きなキャピタル・ゲインを獲得して、続く年の原資とする。この辺りから累積資産の伸び率が急激になってくるだろう。

9年目以降は複数物件からの家賃収入（インカム・ゲイン）を享受し、蓄積しつつ、評価の高い資産を入れ替えながら、同時にキャピタル・ゲインもエンジョイすることで、指数関数的にあなたの資産は拡大してゆく。

これはあくまで理想的な資産累積の将来像ではあるが、**ポイントはインカム・ゲイン（家賃収入）とキャピタル・ゲイン（売却益）のバランスにある。**不動産投資を始める方や既に大家となっている方には、キャピタル・ゲインを考慮しない長期保有志向の方もいると思う。

長期保有戦略自体はそれでスタイルが確立されているので続ければよいが、我々が目指すハーバード式驚異のリターンをあげるためには、愛しい物件を時には旅立たせ、そして新たな物件を迎えることで、次の次元に行くことができる。

僕の場合、700万円で始めた自己資金が5年間で26倍に拡大することを最初から未来予想図として描いていなければ、こういった指数関数の力を信じることも、そして実現することも難しかった。

ちなみに当初に描いた僕の投資未来予想図は5年間での自己資金に対するリターンを30倍に設定していたが、理想通りには行かないものだ。

さすがに総額何十億円という投資を実行するメガ大家の領域に踏み込むと、次は不動産ファンドやデベロッパーが行うようなプロの投資プレイをする必要があるため、いったん個人投資家としては指数関数グラフも頭打ちとなるが、そこまで辿りつける未来予想図を描いておくことは悪くはないだろう。

重要なのは、まずは小さな資産を指数関数的に増やすイメージを掴んでもらうこと。そして、この指数関数の伸びを実現するために、平均的な家賃や資産入れ替え時にリターンの出づらい投資に甘んじてしまうことではなく、**平均を上回り、常にアルファを創造してくれる投資を実行し続けることだ。**

理想的な資産拡大の未来図を描き、それに近づけるために、投資の途中でもアルファを生み出すことを続けていればこそ、投資成績を上げるための調整も可能になってくる。

これは指数関数の未来予想図を超えて、上振れした場合も、下振れした場合も、両方に対応できるという意味だ。

王道の戦略としては、「**持ってよし、売ってよし**」**の物件に投資する**ことで、資産入れ替えのタイミングを景気のサイクルに合わせてベストタイミングで調整しながらキャピタル・ゲインを最大化するというものだ。このインカム・ゲインとキャピタル・ゲインの両方を満たす物件を仕込むためにも、ぜひ5つのステージでの平均を超えるアルファづくりにこだわって欲しい。

そしてもうひとつ、エグジット（売却）を想定しておき、時には組み合わせることの重要な効果を紹介しておきたい。融資を最大限活用して物件を買い進めていると、積算評価（銀行の担保評価）と借入のバランスが徐々に崩れてゆき、継続した融資が受けられなくなってくるのだ。かなりの割合の自己資金を入れて投資をするか、または耐用年数のまだ十分に残っている物件を運用し残債を減らしながら資産のバランスシートを整えてゆくしかない。

そこで、売却をひとつでも交ぜることで、資産と負債（借入）のバランスを回復しつつ、キャピタル・ゲインから次の物件への自己資金を捻出するという戦法が有効になってくる。こうすることで、徐々に、あなたの資産のバランスシートである保有資産が健全に大きく膨れ上がり、不労所得と売却益の両方から資産を拡大できる超好循環状態に入れる。

図表1-4　売却を交ぜて資産のバランスシートを整え資産拡大

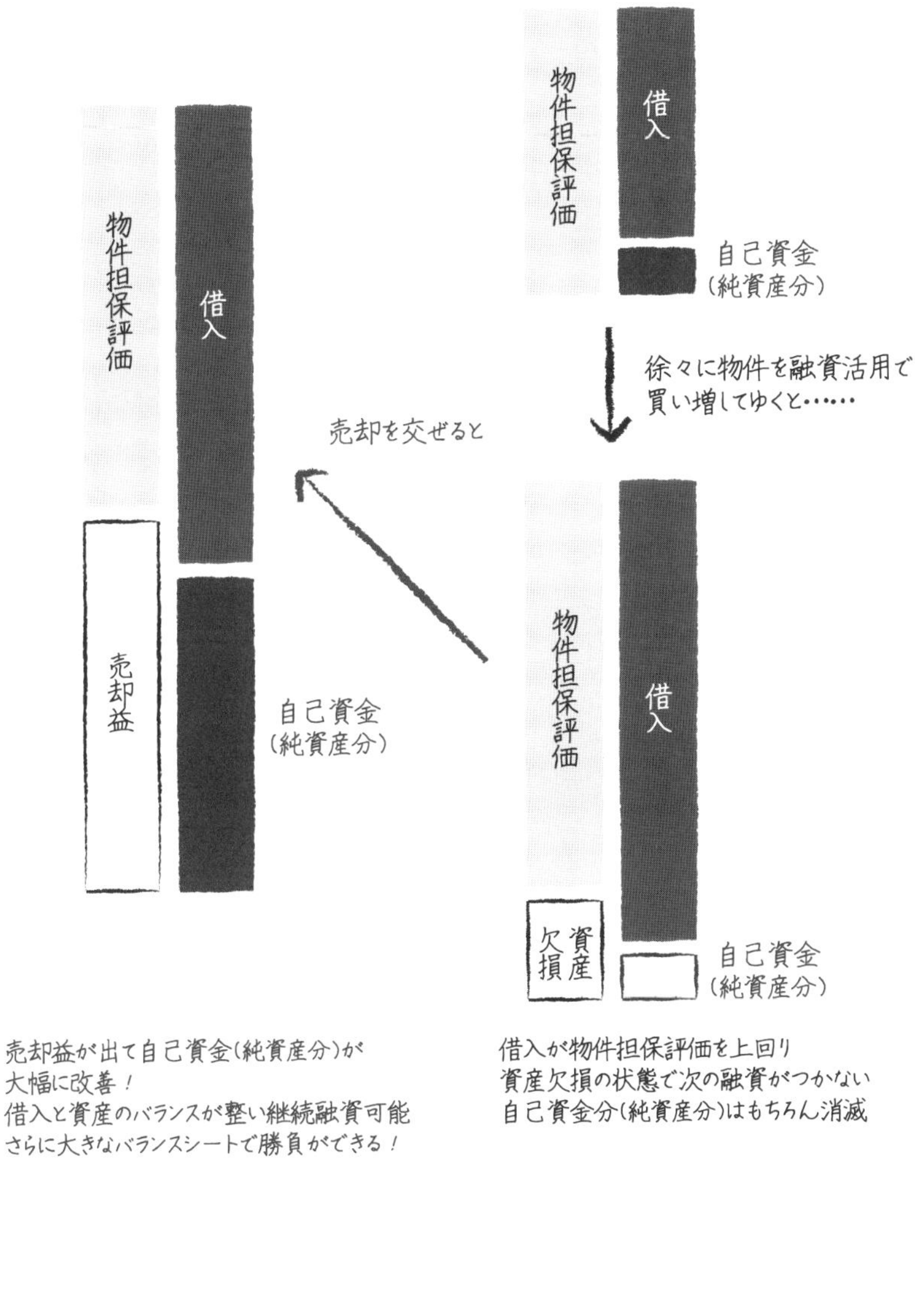
物件担保評価
借入
自己資金
（純資産分）
徐々に物件を融資活用で
買い増してゆくと……
物件担保評価
借入
資産欠損
自己資金
（純資産分）
売却を交ぜると
物件担保評価
借入
売却益
自己資金
（純資産分）
売却益が出て自己資金（純資産分）が
大幅に改善！
借入と資産のバランスが整い継続融資可能
さらに大きなバランスシートで勝負ができる！
借入が物件担保評価を上回り
資産欠損の状態で次の融資がつかない
自己資金分（純資産分）はもちろん消滅

4 米国でも増えている「プロデューサー型クリエイティブ大家」

プロデューサーと言えば、映画のプロデューサーを思い描く読者も多いと思う。プロデューサーは映画を制作してゆくにあたり、まずは企画を決め、資金集めをし、監督や脚本家をはじめとするチームを編成し、もちろん役者も選定して、実際に撮影に入る。出来上がった映画を世界中でプロモーションし、高い興業収益を長く達成できれば映画プロデューサーとして大成功だし、報酬も巨額なものになる。

まったく同じことが不動産を創り、成功させるうえでも必要不可欠な能力となりつつあるのだ。ユニークな不動産の企画を立て、事業性をクリエイティブに描き、銀行から融資という最強の資金を獲得し、各関係業者を動かし投資物件を創り込む。そして、あなたの物件にプレミアム家賃を払ってでも入居したいと思う観客ならぬ住人に建物を披露する。

さらに高水準の家賃収益を積み上げ、一定期間運用する。もし大ヒットしそうなタイミングがあれば迷わず売却して大きなキャピタル・ゲインを得る。この一連の創作の流れを描いて投資を実行できるのがプロデューサー型大家である。

また、不動産ユーザーにも大きな変化が起こっている。特に米国においては、昨今のシェアリング・エコノミーによる市場構造の刷新（ディスラプション）やミレニアル世代、Z世代の志向するライフスタイル、リモートワーク社会への適応を行う必要が出てきており、**従来型の大家では立ち行かなくなってきている。**

今求められている生活スタイルやワークスタイル、はたまた家族像や子育て、教育といったテーマに、どうアプローチしていくのか？　つまりエンドユーザーである住人やテナントは「何を」求めているのかを敏感に察知して、大ヒットする映画ならぬ、ロングラン不動産をプロデュースする必要がでてきているのだ。

そこにはオポチュニティ（機会）ももちろんある。今までのように資本があるプレイヤー、または先祖代々土地を受け継ぐ地主でなければ不動産投資では勝てない、という図式が崩れつつあるからだ。知恵と創造性、後述する「資産運用の未来予想図（プロ・フォルマ）とてこの原理（レバレッジ）」を用い、そして多少の勇気があれば、勝てる時代になりつつある。

逆を言えば、既存の枠や今までの成功体験だけで勝負しつづける限り、平均的な利回りの枠を超えることもできないし、ともすれば、昨今の激動のマーケットの中で倒れてしまうかもしれない。

この、プロデューサー型大家の中でも、特に面白い動きをしているのが、**建築家デベロッパー（Architect Developer）**と呼ばれるプレイスタイルの投資家たちだ。自身も建築家でありながら、同時にエンドユーザーの生活スタイルから、空間デザインを行い、そして投資をコントロールし、大胆にも銀行から数十億単位で融資を引き、投資用不動産を開発してしまう。

ＤＤＧグループや、イアン・シュレーガーなどが建築家デベロッパーでは有名だ。ファンドではフォスター・シティーやガウ・キャピタル・パートナーズといったプレイヤーが有名建築家とのコラボで珠玉の不動産開発を行い、そして投資拡大を行っている。

筆者自身もコネや資本がない状態から、旧来の方法ではない、ニッチで勝てる戦略での不動産プロデュースを建築家としての能力を発揮しながら行ったことが今日につながっている。

こういったプレイヤーの投資戦略や作品を見るのは目も養われるし、世界中を旅するときに訪れてみるのも一興だ。

もちろん、**あなた自身が建築家である必要はまったくない。**あくまで感覚を養うための肥やしとして欲しい。映画を撮るのに、プロデューサーが俳優として役を演じなくてよいように、あなた自身が図面を引く必要はない。図面を引いてくれる素晴らしいチームを集めることが先決だ。それができればプロデューサー型大家の仲間入りだ。

コラム2

投資総額10億円超えのメガ大家からの教え

漢然と不動産投資で不労所得を形成したいと思いながら、手探りでセミナー参加や読書を繰り返し、物件を見学する日々が2年ほど続いたある日だった。たまたま友人の結婚式で知り合った金融関係の方に不動産からの不労所得でサラリーマンを引退したと聞かされた。

しかも、サラリーマン引退時で既に総投資額が10億円ほどに上っていると聞いた。いわゆるメガ大家だ。驚いたと同時に、2年間も勉強やセミナー参加をしていて、いまだに1円も不動産に投資できていない自分と、何か決定的な違いがあると確信した。その彼は気前よく、その次の週にコーヒーチャットの時間をつくってくれた。春の陽気漂う日で、赤坂アークヒルズの裏にあるオープンテラスのカフェの窓際だったことを今でも鮮明に覚えている。単刀直入に「今のメガ大家という状況を何がつくっているのか?」という質問をしてみた。

意外にも、答えは理論的な戦略や資産背景、あるいは生まれが金持ちかどうかなどではなく、

「あの頃の気合い」

というものだった。

そして彼も、よくメガ大家仲間と情報交換をするのだそうだが、年齢世代を問わず、皆口を揃え

ていうのは、不動産投資を何がなんでも、今、はじめるという「気合い」のおかげで今がある、ということだと教えてくれた。

何年経っても投資物件ゼロの自分と、このメガ大家との決定的な差が、すぐにわかった。まだ何の投資も実行していないということだ。そして投資を実行していなければ、もちろん大家でもない。ロールモデルを目の前にしてしまった僕は、その日から一心不乱に物件を見て、BOE分析で事業性を検討しては買付証明書を出して、これぞという物件を探し求めた。独学でもがきながらも、何とか1件目の新築マンション用土地が取得できる一歩手前まできていた。

そんな時、神楽坂のとある土地がリーマンショックから立ち直り切っていない不動産市場で比較的安く出されているのを発見し、早速銀行に持っていってみた。大手都市銀行しか知らなかった僕は、とりあえず3行に持ってゆくも、体よく断られた。そして不動産投資での融資で比較的当時は審査が通りやすいと聞いていたスルガ銀行に持ち込んだ。当時はサラリーマンだったため、年収の20倍までは借りられるという審査基準の末、いとも簡単にローン審査は通ってしまったのだった。後述するように金利は4・5%という比較的高い金利だ。

不利な融資条件にもかかわらず、これで「気合い」を発揮して不動産投資ゲームの参加者にやっとなれたことが心底嬉しかったし、何より不動産投資を通じて理想の建物が創れることへの充実感でいっぱいだった。新築のマンション計画だったが、想定利回りもよかったので、金利4・5%を払ったとしても何とかプラスのキャッシュフローを生んでくれる計算だった。

やっと大家の仲間入りを果たせたという想いを抱いて、メガ大家が集まる高額セミナーへも参加し、より投資を拡大したいと息巻いていた。メガ大家セミナーとしては当時有名だったセミナーで、『7つの習慣』の翻訳者として有名なジェームズ・スキナー氏というビッグネームをはじめ、メガ大家の講師陣はすごい顔ぶれだった。学生から一度も就職せずにメガ大家になった講師、フェラーリ節税を駆使しながら北海道で十何棟も運用する講師や、総投資額50億円を超える強者、融資獲得と借り換えにこだわる安定感抜群のメガ大家もいた。

セミナーには総勢300名ほどが参加していただろうか。セミナー終了後には懇親会が開かれ、興奮冷めやらぬ中で、僕も大家の仲間入りを果たそうとしていたこともあり、セミナー講師陣に喰らい付いて質問をし続け、最後まで残った。

そして2次会、3次会と懇親会が進む中、だんだんと人が少なくなってゆき、最後は30名ほどのグループとなったのだが、そのグループがとんでもない集団だったのだ。メガ大家、いわゆる総投資額10億円超えがグループの大半を占めるというお仲間同士で、若輩ものの僕も恐る恐る飛び込んだ。今自分が行おうとしている神楽坂の新築物件投資の話をシェアさせていただき、アドバイスを求めた。すると、メガ大家の一人K氏から、真っ先に「もったいない!」という声が上がった。この事業性ならスルガ銀行からではなく、間違いなく準都市銀行から素晴らしい融資が受けられるはずなのに、もったいない!　という意味だった。

そして、有利な融資を準都市銀行や都市銀行から受けることが、いかに大切で、それこそがメガ大家への道のひとつでもあることを教えてくれた。K氏は僕の熱意を買ってくれて、何と翌日に今でもメインバンクであるりそな銀行の担当者を紹介してくれた。銀行はメガ大家からの紹介であれば、まったくと言っていいほど態度が違う。それはメガ大家が人を銀行に紹介する前に、すでにその人の与信背景と物件の事業性を、瞬時にスクリーニングしているからだと後でわかった。

ほどなくして、りそな銀行から素晴らしい条件の融資が獲得でき、メガ大家からの教え通り、メガ大家への仲間入りのための第一歩を踏み出すことができた。以下に僕が10人以上のメガ大家から受けた教えを少しシェアしておきたい。

その1　まずは「気合い」で今はじめる
その2　融資は何が何でも、良い融資を受ける。そのために紹介を活用する
その3　窓際族でもいいからサラリーマンとして会社にいる間にローンを組みまくれ
その4　鉄筋コンクリート造か重量鉄骨造といった担保性の高い構造形式にこだわれ
その5　売却を交ぜて加速させる
その6　法人を活用せよ。節税の幅がまったく違う
その7　OPMの活用とTTPしまくれ：OPMはOther People's Moneyの略。TTPは徹底的にパクる（Tettei-Tekini-Pakuru）、つまりいいものは、とことん吸収して活用すること

K氏からの紹介なくしては今の自分もあり得ない。表舞台にはあえて出ない方なので、イニシャルのみの紹介とさせていただき、初心を忘れないためにも感謝の念を本書で残しておきたい。

第2章

ハーバードで学んだ不動産をデザインするとは(Design)

1

物件の内装デザインに惚れるな！真の不動産デザインで判断せよ！

不動産をデザインする、という聞き慣れない言葉を使うことをまずはお許しいただきたい。デザインという言葉自体が建物の外観のデザインなのか、内装のデザインなのか、そもそも漠然としていると感じている読者も多いだろう。ここで強調しておきたいのは、やはり不動産投資を成功に導いてくれる価値ある要素「アルファ」を生み出すことこそ、「不動産デザイン」であるということだ。

経済的なリターンに加えて、もちろん外観内装ともに魅力的な物件となり、また、そこに住まう人が生き生きと暮らし、周辺地域へもポジティブな影響を広げてゆく付加価値の連鎖が生まれる。では不動産投資家として、不動産をクリエイティブにデザインするうえでの、究極のゴールはなんだろうか？

それは**今投資に取り組もうとしている土地や建物から、最大の不労所得と売却益を獲得すること**だ。そのうえで平均値を上回り、アルファを創造すべきものは図表2－1の指標だ。

そのために不動産デザインを成功させる4つのデザイン技術を説明する。

図表2-1　最大の不労所得と売却益を獲得するための指標

NOI	↑	：	家賃を上げてOPEXを圧縮！
TDC	↓	：	総開発費用（投資）を効率よく圧縮！
Fin Cost	↓	：	ファイナンシャルコスト（返済）を有利に！
Valuation	↑	：	不動産評価額を上げる建物！

（1）ソフトのデザイン
（2）ハードのデザイン
（3）資本および支出のデザイン
（4）あなただけのアルファ創造リスト

という4つの項目に沿って、ひとつひとつ不労所得を最大化してくれる「不動産デザイン」について理解していってもらいたい。

これら4つの技術を使って上の指標を常に良い方向へと持ってゆけるように創造力を働かせて欲しい。

図表2-2　不動産のソフトをデザインする

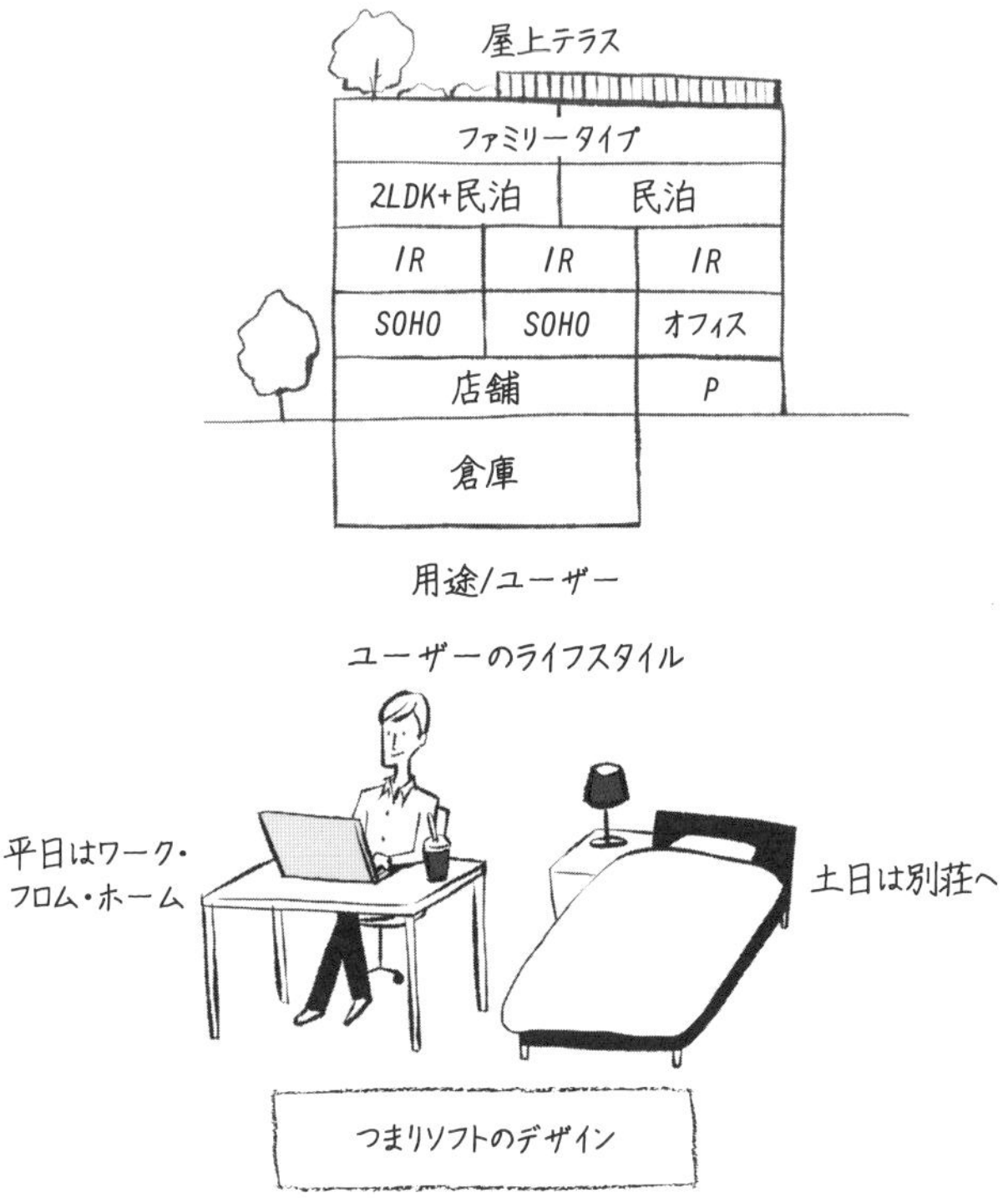

（1）ソフトのデザイン

まずは「平均値を上回りアルファを生み出すソフトのデザイン」に注目してほしい。

ひとつ目は「ソフトのデザイン」で、賃借人（ユーザー）にどんなライフスタイルや商業的活動をしてもらえる可能性があるのかに注目する。

ここから建物の各階にどんな用途を入れたり、時に組み合わせたりできるのかを組み立ててみるのだ。この段階では、簡単なメモやスケッチでOKだ。

注目すべきは、ユーザーを自由に発想することで通常よりも高い家賃を設定できることや、床面積を効率的に使い、ひと坪あたりの賃料を極大化すること。さらに貸す期間をこまぎれにして、NOI（実質収益）を高めること。屋上や地下は使えないだろうか？　さらにはサービスアパートメントや、ホームオフィス、民泊や空間の時間貸しなど、新しいライフスタイルや使われ方などもイマジネーションを膨らませてみよう。

(2) ハードのデザイン

次に「ハードのデザイン」。つまり建物の構成だ。

ここで不動産投資家として最低限知っておかなくてはいけない構造形式がある。木造、鉄骨造、鉄筋コンクリート造（RC造）の3形式だ。

おそらく街を歩いて見ていたり、自身が今まで住んだりしてきた建物の構造形式を、大抵の方は3つのうちのどの形式か言い当てられるのではないだろうか。

構造形式は文字通り建物の運命のみならず、投資の将来的な運命も決めてしまう。地方の木造アパート新築投資は費用も安く、建設期間も短い。投資のハードルが低そうで取り組みやすいと考えて、サラリーマンの与信背景をもとに投資に飛びついてしまうと、自身のこれからの不動産投資家としての運命を決めてしまうことになる。その前に、まず90ページの図表2－3を見て欲しい。

このカーブと直線の組み合わせで表現されたグラフは、それぞれの構造形式を採用した場合に、その不動産が辿る将来の不動産評価額と銀行の担保評価、そして残債の関係を示している。

言い換えると、将来あなたの残債を引いた純資産がどれほど大きくなるか、または選択を間違えた場合は、どれほど債務超過に陥るのかを示しているのだ。そして銀行の担保評価指標は、将来あなたが、さらなる物件購入ができるかどうかを教えてくれる。

たとえば、図表2－3左上の新築鉄筋コンクリート造のケースを見て欲しい。新築RC造の場合は47年で建物の価値がなくなり土地の価値のみになるが、その前に十分余裕を持って残債をゼロにすることができる。つまり銀行の担保価値は、返済が進めば進むほど担保価値も徐々に出てくるのだ。

そして不動産評価額は微減はあるものの、安定して高水準で推移する。仮に竣工から10年で売却したとしても売却益が大きく取れる。つまり市場価値から残債を引いた額だ。そして担保余力も十分出てくるため、銀行から次の融資も受けやすく、資産拡大のための次の一手が格段に打ちやすいのだ。

この好循環に乗ってしまえば、資産は雪だるま式に拡大してゆく。

新築鉄筋コンクリート造の安定した高価格での売却が叶う原理は、左の式にヒントがある。

RC造中古のケースは、たとえ10年ものの中古だとしても、次の購入者も高い担保価値のおかげで残りの耐用年数（47年―10年＝37年）以内の長期優良ローンが受けられるため、キャッシュフローを十分期待できるからだ。

では木造新築の場合はどうだろう？　木造は22年で耐用年数が尽きてしまうため、22年で土地のみの担保価値となってしまう。

また、仮に10年目に売却をしようとしても、次の買主が30年などの長期融資が受けられず、最悪は耐用年数の残りの12年などの期間での融資となってしまうため、次の買い手が年数を追うごとに付きづらくなる。こうなってしまっては利回りがかなり高くないとキャッシュフローが出ずにほとんどの個人投資家は手が出せなくなってしまう。図表2－3で表現すると、2段目右の木造新築Caseである。これだと不動産評価額も残債に近づいてしまっている。

つまり**いつ売却しても売却益がほとんど出ないのだ。**

木造新築やマンション1室投資は注意が必要

節税も兼ねて1室マンション投資を行う場合は鉄筋コンクリート造の場合、土地担保価値が非常に低いので、47年をかけてほぼ残債とともに同じ分だけ、不動産評価額も下がっていってしまうこともある。つまりいつ売ってもわずかな売却益しか生まない。

ただ、ブランド価値のあるタワーマンションに限っていえば、投資家としてではなく実需で欲しい人もいるので、売却益が出る場合もある。

しかし、図表2－3の担保価値の目減り具合を見てもらえばわかる通り、将来にわたって債務超過だ。資産拡大のために継続融資を受けようとしても銀行はもう貸してはくれないだろう。

相続では資産圧縮が出来ていいのだが、それは大きな資産を築いた後に使いきれなくなり、次の世代に渡す心配をしなくてはいけなくなった時に考えよう。

図表2-3　投資の長期的な運命を決める構造形式

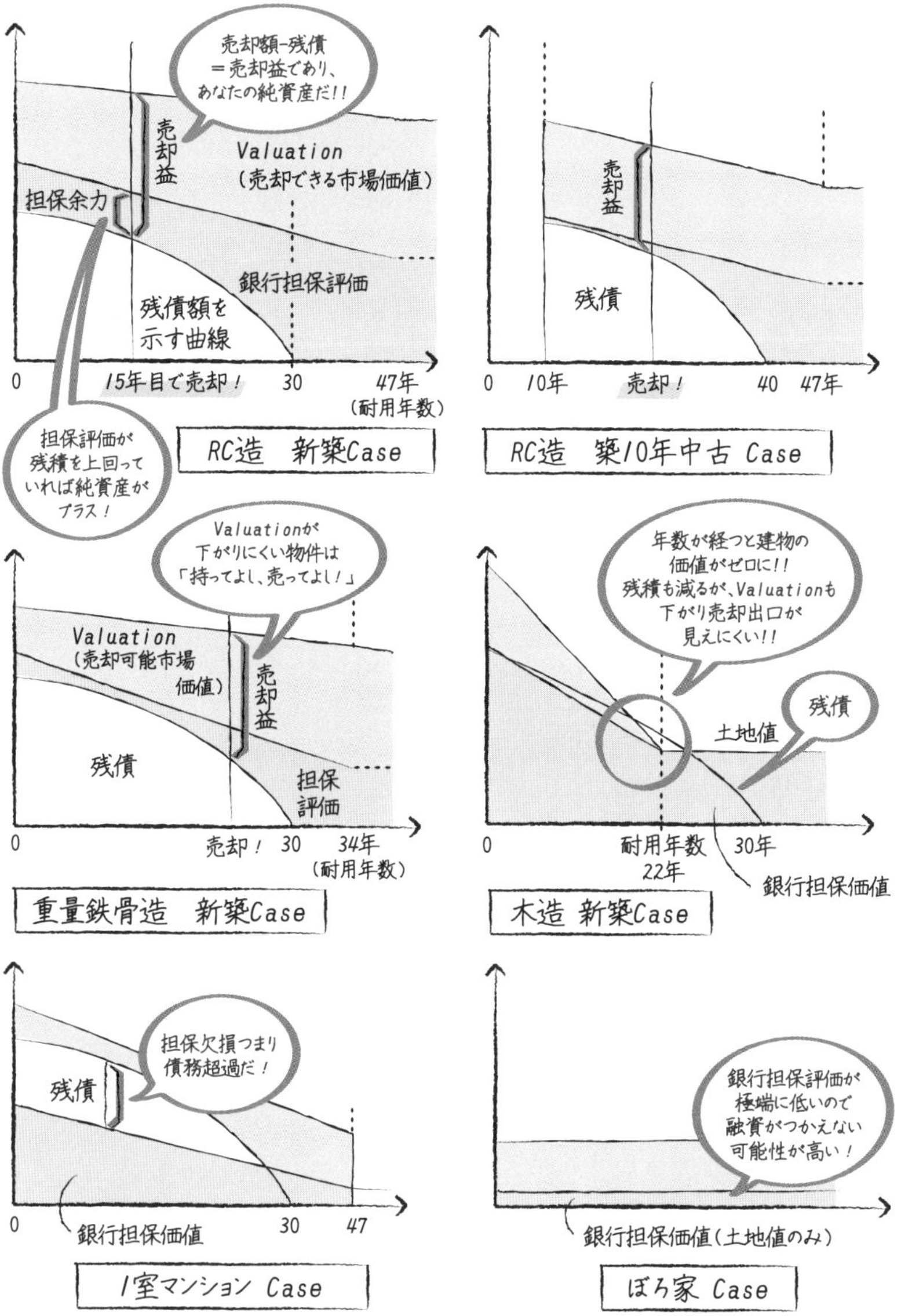

木造新築の建て売り住宅を住宅ローンで買うのは論外だ。買った瞬間に債務超過であり、ローンをせっせと返したあとも土地価格のみの担保評価しか残らない。

木造ボロ家投資は少し特殊だ。激安価格で購入した場合、ほぼ土地価格で購入していることになるので、残債が減れば土地価格分プラスになる。ただし注意が必要なのは、数字では不動産評価額があるように見えても、実際に売却できるかどうかはわからない。過疎化が進む地域のボロ家を買い取ってくれる人がどれほどいるだろうか? 固定資産税を払い続けて建物の維持管理費用を出してまで、欲しい人がどれほどいるかを考えるべきだ。

このグラフが示すひとつの答えは、**新築鉄筋コンクリート造が最も強い手札**ということだ。ただし投資額も大きくなるのと建設期間中のキャッシュフローを我慢する必要があるため、参入障壁が一般の投資家には高いのだ。ではどうするか? 答えは自己資金が十分に出来た段階で新築RC造の好循環に乗るか、耐用年数が30年以上残っている優良な鉄筋コンクリート造の中古物件を買い、NOI(実質収益)を高水準に保つ工夫をして家賃収入を貯めつつ、売却益をねらうのだ。

新築鉄筋コンクリート造を仕込めるほどの十分な自己資金をどうやってつくればいいの? という質問が聞こえてくる。ファイナンスの章で紹介するが、自己資金をつくるためには一物件ステップを踏むのも手だ。最初に軽めの物件で家賃収入を貯めつつ、売却益が出せる投資を実行すれば十分な自己資金がつくれる。まとめると建物の構造形式を選ぶということは、物理的なデザインを決めること以上に建物価値を市場の原理と銀行の都合の観点からデザインすることに他ならない。

次に建物そのものの形をデザインしてみよう。ペンシル(鉛筆)のように縦に細長い建物なのか、

図表2-4　建物の構造はいろいろ

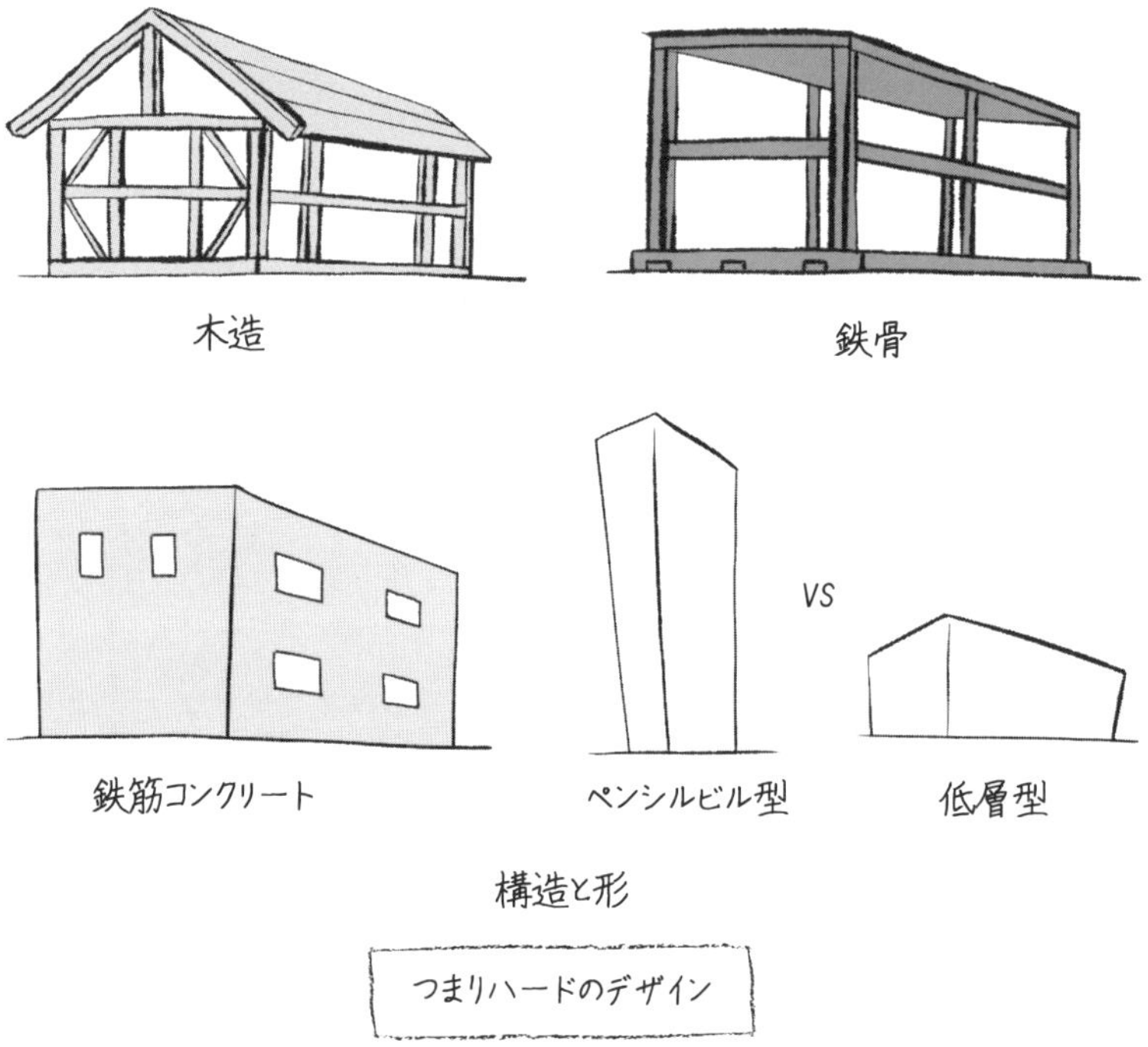

低層で横に広い建物なのか、または地下室や屋上はあるのか、などを決めてゆく。ここまでは、建築の専門知識がなくても、企画できる方が多いだろう。

　ここで少し事例をもとに見てゆきたい。

　まずは93ページの土地と条件が書かれた不動産仲介広告を見て欲しい。

　一見非常に難しい土地であり、普通の不動産業者や投資家は敬遠する土地だろう。こういった「鰻の寝床」と呼ばれる間口が4・5mに満たない奥に細く長い土地を街歩きの際に目にした方も多いだろう。そして意外と売りに出ているのであ

図表2-5　活用が難しかった神楽坂山吹町の敷地図

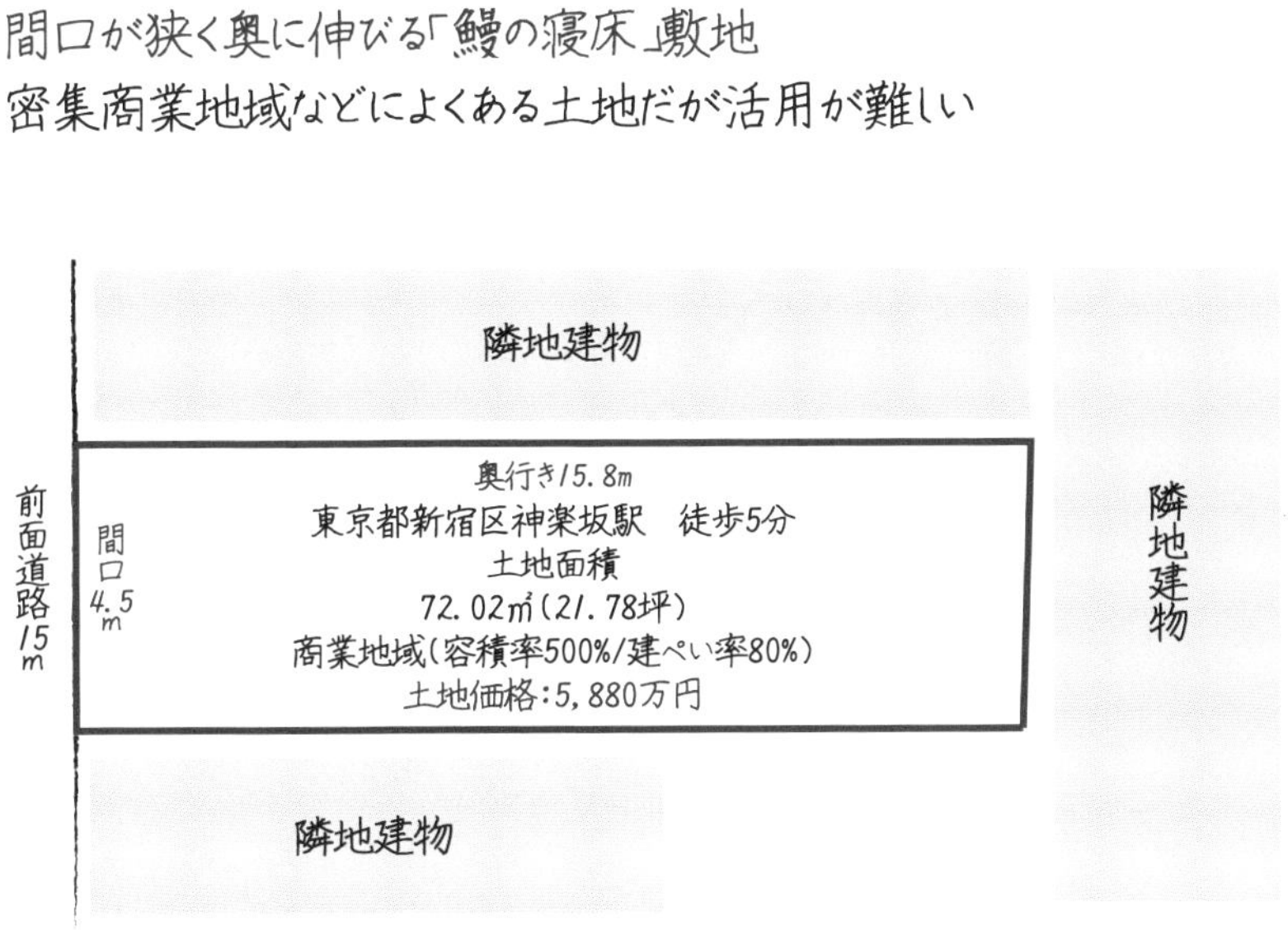

る。最初からタネを明かしてしまうと、この土地は僕が初めてゼロから不動産を新築で開発した投資ケースだ。もちろん素晴らしいディール（取引）となった。さあ、まずは平均的な不動産デザインでのBOE分析を行ってみよう。

94ページのプランではBOE分析の結果、自分が得たいリターンがでそうもない。CFAF、つまりローン後キャッシュフローが空室率5%でもたったの2万円だ。NOIつまり家賃収入からの実質収益がローンの年額返済に対して低すぎるのだ！　BOE分析のローン後キャッシュフローが薄利となっ

図表2-6　業者のワンルームプランによるBOE分析

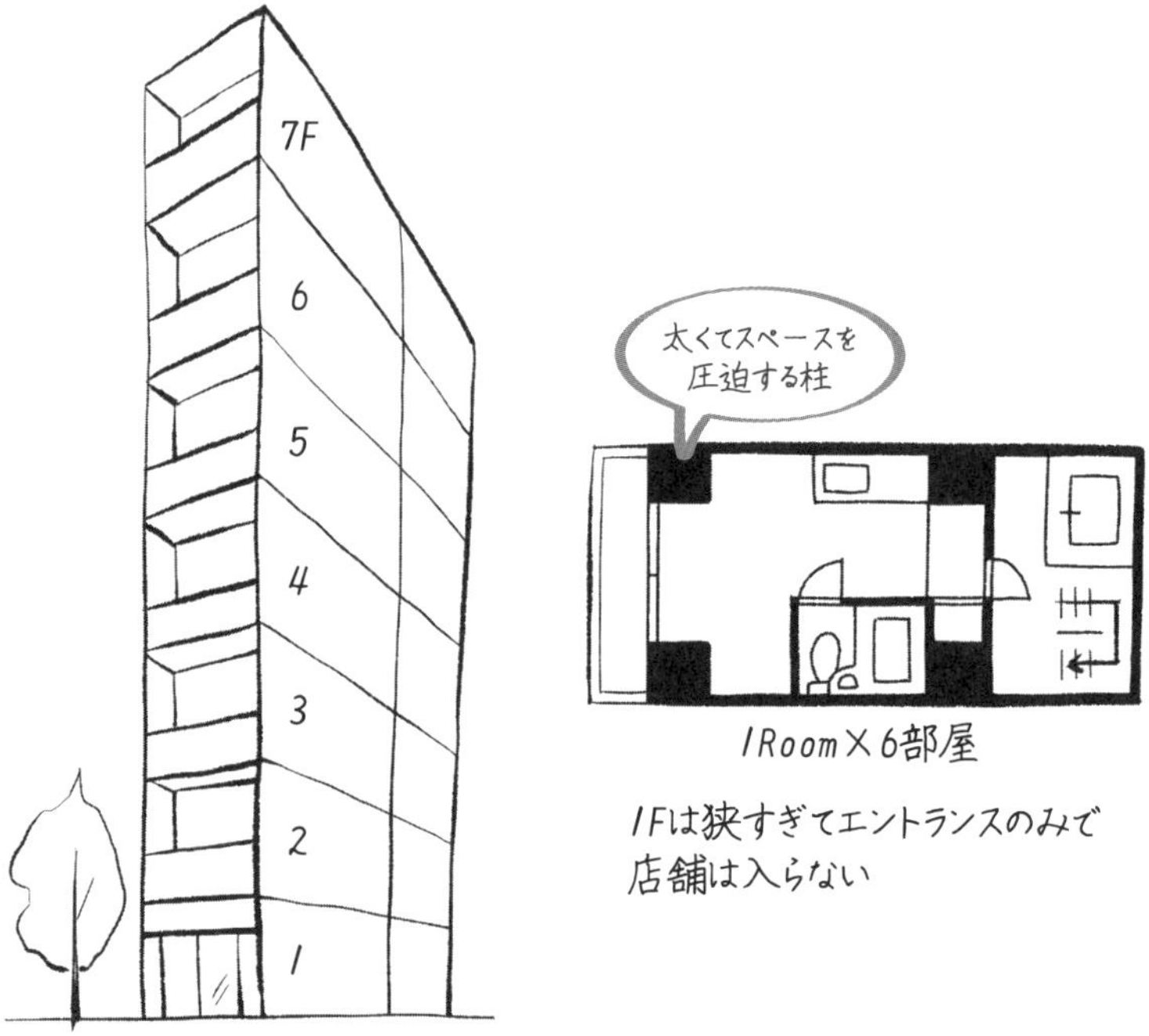

てしまい投資の意味がないのに加えて、不動産評価額も1億4400万円となり、総開発費用とほぼ同じでキャピタル・ロス（売却損）がでそうだ。

ちなみに総開発費用は土地を少し指値《さしね》（値段を指定すること）して5000万円で購入できるとして、建物と取得費用の概算を1億円と見込んでトータルで1億5000万円としている。建物や取得費用は、プロのチーム（後述）に聞けば出てくるので、この時点ではあなた自身で計算する必要はないので安心してほしい。

ただ、場所は神楽坂駅から徒歩5分、大通りに面しており、

図表2-7　さらにここまでできれば完璧！

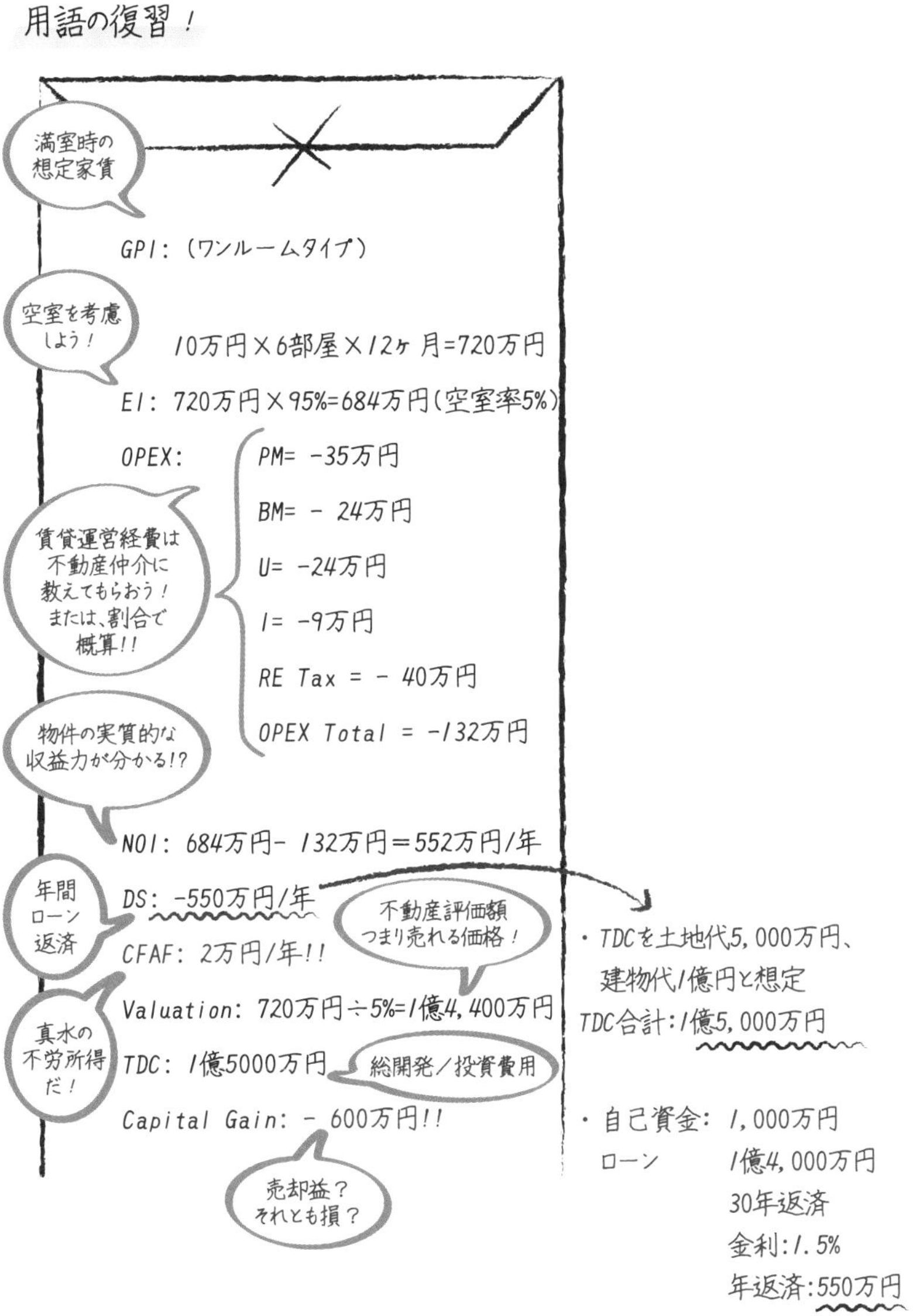

価格も割安感がある。あくまで割安そうであるという感覚だけはある。ここで不動産をクリエイティブにデザイン（企画）してみよう。この「デザイン」如何によってはアルファを見事にクリエイトできる可能性がある！　まずは次のような疑問からスタートしてNOIをどう伸ばせる可能性があるのか、アイデアを書き出してみよう。

「ソフトのデザイン」
・そもそもワンルームだけが不動産投資の王道だろうか？
・用途は住宅以外にないのだろうか？
・地下の利用や屋上の利用などはできないのだろうか？
・建築設備や内外装のデザインでプレミアムレント（付加価値のついた賃料）を実現できないだろうか？

「ハードのデザイン」
・建築計画の限界は本当に地上7階建なのだろうか？
・構造形式は、建設コストが安い木造か、短期で建つ鉄骨造か、または鉄筋コンクリート造が適しているのだろうか？　コストが合えば新築鉄筋コンクリート造が圧倒的有利であることは既出の通りなのだが
・縦にあまりに細長い建物だと、杭にコストがかかりすぎないだろうか？　適度な高さとは？　そ

図表2-8　ワンルーム vs ファミリールーム

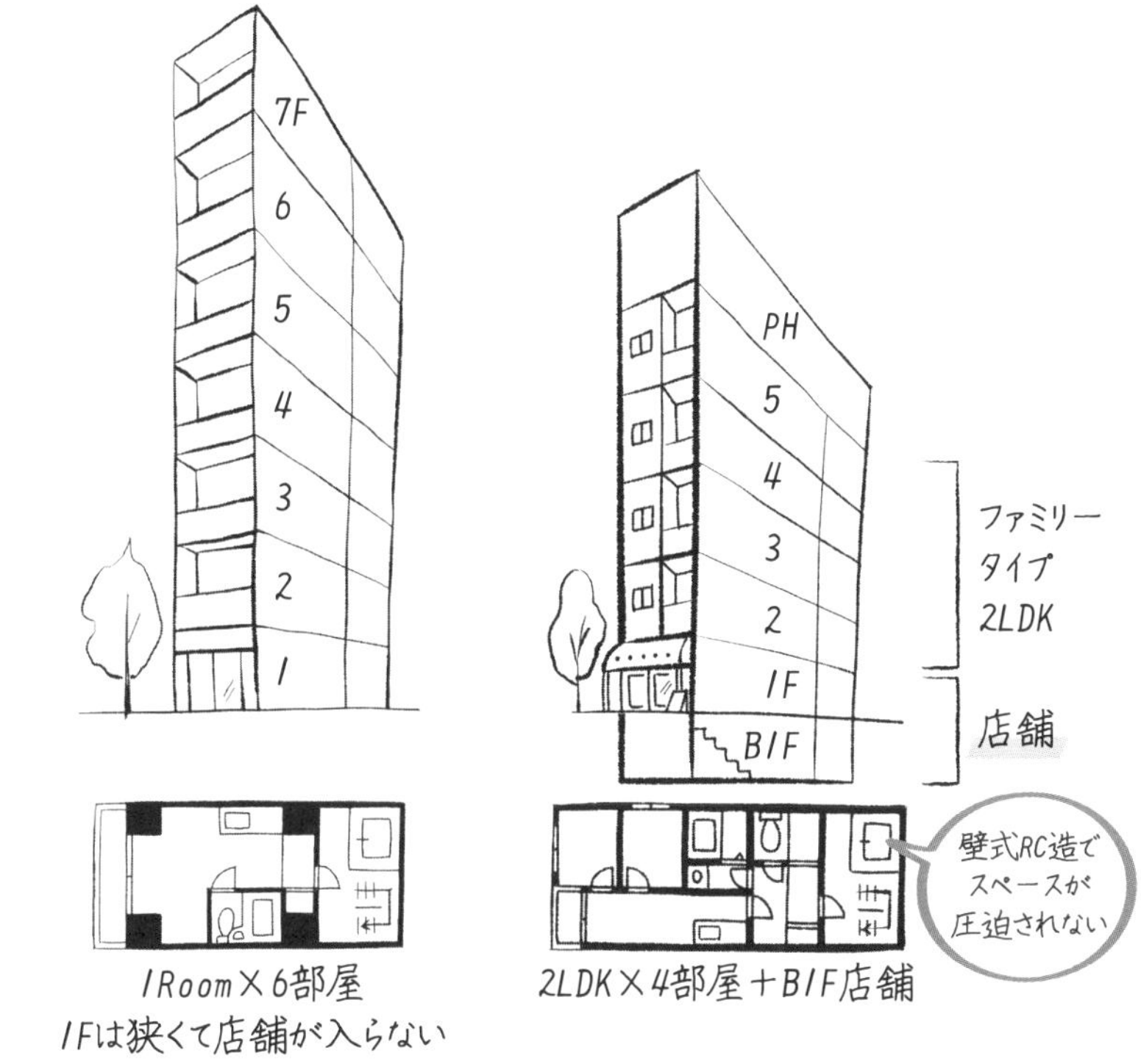

して地下を作るほうがよいのだろうか？

まずは何をおいても最重要となる高い実質収益（NOI）を創造するところから始めてみよう。この神楽坂の立地で、どのようなユーザー像がありえるのかを自由に発想してみるところからスタートしよう。これらの可能性のタネから生まれるデザインは次のようになるだろう。

・敷地が狭く、どうせ1フロアに1住居しか造れないのであれば、いっそのこと、1LDKやコンパクトな2LDKのような敷地をめいっぱい使ったカップルや家族向けの住宅にしてみる可能性が考えられる。1フロアーファミリーとなり、専有しているプレミア感覚も増す。そしてファミリーは比較的長い期間住んでくれる。

貸し床面積を効率的に伸ばしてアルファを生み出す

用途はどうだろう？　神楽坂駅からも徒歩5分ほどで、繁華街から少し奥まったところにあるため、秘匿性の高い隠れ家バーやレストランはどうだろう？　歩いてみると、そういったオーナーシェフのお店が目につく。また、ボラティリティ（事業の浮き沈み）は大きいものの、ファミリータイプの住人が民泊事業を営むことも副業としてできるのではないだろうか？

さらには住みながら働くオフィス＋LDKとしても、フリーランスの方やITエンジニア、士業の方にもニーズはあるのではないか？　そういった方々が自分の仕事場や家に顧客やゲスト、友人を招きたくなる内外装デザインやホテルグレードのバスユニットやキッチンを設置してはどうだろう？

建築の限界はどうだろう？　少し構造計算の限界についてのナレッジをシェアしておきたい。間口の幅に対して、スレンダーな建物を計画する際に重要となるのが「**塔状比**」という指標だ。簡単な図式なので、ぜひ覚えておいて欲しい。この塔状建物を扱う理由は、都心において意外と一般的な投資家が避けがちな開発手法にもかかわらずリターンが出やすいからだ。

図表2-9　ユーザーを想像しながらソフトのデザインをする

建物の横幅1に対して塔のようにそびえ立つ高さが3倍であれば塔状比は3となり、建物幅の6倍の高さがあれば塔状比は6だ。そして超高層でもない限り建物を無理なく設計し建設できる限界の塔状比は6までだ。

ここで重要なのは塔状比6までが限界と分かれば、上層にさらに階を増やして建設できるかもしれないという可能性を掴んでもらうことだ。

ただし、それを実現するためには、狭い敷地で、また重量が非常に重たい鉄筋コンクリート造であれば杭工事が非常に難しいので、相当なコストアップが発生することも一方で認識して

図表2-10　塔状比3と6の建物比較

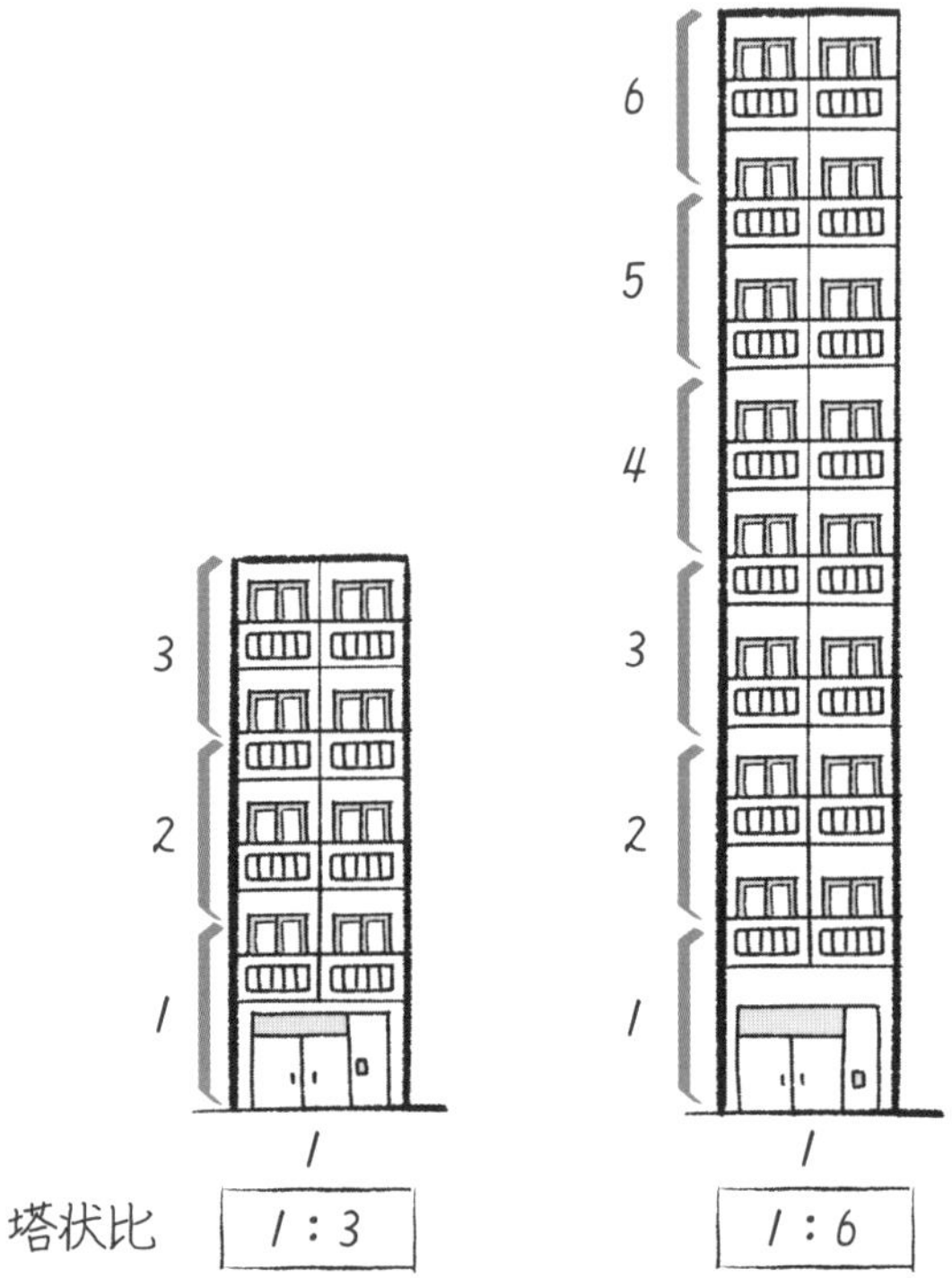

おく必要がある。現実では設計事務所や施工会社が合理的な計画を立ててくれるので、あなた自身は直感的にこのことを知っていて指示さえ出せればよい。

面白いのは銀座や日本橋などの土地の価格が異常に高い場所の建物だ。こういう場所は杭や構造体のコストアップに比べて土地の価格が非常に高い。そして家賃ももちろん日本一だ。

この場合は建設コストをじゃぶじゃぶかけてでも、限界までスーパーペンシル型のビルにして延床面積を最大化するべきだ。僕の大半の物件は設計と施工の限界に挑戦しながら、この塔状比6の限界を目指し、一般の投資家やデベロッパーが手出しできない建物を開発している。

　こうして平均的なプレイヤーが諦めてしまっている狭い土地に、**平均を超えて床面積の限界を突破することでアルファを創造する。**当然NOI（実質収益）も押し上げられ、不動産評価額も飛躍的に伸びる。この不動産評価額の伸びが建設のコストアップ分を上回ってくれるのならスーパーペンシルビルに挑戦する価値がある！

(3) 資本および支出のデザイン

　ここで効率的な投下資本についても注目してみよう。細長く天高くそびえるペンシルビルは確かに多くの部屋が取れるかもしれないが、細長い建物形状を支えるために地盤改良工事や杭工事、そして強靭な構造体が必要なので、実は建設コストが非常に割高になってしまう。そして極太の柱も邪魔《じゃま》だ。


　では、地下室を作り店舗テナントを入れて高さを5階までほどに抑えてみたらどうだろう？　鉄筋コンクリート造でも5階までであれば壁式鉄筋コンクリート構造といって安くて効率のよい建設方式が採用できるのでコストパフォーマンスもよい。実際、神楽坂のケース・スタディではペンシル型の9階のプランと地下1階地上5階のプランでは、なんと建設費用に倍の価格差が生じた。

　次に賃貸運営経費（OPEX）を圧縮できるかどうかを検討してみよう。エレベーターは本当に必要だろうか？　3階建てまでの建物であれば大抵は必要ないだろう。ただし、プレミアム家賃を取るデザイン特化型の建物なら家賃を上げるほうが有利なのでエレベーターはつけるべきだ。

総投資額のコントロールでもCreating αの法則が使えないだろうか？

・施工費用を効率的に圧縮しつつ、いい建物はできないだろうか？

・土地価格を買主も受け入れやすい価格に値引きできないか？　それも理論的に。

・やみくもに建設費をケチることなく、高付加価値を生んでくれる建設手法は？

103ページの図は建設コストと収益のバランスを簡単に比較したものだ。図の左側の超ペンシル型の9階の建物はボリュームが一見大きく家賃の入りも大きいが、ローン後キャッシュフロー（CFAF）は732万円で総開発費用は1.9億＋土地代5000万円にのぼる。対する地下1階地上5階の

図表2-11　神楽坂の土地開発スキーム

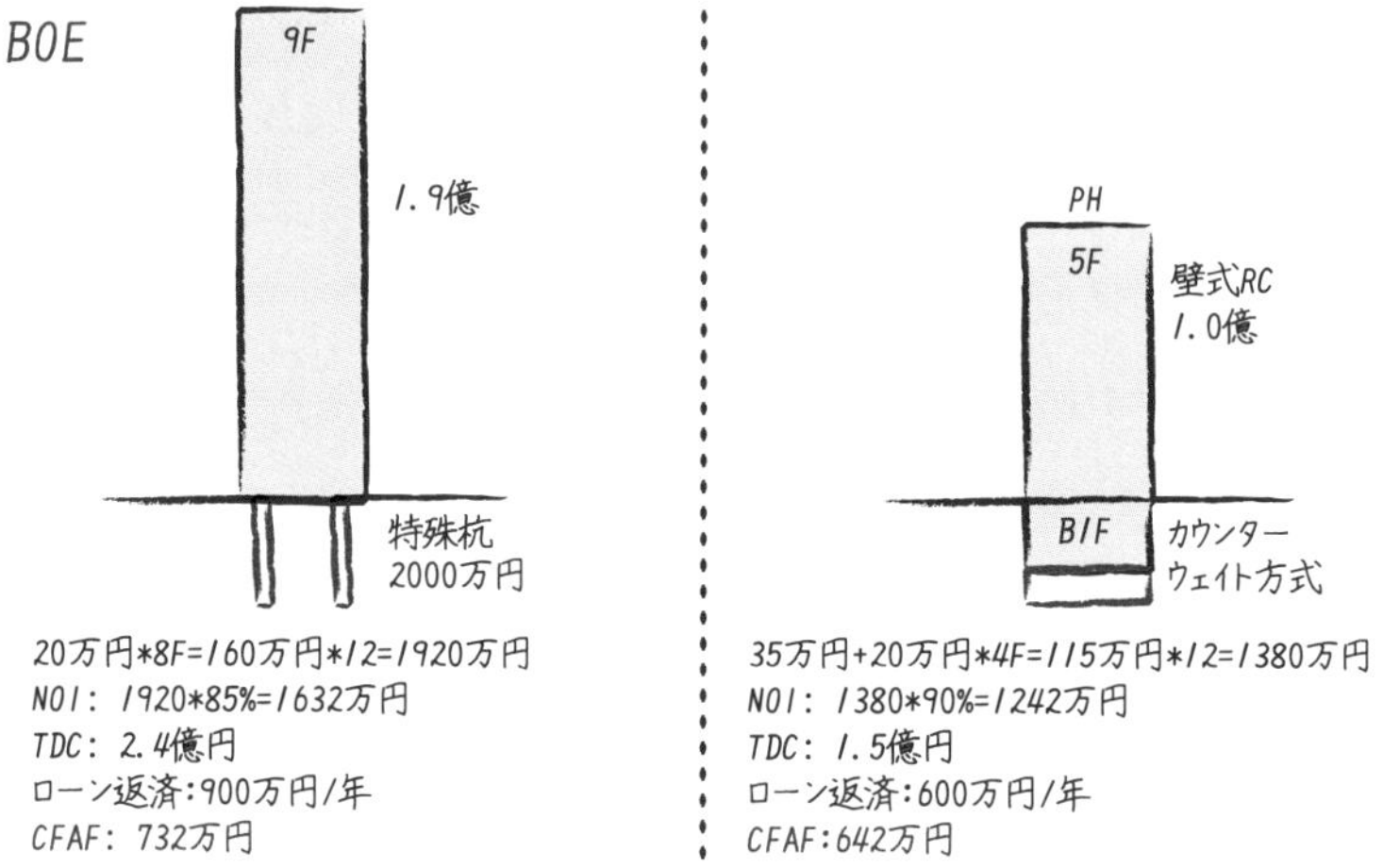

図表2-12　TDC(総開発・投資費用)とOPEXの概算法

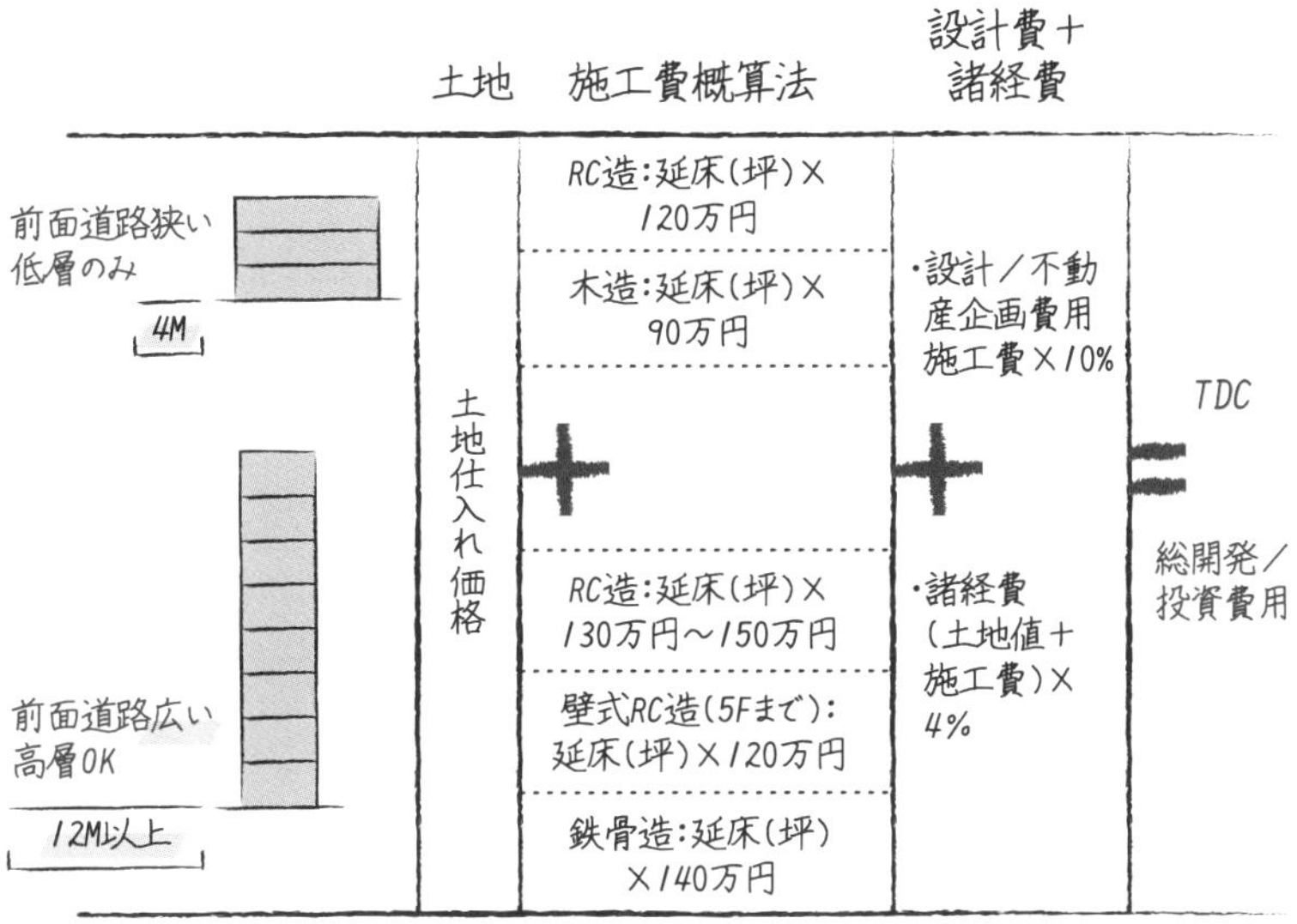

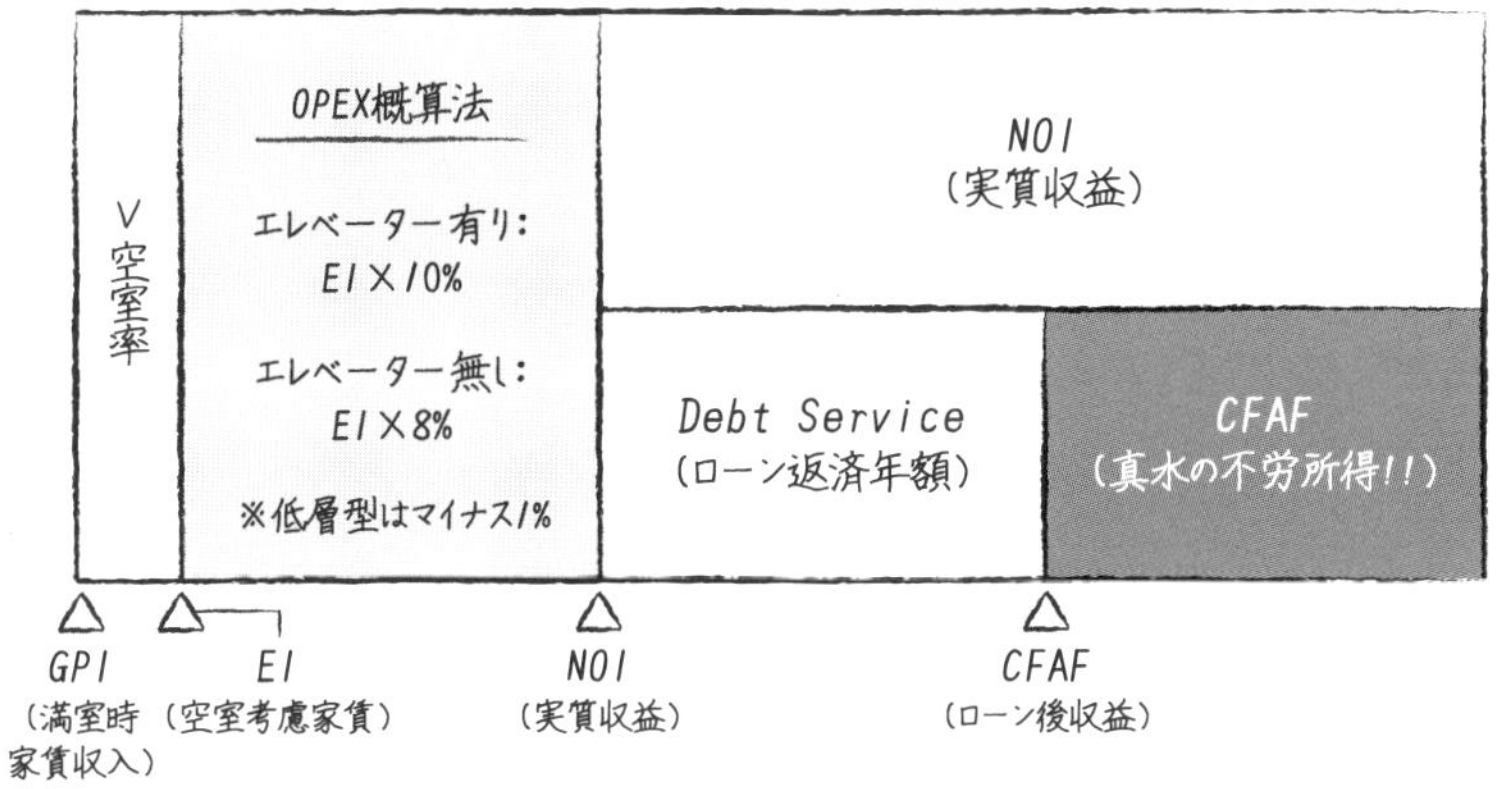

ダウンロードできるエクセルでも簡易に計算できる！
URL：https://www.kurofune-dh.com/contact

建物の場合は、杭工事も必要なく建設コストが効率的に圧縮されて総開発費用（TDC）は1億円＋土地代5000万円に抑えられる。満室時家賃収入（GPI）も少なくなるが、ローン返済を加味したローン後キャッシュフローは642万円だ。意外とCFAFに差が開かずに投下資本を効率圧縮できていることがわかる。この投家資本の詳細については建設費用や設計費用、取得時の諸経費や税など専門家でないと正確には割り出せないものが多い。

また賃貸運営経費（OPEX）についても、各業者に聞けばわかるものが大半だが、BOE分析をするには、総開発費用や賃貸運営経費についての数字的感覚はもっておいたほうがよいだろう。開発については不動産企画ができる設計事務所をパートナーにすることが近道だが、まずは103ページの図表2－12で伝える概算法を手元参照しながら、さっとプロデューサー大家として関係者を的確に指揮するためのBOE分析を行ってほしい。

(4) あなただけのアルファ創造リスト

以上、すこし追体験を一緒にしていただいたように、アルファをクリエイトできる場面は実はかなり多い。

次のリストを参考にしてもらい、このリストをすべて潰したうえで、僕もまだ思い付かないようなアルファ要素をぜひ、読者の皆さんにも創造してもらいたい。

自分独自の不動産のハードとソフト両局面でのアルファ創造リストができ上がるだろう。

図表2-13 デザインによるアルファ創造リスト

アルファ創造リスト：デザイン編

Creating α 各要素	平均を超えた効果
■ユーザーを考え直す ・ワンルーム以外の選択肢（ファミリー、SOHO、シェアハウス…） ・シェアリング・エコノミー型の収入（Airbnb、シェアオフィス、空間の時間貸し、撮影スタジオ、貸しロッカー、シェアカー…） ・リモートワークに適した間取り ・屋上やラウンジなど共用部を充実させる	■NOIの変化 ・平均的な坪あたり家賃を超えたNOIが生まれる ・通常の家賃以外の追加収益発生 ・時代のニーズに柔軟に合わせてリスク回避 ・ユーザー・エクスペリエンスの向上で定着率アップ
■建築限界を考える ・超ペンシル、旗竿地活用などの特殊な計画 ・地下や屋上の活用	■NOIを生む床の最大化 ・一般的な業者では考えつかない計画で床面積最大化 ・地下テナントや屋上スペースも活用して賃料発生 ・さらにNOIを生む床面積をボーナスとして獲得
■構造形式を考える ・耐用年数の長い鉄筋コンクリート造新築または築浅 ・階数が5階までなら効率のよい壁式鉄筋コンクリート造 ・工期が短く境界ギリギリまで計画できる鉄骨造 ・安い木造	■Valuationと融資に直結 ・評価額が最も高く長期の融資も受けられ売却しやすい ・コスト圧縮可能な鉄筋コンクリート工法 ・超狭小地では有効な構造 ・売却への回転を早くするか、半永久的に持つ
■住宅設備や内装を考える ・ホテルライクでラグジュアリーなバスルームとトイレ ・料理好きのためのキッチン ・壁一面収納 ・コンクリート打放しでコストと内装の見せ方を工夫 ・照明を効果的に使う ・エレベーター各階でセキュリティをかけて安心	■プレミアム・レント（高家賃）をねらう ・バス・トイレは女性にとっては大事 ・特定のターゲットに響く設備 ・収納が多いと賃貸づけしやすい ・一石二鳥の壁仕様でコストを下げて家賃アップ ・照明は空間演出のコスパがよい ・セキュリティアップで家賃アップ
■効率的な施工を考える ・超ペンシルは効率が悪いことも… ・杭にコストがかかりすぎない工法 ・見積もりを設計士とチェックし、効果が高いものを優先	■効果的な資本投下 ・NOIと投下資本のバランスをとる ・投下資本を圧縮しても同じNOIを生む ・同じ予算で、デザイン性やクオリティの高い建物

図表2-14　平均を超えるアイデア例

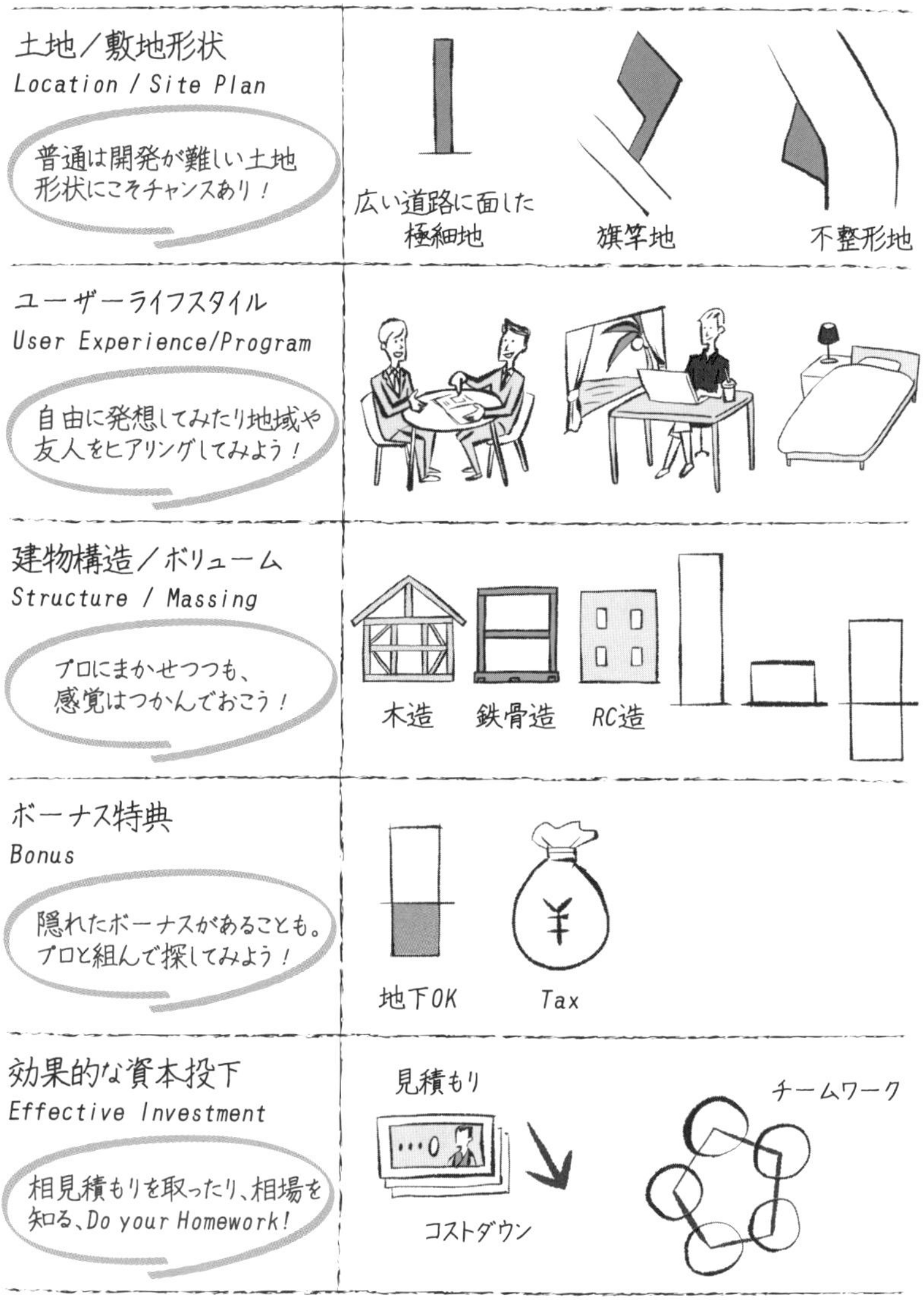

土地／敷地形状
Location / Site Plan
普通は開発が難しい土地形状にこそチャンスあり！
広い道路に面した極細地
旗竿地
不整形地
ユーザーライフスタイル
User Experience/Program
自由に発想してみたり地域や友人をヒアリングしてみよう！
建物構造／ボリューム
Structure / Massing
プロにまかせつつも、感覚はつかんでおこう！
木造
鉄骨造
RC造
ボーナス特典
Bonus
隠れたボーナスがあることも。プロと組んで探してみよう！
地下OK
Tax
効果的な資本投下
Effective Investment
相見積もりを取ったり、相場を知る、Do your Homework!
見積もり
コストダウン
チームワーク

2

掘り出し物の土地や物件の見つけ方の極意

掘り出し物はどう探せばよいの？　そもそも、そんなうまい投資案件は業者が囲ってるんじゃないの？　よく聞く質問だし、情報のソースを教えて欲しいという投資家も多いだろう。そしてこれから不動産投資を始める方にとっては、一般公開されていない情報という響きに煽られて購入しそうになる方も多いのではないだろうか？

掘り出し物の物件に出合うための秘訣を結論から言ってしまうと、それは、

「数のゲームに勝つために日々の宿題をこなし、アルファを創造できる機会を見つけること」

だ。

数のゲームに勝つ

事実、僕が仕込んできた物件は全て、大手不動産ポータルサイトに掲載してあるものをBOE分析して買い付けてきたものだ。結果的に一般情報からの仕込みとなったが、これは粛々と宿題の数

をこなしてきた結果でもある。

では、なぜ驚異的なリターンを生む不動産が成立する土地情報を他の一般的な投資家やプロの不動産業者をおさえて取得できたのか？

それはソフトとハードのデザイン感覚を持ちながら、自分独自の付加価値の創造方法ができる土地のみにスクリーニングをかけて1００、10、3、1物件の数のゲームをこなしてきたからだ。一般的な投資家や不動産事業者のプロの目線でのスクリーニングとは違う、少しズレたフレーミングともいえるだろう。

例えば、好立地の商業地域ではあるが狭小地で価格が割安の開発用地を狙ったり、建物がリノベーションで生まれ変わる可能性のある鉄筋コンクリート造古家付物件などだ。通常、僕が仕込みの時期に大手不動産ポータルサイトで見る物件数は一週間で約1００件程度だ。不動産のアルファをクリエイトできそうな要所を身につけているので、アルファが生まれそうな物件10件にさっとスクリーニングし、ＢＯＥ分析を今はスマホやエクセルでさっと行う。ものの1分ほどで1物件のＢＯＥ分析が完了する。

そして、その中で3つの物件に希望額の買付証明書を出し、複数の銀行に物件概要とＢＯＥ分析を提出し反応を見る。売主と銀行からＯＫが出れば晴れて素晴らしいひとつの物件があなたのものになる。もちろん、この1００物件スクリーニングを一週間に一度したとしても、実際に物件取得が実行できるのには2～3ヶ月ほどかかるが、それでも宿題をしっかりとこなしてゆけば、必ずアルファをクリエイトできる素晴らしい取引に巡り合える。

図表2-15　100物件スクリーニング→10物件→3物件→1物件

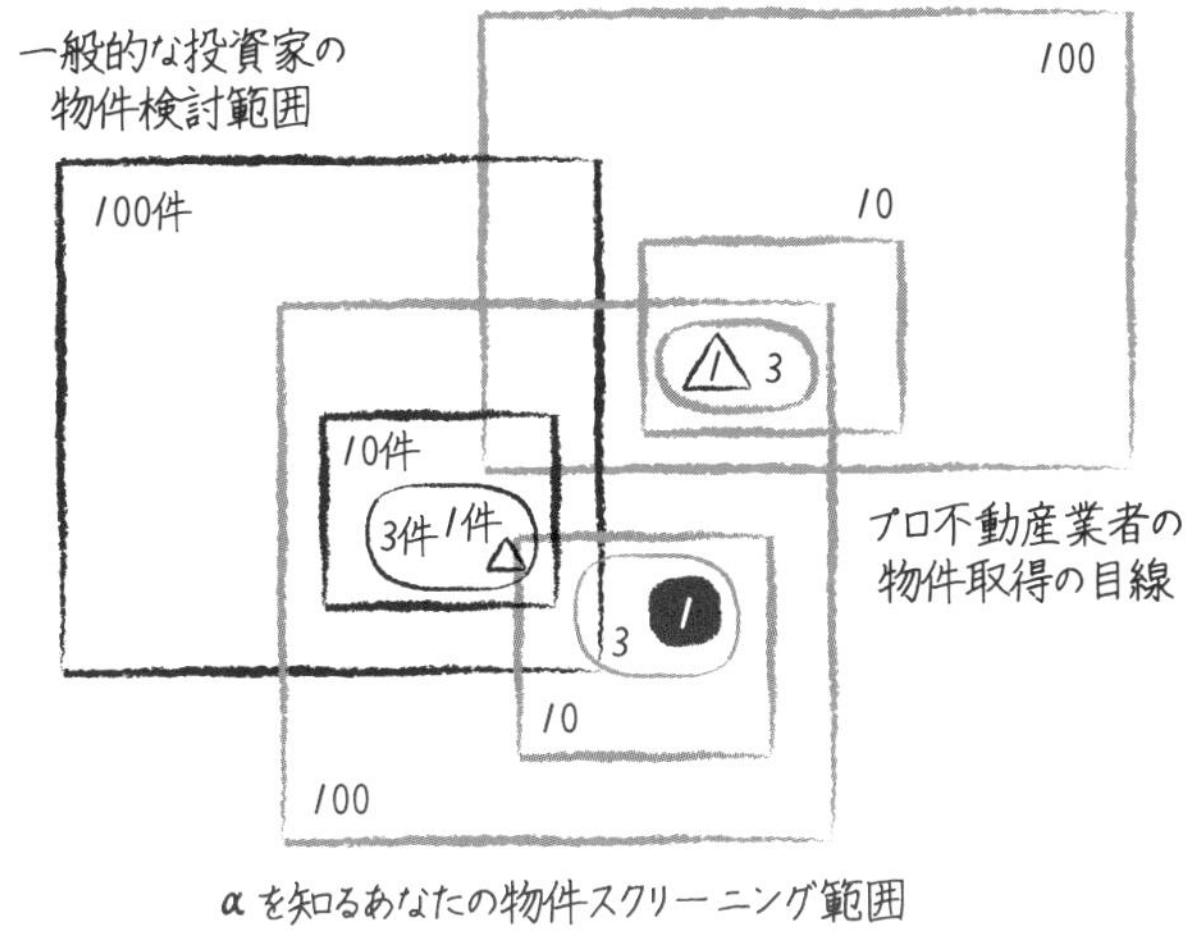

アルファを創造できる機会を見つける

すでに狭小地や不利な条件での土地活用をご覧いただいたように、誰も見向きもしない土地が、ながらく大手不動産情報ポータルサイトに出ていたりする。アルファを創造できるチャンスだ！　大幅な値引き交渉が通るかもしれないし、設計士を雇って、ソフトとハードの不動産デザインスケッチをもとに、建築ボリュームを設計してもらえれば、実はパズルのように高いキャッシュフローを生み出してくれる不動産が計画できるかもしれない。

古家が残っているのなら、その古家をリノベーションして収益物件化できる可能性はないだろうか。あるいは自分のよく知った会社や、出身校に近く、ご自身で直接にユーザーを見つけてこられたりはしないだろうか。こういったアイデアを持ちながらマイソク（物件の概要をまとめた資料）を何十件も眺めているのは楽しいし、平均値を上回れる物件を選別する目がだんだんと養われてくる。

数のゲームで打ち勝った事実を紹介したい。本書で紹介したケースで売却益がほぼ2倍になった神楽坂の物件だ。この土地情報を持ってきてくれた業者は誰か？　答えはアットホームという大手不動産情報ポータル上で検索してきたものだ。その当時のBOE分析を披露しておきたい。このBOE分析事例から1００件中の1件を見つけた瞬間の興奮を追体験してもらいたい。

2年間、BOE分析で1００のトライアルをやり続け、数字が合ういくつかの物件の中で経過観察していた神楽坂山吹町にある物件だ。

・リーマンショック後に徐々に価格が下がってきてはいたものの、**通常では収益物件の開発が難しい細長い土地形状**
・鉄筋コンクリート造ファミリータイプ地上5階、地下1階（飲食テナント）の計画が可能なことがわかる
・建設会社に見積もりを取ると建設費用はおおよそ1億円
・満室時家賃収入（GPI）の計算は左記

20万円（ファミリータイプ一室）×4フロア＝80万円
1階と地下1階を合わせた飲食テナント家賃＝30万円
GPIは11０万円×12ヶ月＝132０万円
EI（空室率考慮後の収入）＝132０万円×（1００%―5%空室想定）＝1254万円

賃貸運営経費は年間約70万円程度
実質収益（NOI）：1254万円−70万円＝1184万円
・このBOE分析を当時はサラリーマンの味方であったスルガ銀行に提出し、**無事にローンを獲得する。もちろんサラリーマンとしての初めてのローン獲得だったため嬉しかった**
金利は4.5%、1億4000万円、元利均等30年返済
ローンシミュレーターで計算すると、
年額ローン返済額は851万円
・ローン後キャッシュフロー：1184万円−851万円＝333万円
これだけでも神楽坂という土地で不動産投資が始められることと、不労所得が生まれることが現実味を帯びてきて興奮した
・しっかりと融資を獲得したことで、売主への強気の交渉ができるようになり、**土地価格5880万円→5000万円の指値が通る！**
・ここでメガ大家との出会いから、りそな銀行をご紹介いただく
なんと金利は1.3%、1億4000万円、元利均等30年返済
ローンシミュレーターで計算すると、
年額ローン返済額はかなり圧縮され563万円！
・**ローン後キャッシュフロー：1184万円−563万円＝621万円**

図表2-16　神楽坂のBOEスケッチ

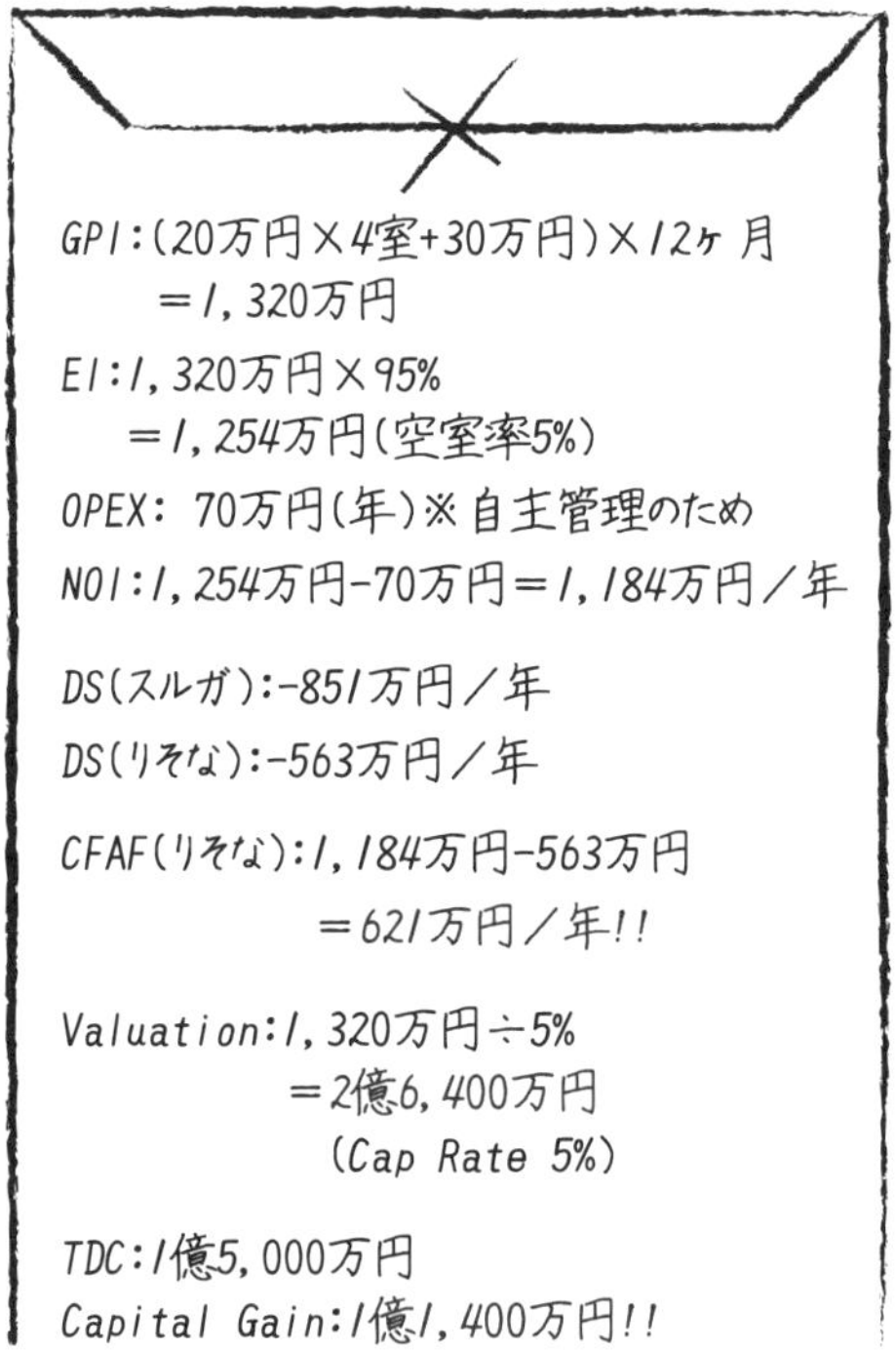

これは当時僕がサラリーマンとして勤めていた建設会社の手取りを十分に上回るものだった！　りそな銀行からの非常に条件のよい融資が確定した電話を受け取った僕が、興奮しすぎて会社を早退したのがこの瞬間だ。

この土地情報を得るために何かマジックやコネがあったわけでは決してない。アットホームに公開されている一般情報をサーチし続け、何百というBOE分析を行った結果、確信を持って買付証明書を入れた数十の物件のうちのひとつが最後に素晴らしい条件で取得できたものだ。

数のゲームに一度勝つと、物件探しがとにかく楽しくなるし、BOE分析が頭の中で軽くできるまでになってしまう。

逆に業者が囲っている情報はもちろん有益なものもあるが、実際は業者が囲っている物件は、自分達の利益分や成約確度をあげるための思惑が働くため、買い手にとって有利であることは本当に少ない。三為《さんため》といって何社かの仲介業者が売却益を上乗せして販売しているものもある。

ここで三為仲介業者が示してくる表面利回り6％、投資額8000万円が本当に平均を超えた、いい投資なのかどうかを自分なりのBOE分析でしっかりと確認すべきだ。

1―4ページの図では既にアルファ（平均を超えた投資的なうまみ）が三為仲介業者に食い尽くされてしまっている。このBOE分析をしたうえで、それでも三為仲介業者から購入する物件が投資的うまみをご自分が享受できる場合は、もちろん問題ない。投資的にはゴーだし、三為仲介業者もあなたにしっかり儲かる物件を紹介して、彼らなりにも十分な儲けを出していてウィン・ウィンの関係だ。**重要なのは、取得時の表面利回り（年間家賃収入÷物件価格）が少しでも変われば、大きなお金が動いているということを掴んでおいてもらうことだ。**

図表2-17　三為仲介業者スキーム（利回りを合わせに来る）vs 自分でのBOE分析

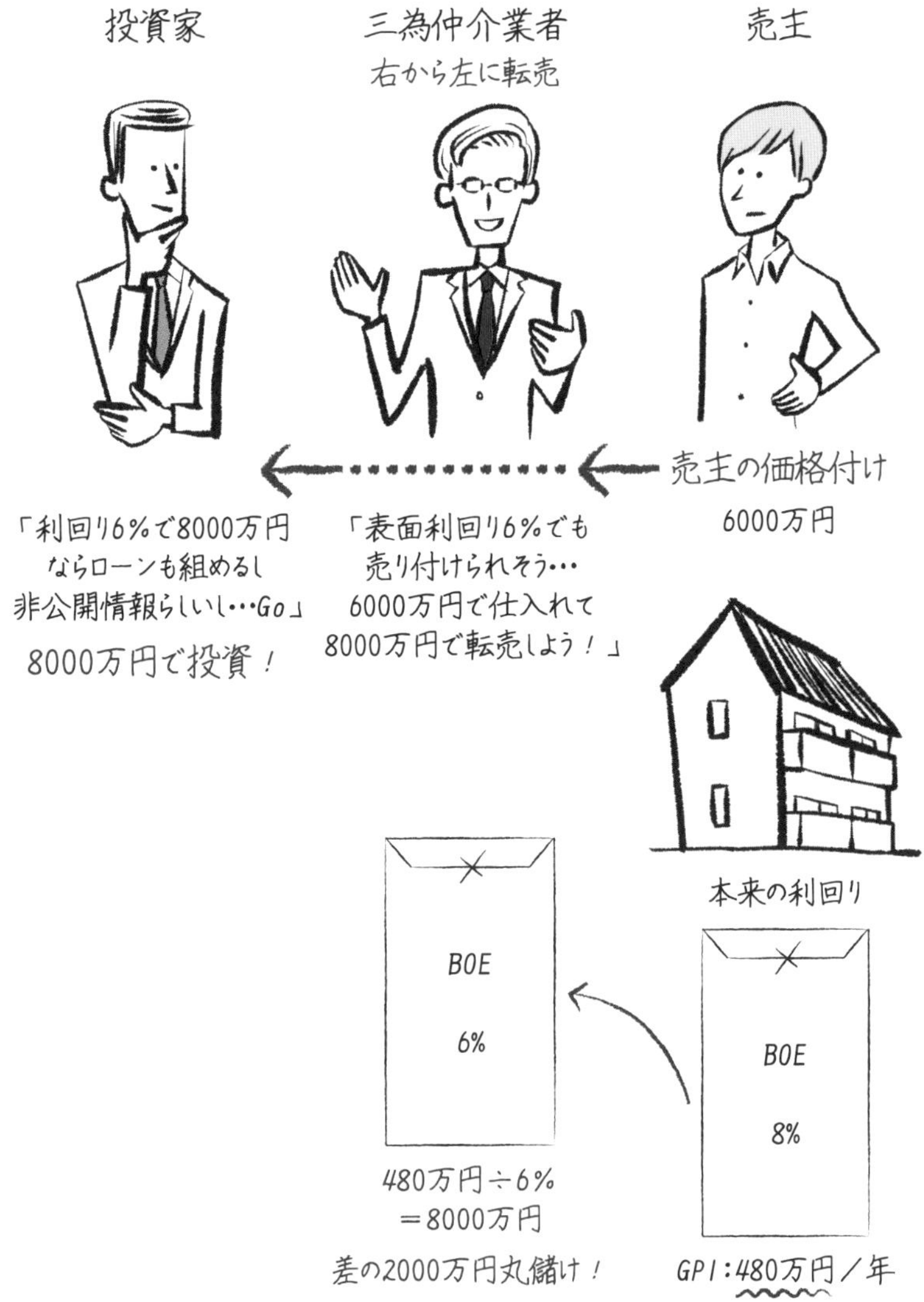
投資家
三為仲介業者
右から左に転売
売主
売主の価格付け
6000万円
「利回り6%で8000万円
ならローンも組めるし
非公開情報らしいし…Go」
8000万円で投資！
「表面利回り6%でも
売り付けられそう…
6000万円で仕入れて
8000万円で転売しよう！」
本来の利回り
BOE
6%
BOE
8%
480万円÷6%
＝8000万円
差の2000万円丸儲け！
GPI：480万円／年

3

既存所有物件、相続物件こそデザインの力で利回り向上、節税が可能に！

相続で古いマンションやアパート、あるいは自宅を持っていて活用に困っている読者の方も多いだろう。こういった物件こそアルファが簡単に作り出せたりもする。

僕が神楽坂の新築物件を仕込んだのと同時期に、家族で投資をした成城の中古マンション、そしてコンバージョン（用途転用）で大変身を遂げた南青山の物件事例をご紹介しよう。

成城のマンションは購入当時で既に24年が経過した鉄筋コンクリート造（RC）のマンションだった。キャッシュフローとしての鍵は、その当時の持ち主だった高齢のご夫妻が暮らしていた1階をどう収益化できるか、だった。成城やその近隣エリアは、駅前の長期を見据えた丁寧な開発が功を奏して、近隣大学コミュニティとも相まって、住環境、子育て環境としての人気が高まってきていた。ほどなくして、働きながら子育てをする家族のために、託児所を提供する女性社会起業家から託児所として1階を使ってみたいという問い合わせが来た。結果的に待機児童問題を解決したい行政からの家賃補助もあり、約10年もの間、1階のオーナー住戸を借り上げ、託児所を開設してくれた。

図表2-18　Case Study: Clover Terrace 成城

一階は元々、ご高齢だった前の持ち主の住まいだったため、バリアフリーでの設備も多く、これがハマった。**託児所への用途転用をする際に全くの追加コストがかからなかったのだ！**　平均的なファミリー区画として貸し出す場合は手直しも必要だし、家賃も平均水準に抑えられてしまう。しかし託児所であれば、行政からの家賃補助もあり家賃も高めに設定することができ、そしてコストゼロ。まさに平均値を超えてのアルファが瞬時に創造できた。そして何より、僕の妻がワーキングマザーを支援したいという想いから、託児所事業者を支援するという社会的活動にも繋がった。

図表2-19　成城の中古マンションの例

年間現行家賃が513万円のため割安価格の1億円ジャストで販売

・元オーナーが高齢により老人ホームへの入所資金のため早いもの勝ち

・高利と引き換えにスルガ銀行の素早い審査で取得

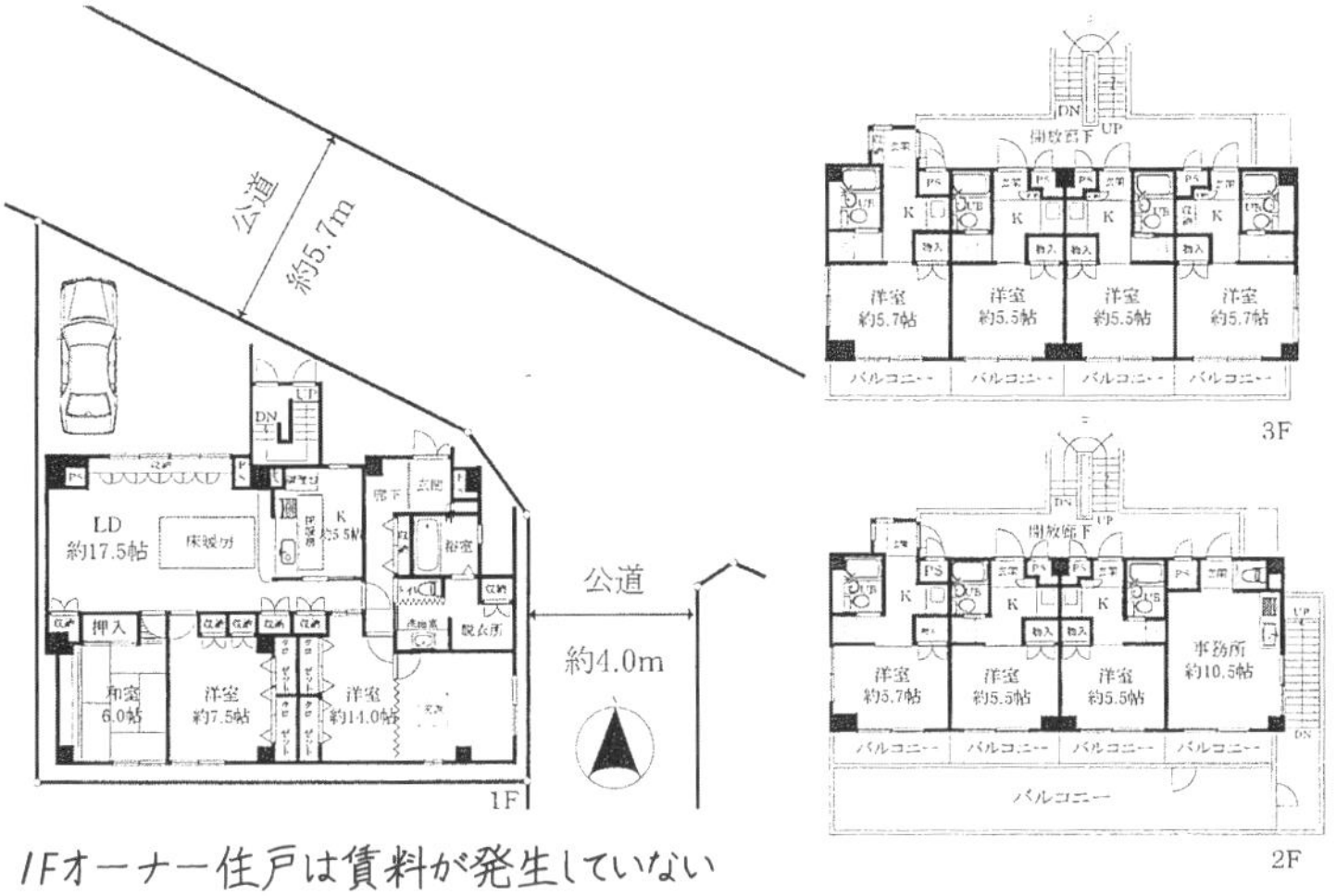

1Fオーナー住戸は賃料が発生していない

ワンルーム：11室中4室が空室

レントロール（賃貸借条件の一覧表）の改善

空室（募集中）を埋めるため音大生フォーカスで広告

自己使用中の賃料が発生していないオーナー住戸を託児所として賃貸

購入前レントロール

部屋番号	家賃	共益費	家賃＋共益費	預かり敷金(保証金)	間取り
403	募集中				1K
402	¥60,000	¥1,000	¥61,000	¥120,000	1K
401	¥61,000	¥1,000	¥62,000	¥122,000	1K
305	¥56,000	¥0	¥56,000	¥56,000	1K
303	¥60,000	¥1,000	¥61,000	¥120,000	1K
302	¥58,000	¥1,000	¥59,000	¥58,000	1K
301	募集中				1K
205	自己使用中				1K
203	募集中				1K
202	¥54,000	¥0	¥54,000	¥54,000	1K
201	¥59,000	¥1,000	¥60,000	¥59,000	1K
1F	自己使用中				6LDK
駐車場	¥15,000	¥0	¥15,000	¥0	
計	¥423,000	¥5,000	¥428,000	¥589,000	

→ワンルーム空室を音大生に賃貸（205）

→託児所が借上げ（1F）

E1（実効収益）：
42.8万円×12ヶ月=513.6万円

E1（実効収益）：
88.8万円×12ヶ月=1065.6万円に向上！

南青山の物件

次に相続による、または既に手持ちの物件の収益向上を図る方法を見てみたい。相続のタイミングでは、アルファを創造できる瞬間が多いということを理解いただくために、少し逆説的な事例だが、とある南青山の物件を取得したときのストーリーを紹介したい。この物件は南青山の閑静な住宅地にあり、いわゆる旗竿地の奥まった2世帯住宅だった。立派な日本庭園があり、建物も鉄筋コンクリート造2階建ての延床面積100坪ほどの立派な建物だ。

ただし築年数はすでに37年で旧耐震物件。庭園の手入れや老朽化する設備などのメンテナンスコスト、固定資産税などの支払いが元オーナーの負担となっていた。相続のタイミングで現金化して、相続人の兄弟はタワーマンションを購入したほうがよいということになり、長い間売りに出ていた物件だった。そう、活用方法が一見かなり難しいのだ。しかし、次のケースのように建物内装をスケルトン（骨組）まで解体して賃貸併用住宅とすることで、劇的に活用方法の幅が広がる。

取得価格を有利に交渉してみよう

売主側仲介業者は解体費用を約2000万円で見込んでいるため、そもそもの更地渡しであれば2000万円程度の価格の弾力性があることを暗に告白してしまっている。だから価格が

図表2-20　相続のタイミングはアルファが創造しやすい

間口3m以下で奥に伸びる旗竿地＋古家

解体費用だけで2000万円かかる2世帯住宅

はたして負の遺産なのか？

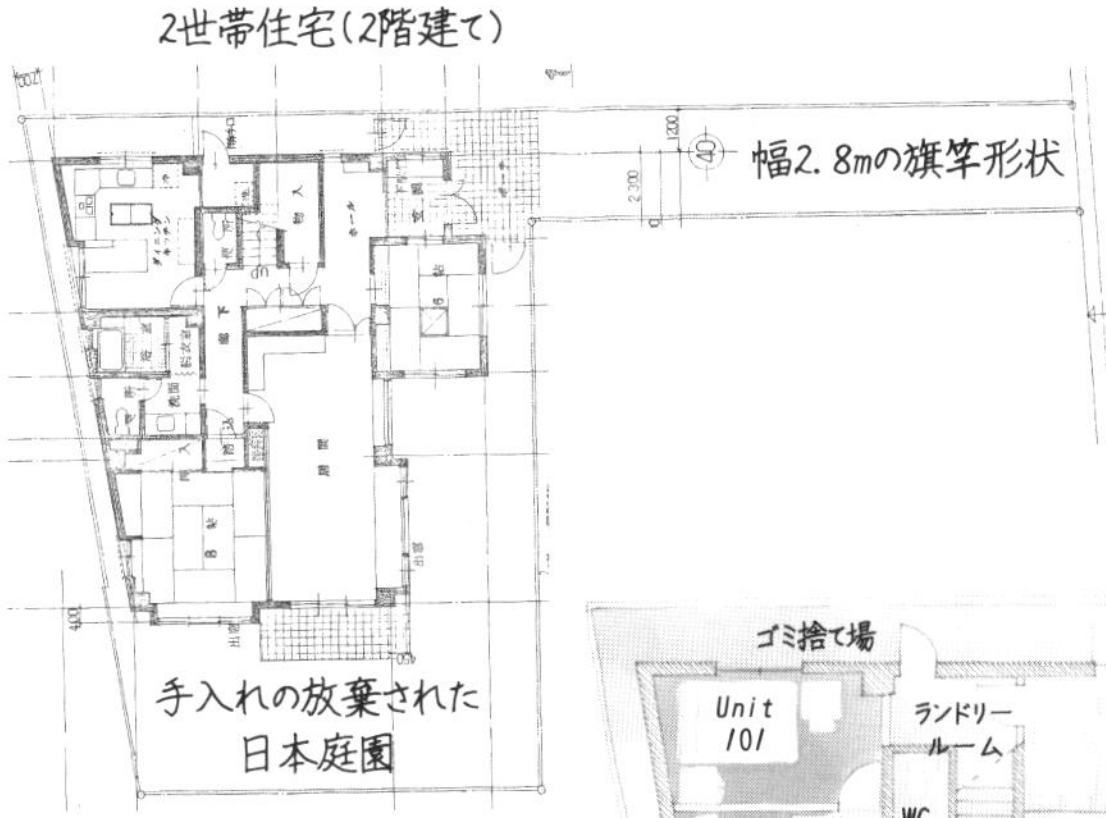

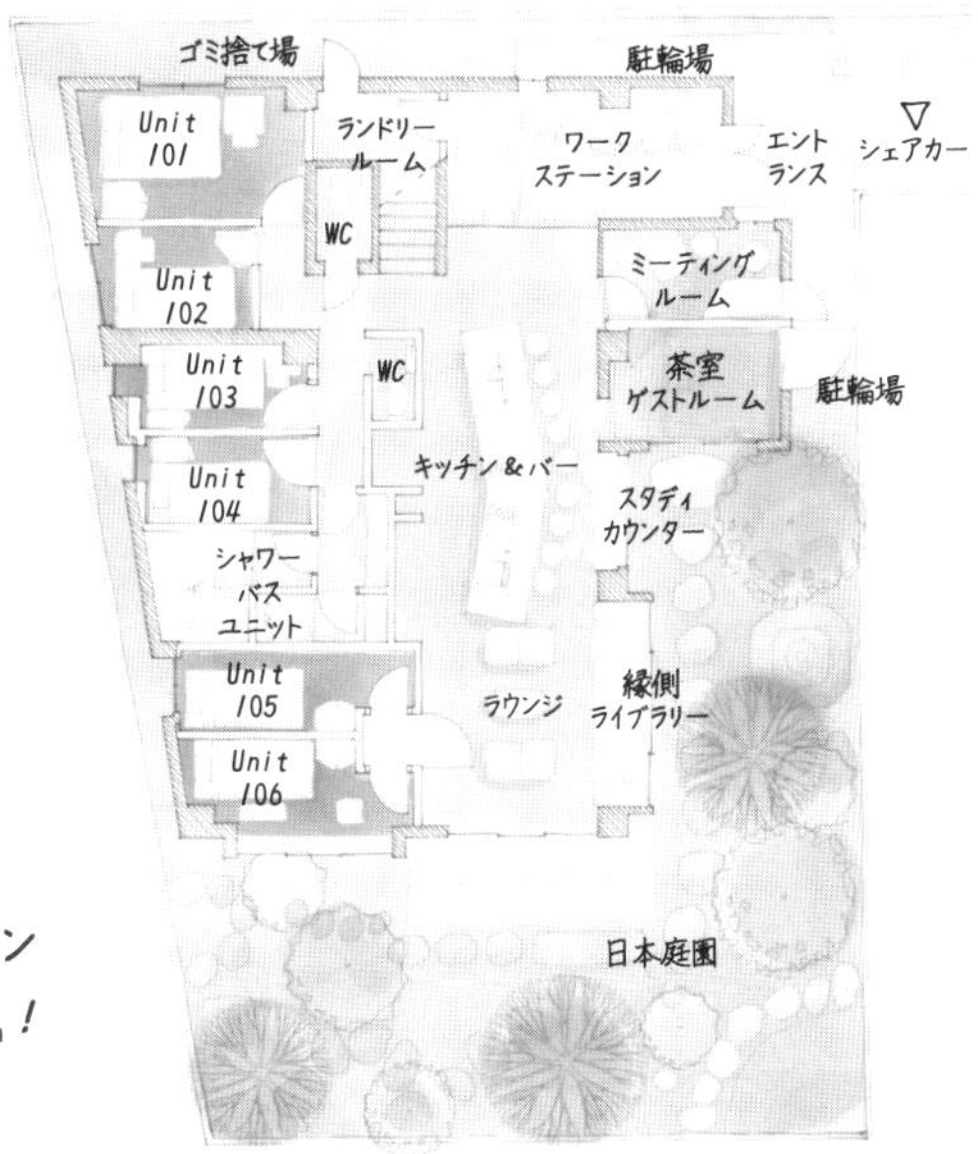

社会人と家族が住まう

シェアハウスにフルリノベーション

節税＋収益物件化が実現！

- 全8室＋シェアオフィス
- リモートワークにも活用可能
- 日本庭園を感じられる共用キッチンバー＆ラウンジ
- NOI（実質収益）を生んでくれる
- リノベーション費用は相続で資産圧縮し、賃貸収入は次世代に残す

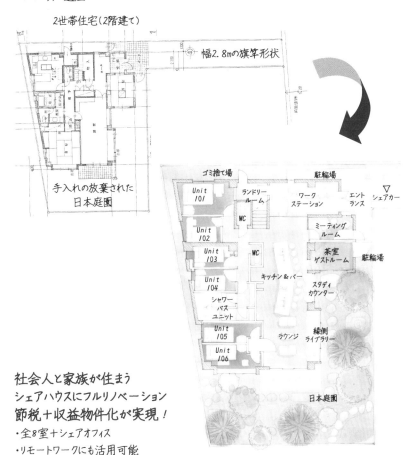

2000万円割り引かれての購入が叶った。また、この良質でしっかりとした構造の建物の骨格自体をゼロ円で取得できてしまう。これに内装解体、設備再施工、内装などの金額が確かにかなり必要だが、それをもってしても有り余るアルファだろう。そして将来的には周辺の土地を取得できる可能性もある。ここでも容積率がまだ余っており、4階程度の建物が新築可能となるため、将来使えるアルファを貯金として持っていることになる。貯金といったのは、将来的にこちらの土地を近隣の再開発希望業者に容積率の貯金を持ったまま売ることもできるからだ。

もし、あなたがこの南青山の物件を相続するとしたら、売り払って現金化する以外に、どんなアルファが考えられるのか、逆説的にいろいろとアイデアが浮かぶのではないだろうか?

・建物価値はほぼゼロなので建物分の相続税を払う必要はない。
・住宅特例で土地分の相続税は圧縮できる。
・リノベーション費用を先代が拠出することにより資産圧縮が可能。または、内装などの減価償却は年限が早いため、大きな減価償却による節税が可能
・コンバージョン（用途転用）により固定資産税と年間維持費が出続ける負の遺産から、キャッシュフローを生んでくれる物件に早変わり
・土地担保評価が高い場合は相続税も大きいが、非常に有利な条件でリフォームローンが組める
・何より先代が大切にしてきた土地を活かしながら、物件に新たな息吹を吹き込める

4

あなたの賃借人、ファイナル・ユーザーを創造する

東京都内の駅近ワンルーム賃貸マンションであれば、ファイナル・ユーザーは誰だろう？　独身の社会人か、大学が近ければ学生など様々な想像が湧く。

では、学生の中でもどんな学生になら、賃料がズバ抜けて高いワンルームでも貸すことができるのだろう？

こういった疑問から出発して、自身の物件のファイナル・ユーザー、つまり賃借人やテナントを想像してみることから、アルファが必然的に生まれてくる。そして想像したりマーケット調査をしたりするのみならず、**自身の企画力やアイデアで、ファイナル・ユーザーをまさに「創造」することだってできるのがアルファの力だ。**

のちにケース・スタディで紹介する国際学生寮は教育サービス付き国際学生寮で、家賃に加えて英語学習や海外留学のための支援サービス費用、コミュニティ運営費用が付加価値要素となっている。

または、神楽坂のケースで見ていただいたように、「住めて、リモートワークできて、民泊で貸

し出せる」柔軟性のあるプランも、昨今の生活ニーズから、住み手がこういった生活をしたいのではないか？　という仮説からファイナル・ユーザーを創造している。

おかげで、神楽坂の平均的な家賃よりも25%程度高い家賃でのリースが実現し、また売却時にも、用途変更が自由に可能だ。購入時に建物用途が自由に選べることで民泊やシェアオフィスなどの攻め込んだ運用もできれば、安定稼働のファミリー賃貸用途にも戻せる。結果的に攻守どちらにも振ることのできる物件の魅力が次の優良な買い主を惹きつけた事例だ。

5

不動産投資のリスクコントロールでアルファを創造する

不動産投資のリスクを低減するために、クリエイティブにアルファを創り出すことはできるのだろうか？　もちろん可能だ。特に新築開発物件においては、まっさらなキャンバスに絵を描けることから創造できるリスク低減アルファが多いのだが、中古物件や相続物件でも十分にアルファを生み出せる。124ページにリスク低減のためにできるアルファ創造リストを共有しておこう。このリスク低減アルファは面白いもので、実質収益（NOI）がほぼ増やせないような普通の賃貸アパートでも、劇的にローン後キャッシュフロー（CFAF）や売却時利益が増やせる。リスクをコントロールできる人は、実は一番強いのだ。

実は、僕自身、リスクに対してかなり精神的にまいってしまう体質であることを告白しておく。初めての更地からの開発投資案件だった神楽坂のケースでは、建設中リスクを抱え、眠れない日々が半年以上も続いた。おかげで体重は激減し、顔はげっそりと痩せ細ってしまった。今思えばリスク耐性ダイエットだとも笑い飛ばせるが、当時は、リスクをどうコントロールして、対峙し、そしてそこからどうアルファを生み出せばよいのか、まったくの手探りだったため、見当もつかなかった。

『道は開ける』というD・カーネギーが書いた世界的名著をご存じだろうか。「悩みにたいする対処法をしらなければ早死にする」という言葉を拾い読みしてぞっとしたと同時に、不動産投資では自分が扱える（解決できる）悩みが多いことにも気づいた瞬間だった。ベッドに入って、あれこれリスクを悩み始めて寝付けなくなると、よく、カーネギーの本を開いたものだ。つまり自分が取り扱える問題に淡々と取り組むこと。取り扱えない問題は、放っておくか、時が解決してくれるのを待つ。至言だ。ではどのようにリスクと対峙して、そのリスクをもアルファに変えられるかのリストを見てみよう。

リスク低減のためにできるアルファ創造リスト

・空室リスクを低減するアルファ（民泊活用、戸数を増やす、賃貸付けのチャンネルを変える）
・銀行ローン返済リスクを低減するアルファ（月返済が軽くなる超長期借入ができる建物構造）
・建設リスクを考え直すアルファ（そもそも安すぎる建設会社を避ける）
・不況時のリスクを低減するアルファ（住宅は不況に強い！　住宅に用途変更可能にする）
・家賃不払いリスクを低減するアルファ（不動産仲介業者との強い連携、弁護士チーム）
・建物の老朽化リスク（構造種別、陳腐化しないデザイン、あえて維持更新しない）
・管理のリスク低減（クレーム対応に強い不動産管理会社や不動産専門の弁護士をチームに！）
・リザーブを積む（余剰資金を積んでおく）

コラム3

ハーバード伝説の授業

我らがGSDには、実に多彩な教授陣が揃っている。不動産投資で成功するのは当たり前、その先のデザイン面や新たな空間の活用方法を世界中の都市で研究するビン・ワン教授、そして名誉教授としても様々な不動産開発の書籍を記しているリチャード・パイザー教授がGSDをリードする。さらには不動産投資ファンドを何社も経営し、その理論と鋭い洞察で、不動産ベンチャー論やファンドの成長戦略を教えるフランク・アペシェッセ教授の授業も玄人好みで大勢の学生が集まる。

ハーバード・ビジネス・スクール（通称HBS）の不動産系授業にも名物教授がいる。30年以上にわたって教鞭をとり、自身も約3兆円を運用する不動産投資ファンドの創業者、そして『Real Estate Game』の著者ウィリアム・ポルヴー教授が有名だ。そして女性ファンドマネジャーとして敏腕を振るい、時に辛辣に学生を鼓舞し、様々な世界的不動産投資プレイヤーの生々しいケースを扱うノリ・リエーツ教授の不動産ファンド授業（Real Estate Private Equity）は抽選に当たらないと取れない名物授業だ。同時に結構なスパルタでも知られている。

その伝説の教授の1人の授業を受けるのも、僕がハーバードに来たモチベーションのひとつだった。新学期が始まって少しずつ英語での授業にも慣れてきた秋も深まったある日の授業、この日は僕にとって特別な日だった。

例のウィリアム・ポルヴー教授が、彼得意のケース・スタディをもとに教鞭をとる日だ。実はポルヴー教授がHBSで教鞭をとっていた人気授業が書籍となって、2007年に日本でも翻訳本が出版されていた。

『ハーバードビジネススクールが教える　不動産投資ゲーム』（日経BP）

この翻訳本は、不動産の実在プレイヤーがどのようにゲームを組み立て、創造性をもってコマを進めていったか、あるいは脱落していったかが活き活きと表現されている。

僕がちょうど早稲田の大学院を出たころに手にした本で、不動産投資から建築デザイン、都市デザインを突き動かしてゆくという活動のきっかけを与えてくれた非常に重要な本のひとつだ。そしてあっという間に14年の月日が流れていたことに今更ながらに気づき、驚いた。

授業は、事前に与えられたニューヨーク・マンハッタンの先端にあるバッテリー・パーク・シティについてのケースとボストン・ファン・ピア（埠頭）開発についてのケースを読み込んだ上で、自分なりのBOE分析を行い、比較検討し、判断を下すものである。

ポルヴー教授を囲む生徒。伝説の授業に相応しく、他の学科の先生方も我先にと参加する。

実際にそれぞれのプロジェクトは不動産事業として、段階的な紆余曲折を20年間経ながら、光と影の部分を包含し、今の姿へと至っている。

その中で、各段階で関わったプレイヤー（デベロッパー、金融、行政、パートナー企業、テナント、地元）がどのように行動し、その結果どういう事態が引き起こされたかを描いていて、ケースを読んでいるだけでもドラマのようである。

クラス内ではポルヴー教授が、歩き回りながら、次々に生徒を指してゆき、BOE分析を黒板に書き殴りながら、プレイヤーとしての判断を求めてゆく。さらにWhy? and Why?（なぜ？ で、なぜ？）と答えを追求してゆき、プレイヤーの心理や関心をあぶり出す。そして、実際に各プレイヤーが取った判断や行動を最後に紹介する。

印象深かったのは、不動産の大きな潮流を考えるうえで、教授の示すタイムフレームである。

「10年のマーケットサイクルと5年の人間の記憶のサイクルで不動産は動いている」

という金言だ。

確かにここ20年の不動産のサイクルを見ても、また長期的な不動産開発プロジェクトにおいてもこのマーケットのサイクルが当てはまる。人間の記憶のサイクルというのも納得できる。リーマンショックから立ち直りアベノミクスが景気を持ち上げたころには、銀行の不動産融資に対する態度も完全に5年前の記憶などなかったことのように積極的だった。

次のサイクルは2018年から2020年だろうとポルヴー教授は予測していたようだった。熱狂さめやらぬ中で、生徒からの質問が相次ぎ、時間切れとなり授業自体はあっという間に終わってしまったが、授業後に早速、ポルヴー教授に購入した訳本を握りしめ駆け寄った。そして、自身が不動産の魅力に気づくきっかけを与えてくれたことへの御礼を述べ、固く握手を交わした。教授も日本語版を出したときのことを思い出して喜んでくれたことはよかった。もちろん、サインをいただき記念撮影。感無量である。

不動産開発に対する、深いが直球でシンプルな洞察や「Why?」を問い続ける姿勢、そして実業家としても数々の成功を収めてきた師から学んだことを、これからの不動産投資活動にぜひ活かしたい。

第3章

ハーバードで学んだ不動産ファイナンスの極意（Financing）

1

驚異のリターン物語「BOEは映えるスナップショット、プロ・フォルマは壮大な映画」

第2章で不動産の真のデザインとは、つまりアルファを創造できる建築企画やソフト・ハード両面のデザインであることを学んでもらった。この章では、そんな素晴らしいブルー・プリント（建物企画）に、まさに必要な世界共通の不動産ファイナンスと、日本ならではの融資を獲得するための技術を徹底的に習得してもらいたい。そして不動産ファイナンスの極意を知れば、自身の資産を驚くほど増やしてくれることに興奮するに違いない。僕の社会人3年目の貯金（資本）700万円が、**たったひとつの物件投資のみで26倍（26 X Multiple）**になったのは紛れもないハーバード式**不動産ファイナンスの極意のおかげだ。**

序章の授業前予習で身につけていただいたBOE分析は1年間のキャッシュフローを簡潔に表した一面だった。不動産のバリュエーション、言い換えると不動産評価額について算出もしてみた。つまり、これから何年、何十年と続く不動産投資の物語の最初の一コマ（1年分）を切り取り、そして最後の一コマを売却可能な不動産価値として切り取ったものだと言える。

このスナップショットだけでも、100にひとつの数のゲームをくぐりぬけた物件は、「数字的にも映える」魅力的な一枚のBOE写真に仕上がっているのではないだろうか？

一棟もののアパートなど少しまとまった額の総投資額でのスナップショット（BOE分析）ともなれば、ほぼ自分の勤め人としての年収と同額を稼いでくれていることにほくそ笑む方もいるだろう。やっと稼働し始めて、1年目の確定申告の時期に貯まった家賃が記載された通帳を見るのは何とも気分がよい。

しかし、投資の物語は始まったばかりだ。そしてこの物語が驚異のリターンを生んでくれる壮大な映画になることを投資実行前に知れるとしたら、どうだろう？　これがハーバード式不動産ファイナンスの極意でもあるPro Forma（プロ・フォルマ／*資産運用の未来予想図）に注目するという考えだ（*もともとは「形式上の」というラテン語が語源だが、不動産においては相応しい言葉で意訳している）。

毎年の不労所得に注目するのが単年のスナップショット、BOE分析だが、その物件を一生持ち続けるのだろうか？　5年後、10年後に大きな修繕費用が必要になったり、空室が一気に生まれたり、または景気の動向や競合物件の出現により家賃収入が縮小してゆかないだろうか？

「持ってよし、売ってよし」が不動産賃貸経営の最強戦略なので、**ハーバード式不動産ファイナンスでは出口（売却）をいつも想定しておくことがコア・アイデアとなる。**一定期間の間、物件を持ち続け、家賃収入を享受しつつ、売却できる絶好の機会が訪れたら、迷わず売り、大きな売却益を得る。そして、この時間軸を持った一連の投資とリターンの流れを追えるように映画のようにしたもの、この将来予測をすることをプロ・フォルマを組むと言う。要は家賃収入と売却益のダブルで儲かる「資産運用の未来予想図」を立てることに他ならない。

図表3-1　プロ・フォルマのイメージを時系列で捉えよう

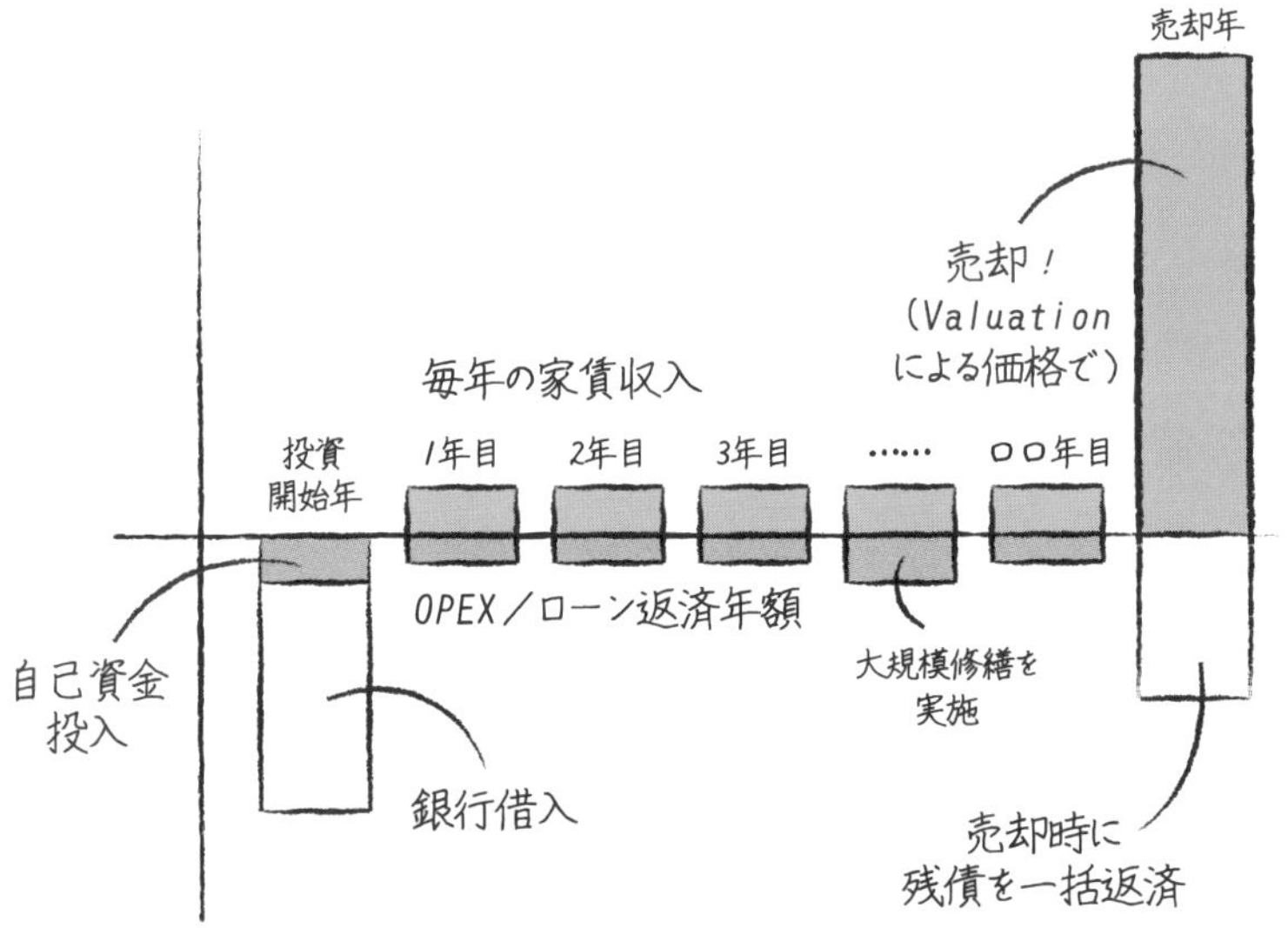

映画には始まりがあれば、起承転結という具合に「ジ・エンド」もある。ここまで観て初めて、映画に感動することもできるし、明日への活力をもらえたり、一緒に観ている人と喜怒哀楽を共有し楽しんだりすることもできる。不動産でも仕込みがあり売却がある。

ここまでの時間軸をファイナンス的に描いてゆくことがプロ・フォルマを考えるということだ。そしてプロ・フォルマを描いてみると、驚異のリターンの物語を投資する前から見てみることが可能となる。まさか計画通りに行ったらどうしよう？

そんな手に汗握る感覚にも陥るし、宝くじで億円単位を引き当てたり、株価を祈りながら毎日睨むことがバカバカしくなるだろう。そう、不動産投資の映画（プロ・フォルマ）を着想し、実行した時点で、映画が終わるころには、驚異のリターンが手に入っていることだろう。

ここでプロ・フォルマを描く際に注目すべき指標をあげておく。

・投資総額：とくに自己資金がいくらで、融資はいくらかが重要
・想定運用期間：つまり何年で売却を想定するのか（短期、中期、それとも超長期？）
・キャッシュフロー：毎年の不労所得（Income Gain）と売却益（Capital Gain）
・資産運用成績（内部収益率）IRR：どれだけの複利で自分の資産が増えたか
・資産拡大倍率（X／Multiple／マルチプル）：投じた自己資金が何倍になったか

まず資産運用成績／内部収益率（IRR）と資産拡大倍率（Multiple）という概念について簡単に表でお伝えする。それ以外の指標はおそらくイメージがつきやすいと思うし、何よりご自身の資産拡大の未来予測が真っ先に知りたいことだろうから。

134ページの図の今日投資した1ドルが仮に5年後に複利計算ではどうなっているかを示した表を見て欲しい。ハーバードでの不動産ファイナンスの授業も、まずはこの1ドルの将来価値を紹介するところから入る。

図表3-2　IRR(資産運用成績/内部収益率)とMultiple(資産拡大倍率)

元金(1ドル)	年利	1	2	3	4	5年後
$1.00	5%	$1.05	$1.10	$1.16	$1.22	$1.28
	10%	$1.10	$1.21	$1.33	$1.46	$1.61
	15%	$1.15	$1.32	$1.52	$1.75	$2.01
	20%	$1.20	$1.44	$1.73	$2.07	$2.49
	25%	$1.25	$1.56	$1.95	$2.44	$3.05

もし複利計算の利率が5%なら5年後には1ドルが1・28ドルになっている。そして25%での複利では驚くことに3・05ドルが5年後の1ドルの価値だ。わかりやすく今日の1ドルの複利の動きを追っているが、仮に、自分の投資した金額が1000万円だったらどうだろう？　もちろん複利25%での5年の運用では約3倍に膨れ上がる。

そして約3倍という、この資産拡大倍率のことを3X（スリー・エックス）のMultiple（倍率）という。Xを単純に「かける」に見立てた、ちょっとカッコつけた呼び方だが、このXが大きければ大きいほど自分の資産が倍数計算で伸びているということだ。

ところで、不動産投資を行うには、すべて自己資金（キャッシュ）で行うのではなく、賢く融資をつかうのが当然だ。そして、もし自己資金が少なくてすみ、大半を融資で賄うことができるなら、このIRRとMultipleも格段に効率よく伸ばすことができる。

例えばこうだ。1億円の物件を購入するために自己資金500万円で、残りの9500万円をローンで引けたとしよう。そして毎年のローン後キャッシュフローが500万円入ってきたとすれば、あなたの投じた資金はすぐに回収できるほどの投資効率だ。そして、1億円の物件がもし5年後に1億5000万円で売却できたとしたら、売却益5000万円に加えて、5年間のローン後キャッシュフローが累積している。単純計算すると左記になる。

・ローン後キャッシュフロー：500万円×5年＝2500万円
・売却益：1億5000万円－総投資額1億円＝5000万円
・総合リターン：2500万円＋5000万円＝7500万円

つまり自分の少ない自己資金500万円に対して、9500万円の融資のおかげで1億円の資産を動かし、驚異の7500万円のリターンを得ている！

あたかも、自分の小さな資金に、融資の「てこの原理」をつかって、大きな不動産資産を運用し、拡大されたリターンを得ているようだ。この様子から、ファイナンス用語では自分の自己資金にレバレッジ（てこの原理）をかけるという。

つまり、この場合のレバレッジが利いたIRR（資産運用成績／内部収益率）やMultiple（資産拡大倍率）は凄まじいものになる。

数字としてはＩＲＲが約１２０％超でMultipleが約15倍だ。**ここに、僕自身も貯金を26倍にした秘訣がある。**この「てこの原理／レバレッジ」を利用した資産拡大の指標をレバレッジドＩＲＲ、レバレッジドMultipleという。

このように複利の利率が上がれば指数関数的にリターンが上がるということがわかると思う。

そして、この複利を5年間の期間の間に実現してくれる投資の始まりと終わりの映画を「5年間でのＩＲＲ１２０％」という。

ＩＲＲを算出するにはエクセルやGoogleスプレッドシートなどが最終的に必要になるが概念さえ掴んでしまえば、それほど難しいものではない。

そして数字に拒否反応がある方やエクセルに不慣れな方も安心してほしい。

今回この『ハーバード式不動産投資術』では概念をレクチャーしたうえで、必要なプロ・フォルマを描いたエクセルはすべて公開し、ダウンロード可能とする。ご自身で組み上げる必要はない。どんどん活用してもらって構わない。

ダウンロード教材共通　https://www.kurofune-dh.com/contact

ちなみに投資期間3年のＩＲＲが１００％超えという成績は非常に優秀な、世界でもトップクラスの不動産ファンドマネジャーが10件に1件叩き出す数字であることを参考にしてもらいたい。

では実際に次のページ見開きいっぱいに広がる、ハーバード式不動産ファイナンスで使われているプロ・フォルマを見てみよう。


エクセルで組まれたプロ・フォルマの全体像に圧倒されてしまうかもしれないが、注釈でプロ・フォルマの各エリアが何を示しているか簡単に示しておく。今の時点ではざっくりとイメージを掴んでもらうだけで十分だ。


ここでのポイントは2つだ。

まずはしっかりとローン後キャッシュフロー(CFAF)が投資期間に毎年プラスになること。そして特に最後の出口(売却)時には実質収益(NOI)をしっかりと高水準で安定させることだ。もちろん満室稼働で平均を少しでも超えた家賃収入で賃貸付けできている状態という意味だ。次の購入者の期待利回りであるCap Rateで割り戻すと売却価格が想定できるが、高水準で安定したNOIが実現できていれば、必然と売却価格も高くなる。

例えば、あなたの物件の購入希望者の期待利回り(Cap Rate)が5%だとして、実質収益(NOI)が100万円下がれば5%で割り戻して2000万円値引きされて価値付けされてしまう。逆もしかりで安定して相場より100万円高い家賃が取れていれば、2000万円上乗せした金額での売却も可能だ。

10 プロ・フォルマ
毎年の投資予想図は？

11 毎年の
BOE分析は？

プロ・フォルマ	0	1	2	3
収入				
家賃収入（満室時）		$989,446	$994,393	$999,365
空室率		($29,683)	($29,832)	($29,981)
空室考慮時の家賃収入		$959,762	$964,561	$969,384
支出				
賃貸運営経費		$79,156	$79,551	$79,949
固定資産税		$26,385	$26,517	$26,650
総支出		($105,541)	($106,069)	($106,599)
実質収益		$854,221	$858,492	$862,785
年間ローン返済		($412,322)	($412,322)	($412,322)
修繕積立金		($10,994)	($11,049)	($11,104)
ローン後キャッシュフロー		$430,905	$435,122	$439,359
税支払		($125,413)	($128,247)	($131,135)
税引後キャッシュフロー		$305,492	$306,875	$308,224
リターン指標	**0**	**1**	**2**	**3**
実質収益		$854,221	$858,492	$862,785
売却時の収益				$16,474,878
	($10,187,335)	$854,221	$858,492	$17,337,663
レバレッジなしのIRR	24.66%			
ローン後キャッシュフロー		$430,905	$435,122	$439,359
税引前ローン返済後の売却収益				$8,851,153
	($2,037,467)	$430,905	$435,122	$9,290,512
ローン返済後の自己資金IRR	76.65%			
税引後キャッシュフロー		$305,492	$306,875	$308,224
売却益				$6,387,803
	($2,037467)	$305,492	$306,875	$6,696,028
税引後の自己資金IRR	57.33%			
現在価値	$3,246,033			
表面利回り	8.39%			
自己資金利回り	21.25%			

12 毎年のNOI
（実質収益）は？

13 毎年の
返済は？

14 毎年のローン
返済後の
不労所得は？

15 売却益は？

16 投資成績はどう？
（IRR／マルチプル）
自己資金がどこまで
増えた？

図表3-3　図解！　Harvard式 プロ・フォルマ

1 いくらの投資？ 開発コストは？

2 自己資金は？ 融資の活用は？

総開発／投資費用		自己資金／融資活用	
取得費	$9,000,000	自己資金	$2,037,467
改修費／㎡	$900	融資額	$8,149,868
改修費／施工費	$989,446	ローン割合	80%
設計／諸経費	$197,889	借入期間	30
総開発／投資費用	$10,187,335	金利	3.000%
		月額ローン返済	($34,360)

プログラム／ボリューム計画		賃料収益構造	
建物階数	11	賃料／㎡または坪	$75
各階貸し床面積	76.88	総貸し床面積	1,099
面積有効率	80.00%	賃料合計(月)	$82,454
共用部	42		
総床面積	1,099		

3 建物の床面積やボリュームは？

4 ずばり想定家賃は？

5 OPEXは？

6 減価償却は？

減価償却		賃貸運営経費	
償却対象	$6,596,304	経費／㎡	$6.00
償却年限	34.0	固定資産税／㎡	$2.00
年間償却額	($194,009)	修繕積立費／㎡	$10.00

各種利率			
空室率	3.00%	所得税率	30%
インフレ／賃料変動率	0.50%	減価償却割戻し(米国のみ)	25%
売却時Cap Rate	5.00%	売却時税率	15%
売却費	5.00%		

7 カギとなる利率は？ 空室率？ Cap Rate?

8 税の利率は？

感度分析(ここは応用編)

57.33%	$24.395	$24.395	$24.395	$24.395	$24.395
1.5%	26.74%	26.74%	26.74%	26.74%	26.74%
2.1%	26.50%	26.50%	26.50%	26.50%	26.50%
2.6%	26.30%	26.30%	26.30%	26.30%	26.30%
3.1%	26.10%	26.10%	26.10%	26.10%	26.10%
3.6%	25.90%	25.90%	25.90%	25.90%	25.90%
4.1%	25.70%	25.70%	25.70%	25.70%	25.70%
4.6%	25.49%	25.49%	25.49%	25.49%	25.49%
5.1%	25.29%	25.29%	25.29%	25.29%	25.29%
5.6%	25.08%	25.08%	25.08%	25.08%	25.08%
6.1%	24.88%	24.88%	24.88%	24.88%	24.88%

9 リスクは？ 感度分析は？

具体例をあげよう。

実質収益が平均的に６００万円の物件があったとしよう。この基準となるケースである投資家が期待利回り５％での買付価格を入れるとしたら６００万円÷５％で１億２０００万円の値付けだ。

実質収益が１００万円下がるということは実質収益が５００万円に下がってしまう。この場合でこの投資家が依然５％の利回りを期待した場合は、５００万円÷５％で１億円ジャストの値付けがなされる。

そして実質収益が平均値を超えてプラス１００万円、つまり７００万円生み出せたら？　こちらも期待利回りで割り戻して、７００万円÷５％で１億４０００万円で次の投資家は購入したいと考える。

この差は大きい！

１００万円の実質収益の上下により、不動産の価値自体は上下にプラス・マイナスで２０００万円も動くことになる。

まとめると、ＢＯＥ分析のスナップショットでもお分かりの通り、投資の「入り口」ではＮＯＩ実質利回りをできるだけ高めるために、ハードとソフトのデザインに注力し、「出口」では、売却価格を強気で提示できるように、実質収益を高水準で安定させ、期待投資利回りを圧縮して考えてもらえるように物件を創り込む。

少し聞き慣れない言い回しかもしれないが、期待投資利回りを「圧縮して考える」、というのは購入者の期待利回りが下がるということだ。下がると何がよいのか？　つまり、評価額を算出するときの割り戻すパーセンテージが下がることで、評価額が上がるのだ！

実質収益1000万円で期待投資利回り5％では割り戻して評価額は2億円（1000万円÷5％）

実質収益1000万円で期待投資利回りが圧縮され4％では評価額は2億5000万円（1000万円÷4％）

投資家が期待利回りが下がっても買いたいと思う物件はどういう物件だろう？

ずばり、耐震性も耐用年数も十分にあり、家賃下落に悩まされなさそうで、賃貸付けしやすいデザイン性や住宅設備品質の優れた物件だ。

そして、地域の中でも好立地や大通りに面している物件となる。そのような得難い物件は資産家やプロの不動産業者が超長期保有目的で常に探している。

期待投資利回りを圧縮して考えてもらえるのは、こういった購買意欲を持った投資家が複数人いる魅力的な物件の場合だ。ぜひとも、皆さんには、このCap Rateでも平均値を超えてアルファを生み出す物件を創り込んでほしい。

では、驚異のリターンの物語の舞台となった、神楽坂のケース・スタディをもとに、実際のプロ・フォルマを見てみよう。信じられないかもしれないが、稼働して5年の投資期間でほぼ不動産評価

図表3-4　NOI 1000万円に対するCap Rate 変動イメージ図

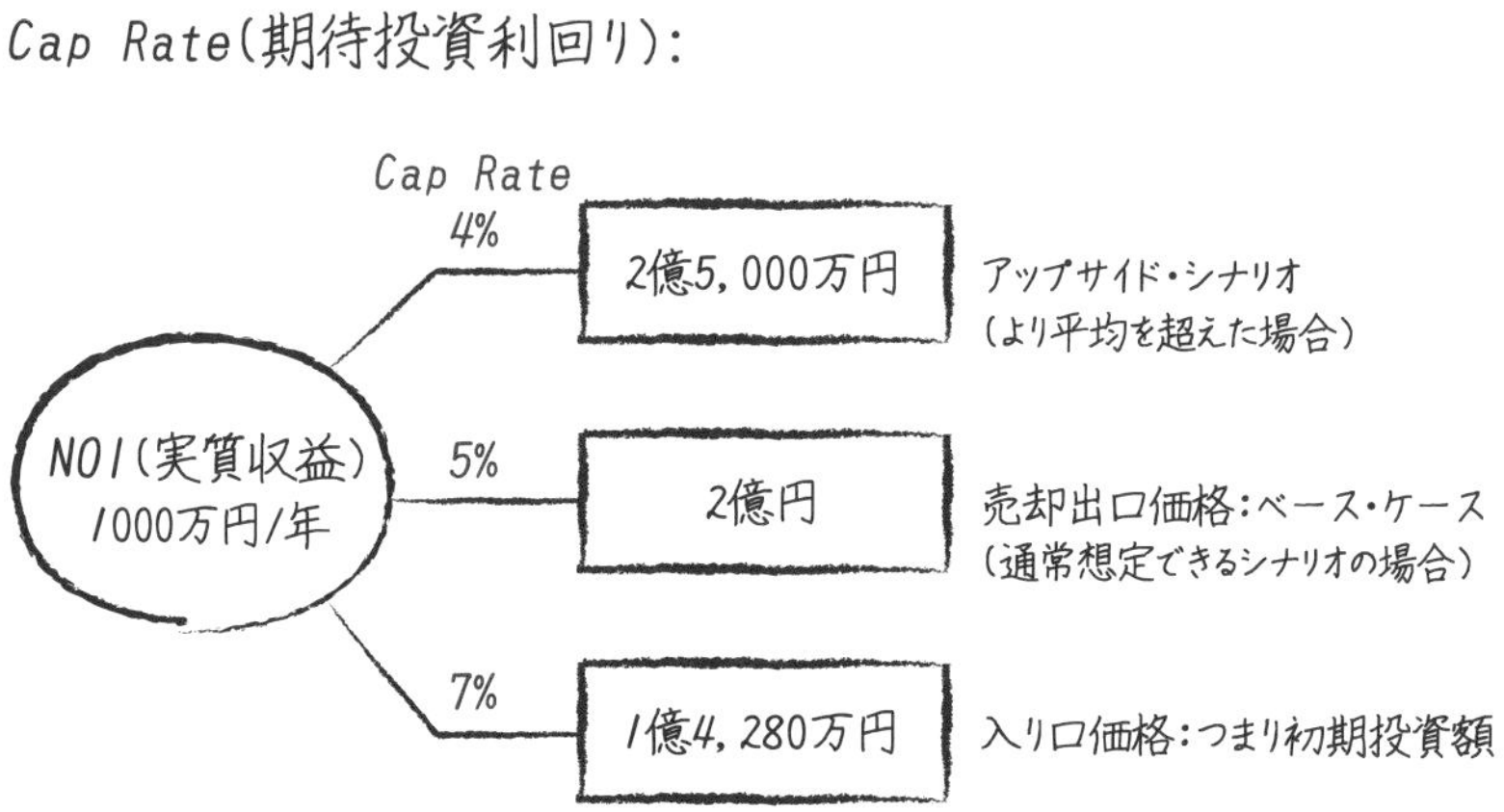

額が2倍となっている。そしてIRRについては借入を含めた総投資額約1億5000万円では16%、そして、自己資金分（エクイティ）のみの700万円に対する融資のてこ原理が働いたレバレッジドIRRはなんと153%で、レバレッジドMultipleは26倍にまでなっている！

ここに物件売却、つまり映画のジ・エンドまでの実際の成績を公開する。そして、膨らんだ自己資金で次の好きな物件投資を拡大することも格段に取り組みやすくなる。同じ様なサイズ感の不動産開発を行いながら、自己資金を貯金してリスクに備えてもいいだろう。

もちろん銀行からの、あなたを見る目がまったく変わってくる。今まで支店に出向く側だったが、支店担当者があなたの自宅にまで来てくれて書類の準備などをしてくれるまでになるだろう。

継続拡大したいなら、この1億円以上の自己資金分（エクイティ）を用いて、さらに不動産投資を続

図表3-5　神楽坂案件のキャッシュ・フローと
プロ・フォルマのイメージ

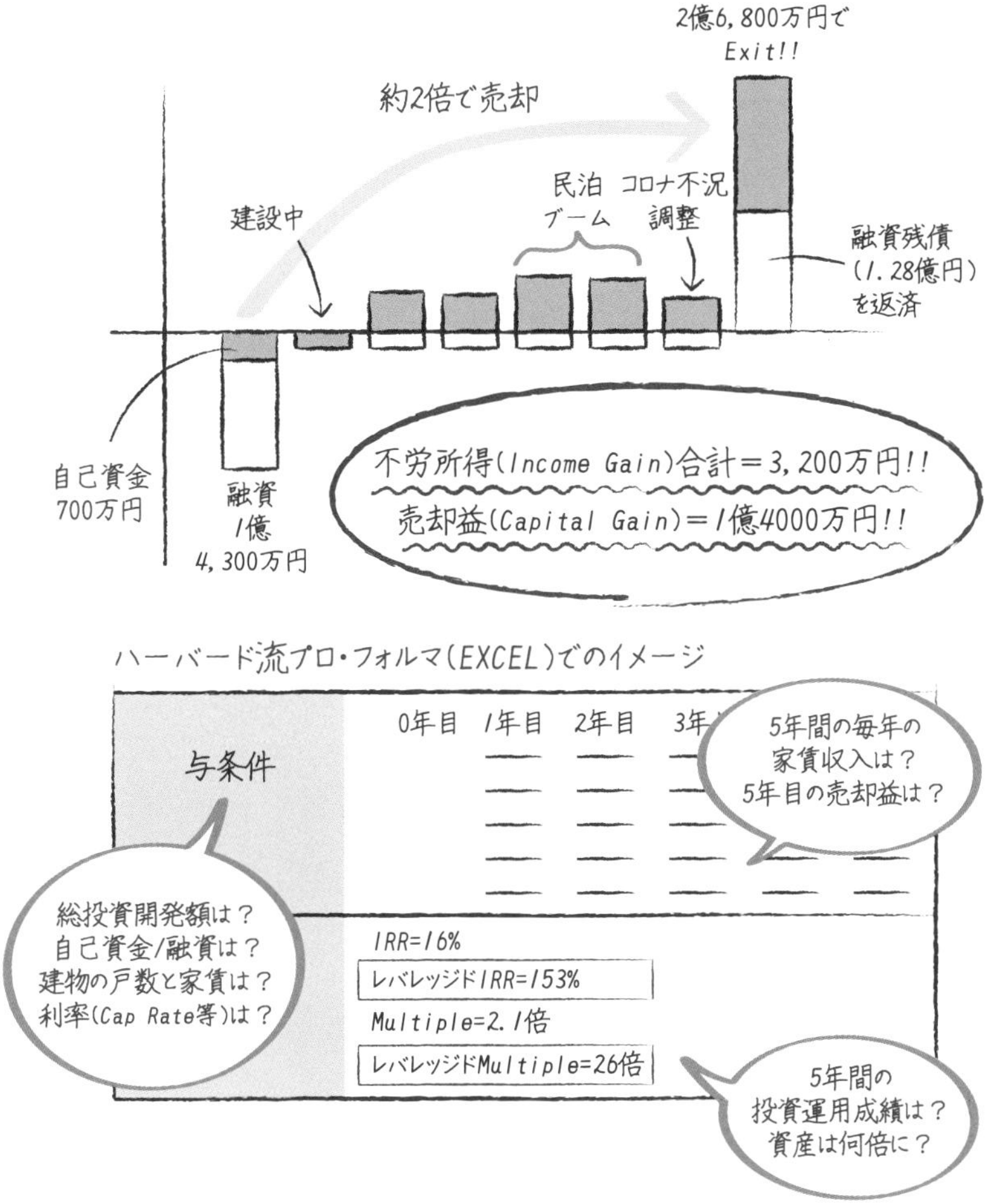

行したとしたらどうだろう?

今度は借入を80%したとして総額5億円の物件に投資することもできる。そして、また5億円の物件での壮大な映画「プロ・フォルマ part II」の上映スタートだ!

慣れてくれば、自分だけの映画の脚本ならぬプロ・フォルマを組み上げることだって出来るようになる。メガ大家仲間の中には、売却益や不労所得が大きいために、節税を目的として減価償却が大きく取れるものを経費で落とす人もいる。高級車やクルーザー、打ち合わせのためのファーストクラスやスイートの利用だ。

しかし、メガ大家たちが勉強熱心で倹約家であることも忘れてはならない。高級車は再販価格がそれほど落ちないものを必ず選ぶし、シェアカーとしてのキャッシュフローが生まれるプレミアムカーを賢く選ぶ。ラグジュアリーな打ち合わせは、本当に投資家同士での有用な情報交換や、物件視察のために使うのだ。

ここで考えて欲しい。株式投資で常に毎年20%ずつ複利で増えてくれるデイトレードを繰り返すことは可能だろうか? それも、着実に増えて行く方法で。難しいと思うし、気力が持たない。株価が5年で26倍に着々となってゆく銘柄を見つけ出して、利益確定したい誘惑に打ち勝ちながら、ポジションをホールドし続けられるだろうか。

そしてこの映画「プロ・フォルマ」のいいところ、とくに日本においては異常なまでの低金利と長期借入によるレバレッジ(てこの原理)が奏功して、つねに自己資金に対するIRRが高くなることだ。平たく言うと、自己資金を何倍にも安全に膨らませてくれて勝負させてくれる。

さらに新築開発の場合には初年度に様々な経費がかかるため、初年度から続く3年間は、所得のかなりの分を相殺することができ、節税対策にも大いに貢献してくれる。もちろん売却時にキャピタル・ゲイン課税を支払う必要はあるが、喜んで支払っても、あり余るだけのリターンが得られる。

2

レバレッジ(てこの原理)を知る ～ポジティブ・レバレッジとネガティブ・レバレッジ

プロローグでも紹介したが、僕自身、上京した時は、まったくの資産なしで、必死にサラリーマン時代の給料を貯金したところからスタートしている。実際700万円の貯金を使って、どのように資本的テコ（レバレッジ）を利かせたのか？

これこそが不動産ファイナンスの面白いところであり、ドラマである。レバレッジ（てこの原理）を使えば700万円の自己資金に1億円以上の有利な融資を受けられ、1億5000万円の物件に投資することができたりもする。**小さな自己資金で大きな融資を獲得し、優良物件を購入するのが鉄則だ。**

そして、BOE分析をおこなってみてローン後キャッシュフローを計算してみると、たとえ空室率が上がったとしても十分黒字になる有利な融資の借入をポジティブ・レバレッジという。金利1・5%などで30年や35年の借入であれば十分ポジティブ・レバレッジとして、まさにてこの原理のようにあなたの資産を大きく持ち上げてくれて拡大してくれる。

実際は、僕やメガ大家仲間は金利1%以下でローン条件の提示を受けることが多いが、金利は1・

5％を下回り始めたあたりから、それほど金利値引きのインパクトがなくなってくるので、あまり銀行を虐《いじ》めすぎず、お互いの気持ちいい取引のためにも、借入期間を長く取ってローン後キャッシュフローの向上を狙いにいったり、頭金を少なくするほうがスマートな融資のやり方だ。

ここで注意すべきは、この融資でのレバレッジにより、自分のキャッシュフローが有利になるのか、不利になるのか、である。

例えば一昔前の某地方銀行では属性のよいサラリーマンなら高金利（4・5％）ではあるものの、誰でも融資が受けられた。ほかにも東南アジアなどの新興国でのコンドミニアム投資では投機的な値上がりを狙って、高金利（8〜9％）での現地融資を組ませる営業もたくさんある。この融資の元利均等返済の度合いによっては、空室率が20％出た時点でローン後キャッシュフローがマイナスになることさえある。

BOE分析をやってみても、ローン後キャッシュフローがほとんどないか、空室率が上がったり、金利がさらに上昇したりしたら、不労所得どころではないから、給料から補填しなくてはいけなくなるような融資条件は組むべきではない。

つまりBOE分析（スナップショット）でも、あまり見映えのよくない写真となってしまう。こういった融資（てこ）の使い方をネガティブ・レバレッジという。現在の日本では考えにくいが、金利の上下が頻繁に起こる米国や新興国投資では、特に注意が必要だ。

ただ、そうした国は家賃も徐々にインフレが起こるため、賃料がじわじわと上昇しながら入って

図表3-6　少ない自己資金で大きな資産を動かすレバレッジ

くる物件の場合は、毎年の営業純収益も連動して上がってゆくため、問題はないだろう。

例えば米国の場合はインフレに連動して、毎年3～4%程度で家賃も上がってゆく。

東南アジアなどの新興都市も激しいインフレと不動産価格の値上がりが一見魅力だが、注意すべきは値上がりしてゆく家賃を払える人が、その新興都市にどれほどいるか？　という借り手のマーケットだ。

たとえリッツ・カールトンが開発運営するホテル・レジデンスでも、その高額な家賃を払える層があまりにも少ない場合は投資は見送ったほうがいい。

3

銀行を唸らせるハーバード式投資事業計画書（プロ・フォルマ）とは

では、強力なポジティブ・レバレッジを実現するためにはどうしたらよいか？　このポジティブ・レバレッジこそ不動産ファイナンスにおける、驚異的なアルファ（平均を超えるリターン）の創造なのだ。レバレッジを提供してくれるところ、つまり銀行との付き合い方、そして銀行担当者や支店長を唸らせるハーバード直伝の投資事業計画書の作成方法をぜひシェアしたい。

ステップ1：BOE分析をしっかりと行い、ローン後キャッシュフローが十分プラスになることを確認する。返済比率という指標があり、月額の満室時家賃に対して、ローン返済額が何％になるかを示すものだが、これは50％以下が理想だ。60％を超える場合、投資はしないほうがよいだろう（図表3－7）。要は真水部分であるローン後キャッシュフローが薄くなりすぎるのと、実質収益（NOI）が下がってきた場合にローン返済のための持ち出しが発生してしまうからだ。

ステップ2：融資5点セットを常に用意。全てデータにしてメール一括送信できるように！

図表3-7　返済比率

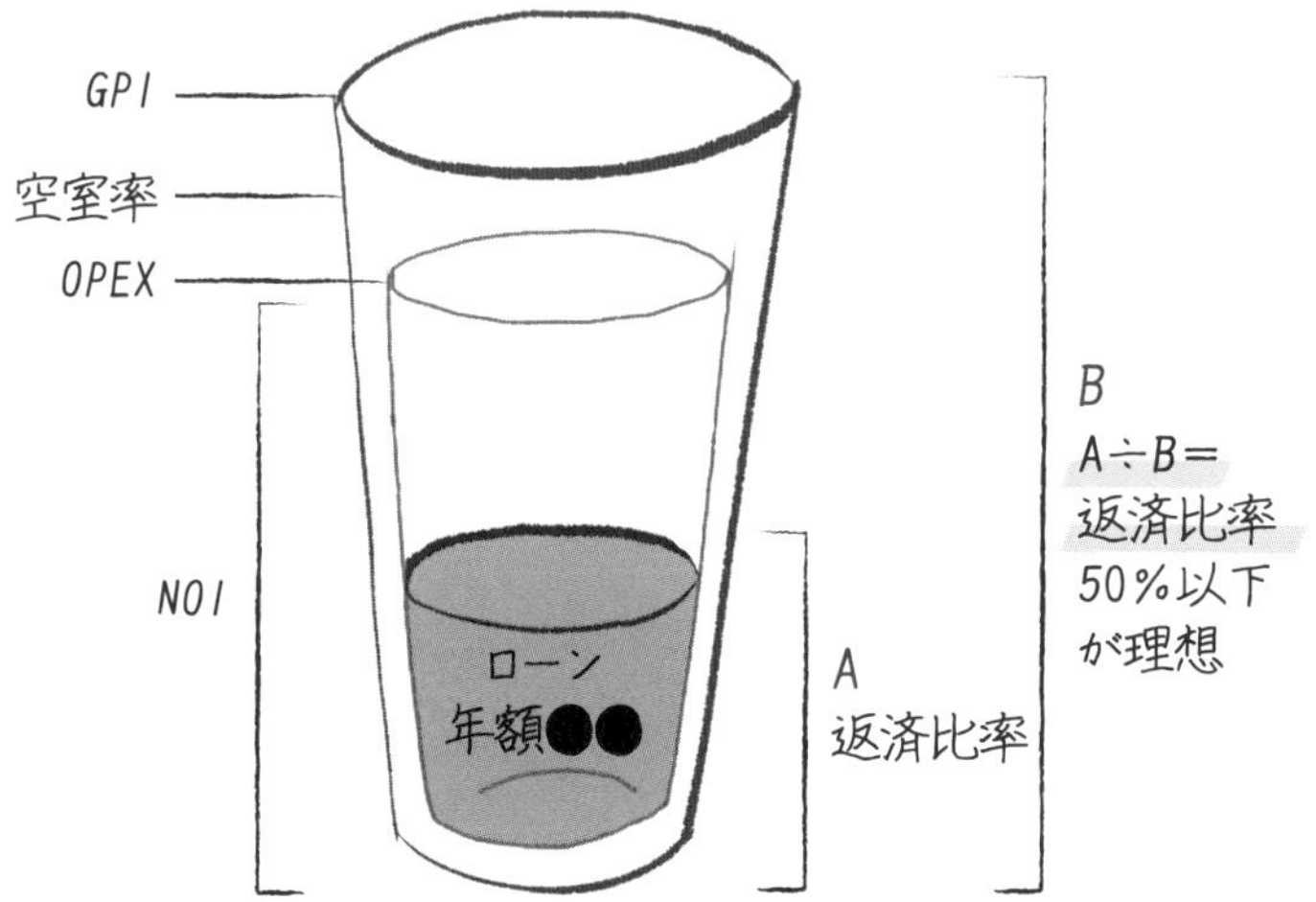

図表３－８の融資５点セット（建築計画や物件概要、レントロール、建設見積もり、投資事業計画つまりプロ・フォルマ、与信情報）の雛形などは、共有するので、Homeworkのショートカットとして活用してほしい。あくまでフレームワークを共有しているだけなので、宿題のズルやカンニングにはあたらないだろう。この５点セットをサッと出せる不動産投資家は日本にどれほどいるだろうか。ここの地味な宿題がきっちりと出来ている大家には銀行も早めの感触や回答をくれる。ここでも他の投資家とは差がつき、平均を超え、アルファを生み出せるのだ。

ステップ３：最低でも５つの銀行に融資５点セットを持ち込む。それもできるだけスピーディに。

融資態度というものは銀行の方針により千差万別であり、そして地域差もかなりある。よし悪しもあるため、常に大手都市銀行から融資を引くのがいい

図表3-8　融資5点セットを常に用意しておこう

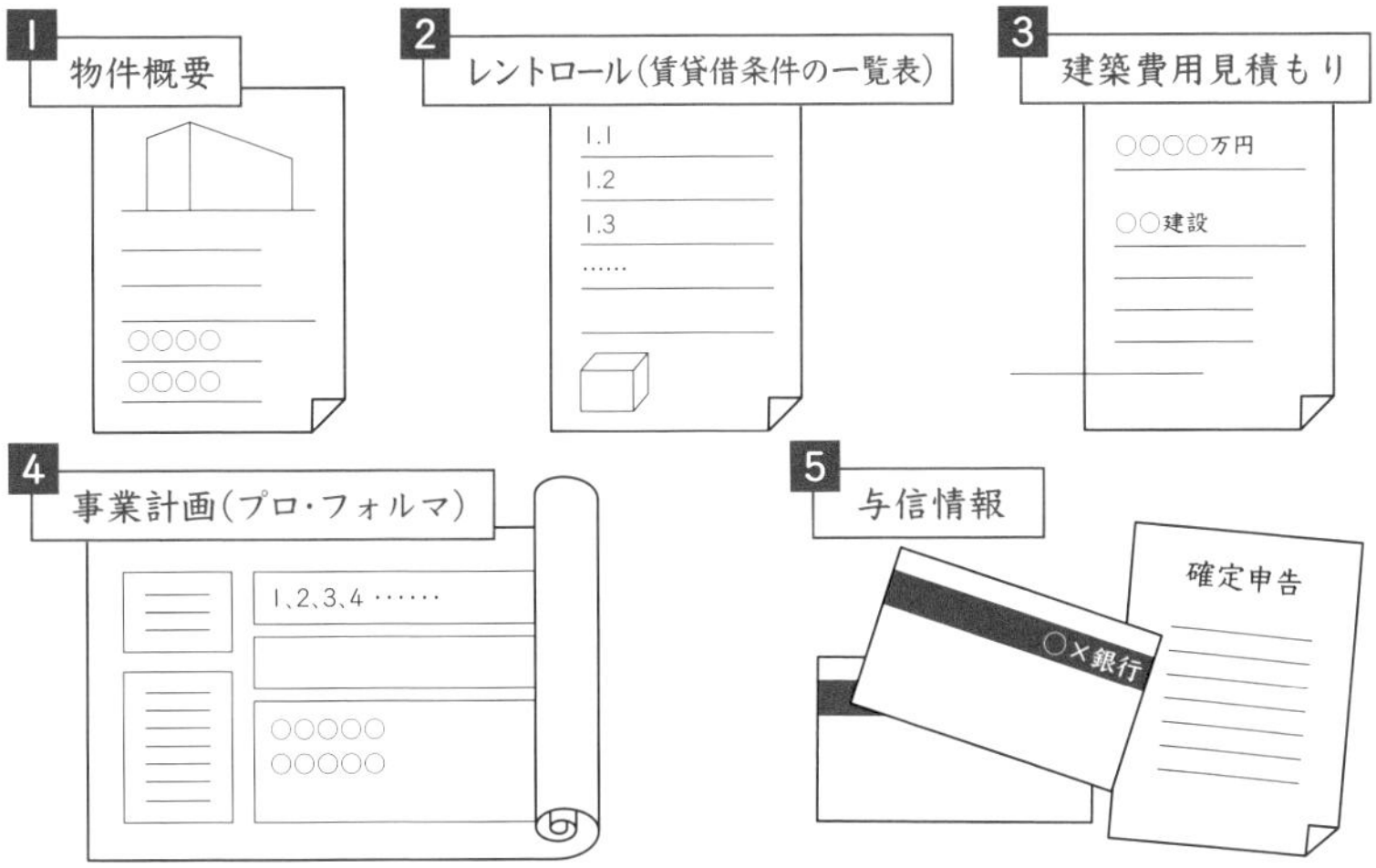

とも限らない。だが、アルファを生み出し、有利な融資を引きたければ、必ず守って欲しいのが、**最低でも5つの銀行に持ち込むこと**、だ。Do Your Homework の精神で、淡々と、そして粘り強く、銀行担当者に持ち込み続け、そして担当者からの質問には即時に答えるか、必要資料を用意して送付すること。Homework を受け取る側は、遅れて提出される宿題には悪い印象を持つもので、審査の優先度合いも後回しとなってしまう。それが宿題を受け取る先生の心情というものだ。

ステップ4：銀行との関係を深める（借り換え、資産管理法人スキーム）担当者を紹介してもらうなど。

　実際に、僕も神楽坂のケースでは投資実行直前まで、非常にスムーズに進んだスルガ銀行での融資に、あと一歩で頼りそうだった。その後も諦めずに、5行をまわることを誓い、メガ大家との出会いもあり、最終的にりそな銀行から、90%融資、低金利での非常に有利なポジティブ・レバレッジを手にすることができた。

また、ケース・スタディで紹介した南青山の物件は、なんと7行目で希望に近い有利な融資が引け出せたおかげで取得ができた。強力なポジティブ・レバレッジを提供してくれる銀行が1行目で現れれば最高だが、最終的に10行目で現れたとしても、投資実行ができれば、映画「驚異のリターン」をしっかりと上映スタートできるのだ。メガ大家からの教えのひとつは、**銀行との付き合い方をマスターし、融資付けを有利にすることこそ資産拡大の秘訣**、というものだ。

ではどうやって有利な融資をしてくれる銀行を開拓したらよいか、あるいは優秀な銀行担当者を紹介してもらったらよいか？　という読者の皆さんからの疑問にお答えしよう。答えは大きくは左記の3つだ。そして、融資を勝ち取るためには、必ず全てを試してみてほしい！

①成功している大家仲間とセミナーなどで知り合い、銀行を紹介してもらえるように、ギブ・アンド・テイクの精神で仲良くなる。ポイントは、洗練された大家はあまり表に出てこないことと、本当に紹介に足る人物と事業性でないと自分の大切な銀行担当者を紹介してくれない。礼儀を尽くしつつ、自身のやれる宿題、恩返しはしっかりと行おう。

②融資獲得に長けているコンサルタント、もしくは大家仲間にコンサルタント費用を払って融資のアレンジをしてもらう。これは一番手っ取り早い。そしてお互い本気で動けるので、より有利な融資条件を引け出せる可能性が高い。実際に僕も過去にはお世話になったし、そのおかげで年間

の支払い金利が減り、ローン後キャッシュフローが増えるのだから、コンサル費用を払って余りあるリターンがある。

③自分でひたすら銀行を訪問する。これはハーバード式不動産投資術のDo Your Homework精神に慣れてきた皆さんなら、ぜひやってもらいたい方法だ。門前払いはざらだが、そこからの学びは非常に大きい。そして、銀行に突撃訪問をすればするほど、自分独自の銀行開拓ができる。僕の場合もはじめて融資OKをもらった銀行は自身で突撃した銀行で4行目だった。

なお、この投資事業計画書（プロ・フォルマ）は英語で作成することができれば世界中どこでも通用する共通言語となる（図表3－9参照）。今回は僕の経験と日本の融資事情に合わせて、実際に僕自身が銀行に提出して、有利な条件での融資を獲得している事業計画書を共有する。ぜひ、この事業計画書をダウンロードして、ご自身が取り組もうとする物件の数値を入れてもらい、銀行に持ち込んでみてほしい。もちろん1行ではなく、最低でも5行に。きっと担当者の反応が変わるはずだ！

以下にざっと、不動産投資で活用できる銀行の特徴と融資姿勢をまとめておく。

・大手都市銀行系（三井住友、三菱UFJ、みずほ）
基本的には三井住友銀行が不動産融資を長らく手掛けてきたことで一歩リード。ただし、リーマ

図表3-9　銀行を唸らせるハーバード式事業計画

MARKET-RATE SCENARIO

DEVELOPMENT COSTS		CAPITAL STRUCTURE	
Land	$1,000,000	Equity	$6,526,471
Development Cost/SF	$150	Debt	$12,120,588
Development Cost	$18,647,059	LTV	65%
		Term	30
		Rate	6.00%
		Monthly Payment	($72,669)

PROGRAMMING		RESIDENTIAL RENT STRUCTURE	
Number of Units	100	Market-Rate Units	100
Avg. SF Per Unit	1,000	Market-Rate Rent	$2,000
Building Efficiency %	85.00%		
Common Area + Circ.	17,647	Affordable Units	0
Gross Square Footag	117,647	Area Median Income	$72,000
		AMI %	80.00%
		Affordable Income	$57,600
		Income Percentage fo	30.00%
		Affordable Rent	$1,440

DEPRECIATION		RESIDENTIAL EXPENSES	
Depreciable Basis	$17,647,059	Operating Expense/SF	$2.00
Depreciation Recovery	27.5	Real Estate Taxes/SF	$1.50
Annual Depreciation	($641,711)	Replacement Reserve/	$1.00

RATES			
Vacancy — Residentia	5%	Ordinary Income Tax	35%
Income/Expense Esca	3.00%	Depreciation Recaptur	25%
		Capital Gains	15%
Cap Rate @ Sale	7.00%		
Sales Expenses	5%		

PRO FORMA	0	1	2	3	4	5	6	7	8	9	10
INCOME											
Potential Gross Income		$2,400,000	$2,472,000	$2,546,160	$2,622,545	$2,701,221	$2,782,258	$2,865,726	$2,951,697	$3,040,248	$3,131,456
Vacancy		($120,000)	($123,600)	($127,308)	($131,127)	($135,061)	($139,113)	($143,286)	($147,585)	($152,012)	($156,573)
Effective Gross Income		$2,280,000	$2,348,400	$2,418,852	$2,491,418	$2,566,160	$2,643,145	$2,722,439	$2,804,112	$2,888,236	$2,974,883
EXPENSES											
Operating Expenses		$235,294	$242,353	$249,624	$257,112	$264,826	$272,770	$280,953	$289,382	$298,064	$307,005
Real Estate Taxes		$176,471	$181,765	$187,218	$192,834	$198,619	$204,578	$210,715	$217,037	$223,548	$230,254
Total Expenses		($411,765)	($424,118)	($436,841)	($449,946)	($463,445)	($477,348)	($491,668)	($506,419)	($521,611)	($537,260)
NET OPERATING INCOME		$1,868,235	$1,924,282	$1,982,011	$2,041,471	$2,102,715	$2,165,797	$2,230,771	$2,297,694	$2,366,625	$2,437,623
Annual Debt Service		($872,028)	($872,028)	($872,028)	($872,028)	($872,028)	($872,028)	($872,028)	($872,028)	($872,028)	($872,028)
Replacement Reserve		($117,647)	($121,176)	($124,812)	($128,586)	($132,413)	($136,385)	($140,477)	($144,691)	($149,032)	($153,503)
CASH FLOW AFTER FINANCING		$878,560	$931,077	$985,170	$1,040,886	$1,098,274	$1,157,383	$1,218,265	$1,280,974	$1,345,564	$1,412,092
Tax Payment		($175,168)	($198,998)	($222,614)	($247,047)	($272,327)	($298,488)	($325,563)	($353,587)	($382,598)	($412,634)
CASH FLOW AFTER TAXES		$702,391	$732,080	$762,556	$793,840	$825,947	$858,895	$892,702	$927,387	$962,966	$999,458

RETURN MEASURES	0	1	2	3	4	5	6	7	8	9	10
Net Operating Income		$1,868,235	$1,924,282	$1,982,011	$2,041,471	$2,102,715	$2,165,797	$2,230,771	$2,297,694	$2,366,625	$2,437,623
Net Sales Price											$0
	($18,647,059)	$1,868,235	$1,924,282	$1,982,011	$2,041,471	$2,102,715	$2,165,797	$2,230,771	$2,297,694	$2,366,625	$2,437,623
Unleveraged IRR	2.49%										
Cash Flow After Financing		$878,560	$931,077	$985,170	$1,040,886	$1,098,274	$1,157,383	$1,218,265	$1,280,974	$1,345,564	$1,412,092
Before-Tax Sale Proceeds											($10,143,202)
	($6,526,471)	$878,560	$931,077	$985,170	$1,040,886	$1,098,274	$1,157,383	$1,218,265	$1,280,974	$1,345,564	($8,731,110)
Leveraged Before-Tax IRR	#NUM!										
Cash Flow After Taxes		$702,391	$732,080	$762,556	$793,840	$825,947	$858,895	$892,702	$927,387	$962,966	$999,458
Net Proceeds From Sale											($11,747,480)
	($6,526,471)	$702,391	$732,080	$762,556	$793,840	$825,947	$858,895	$892,702	$927,387	$962,966	($10,748,022)
Leveraged After-Tax IRR	#NUM!										
Net Present Value (NPV) @ 12	($5,699,598)										
RETURN ON TOTAL ASSETS	10.02%	Year 1 NOI/TDC									
RETURN ON EQUITY (ROE)	13.46%	Year 1 CFAF/Equity									

NET PROCEEDS FROM SALE

Net Book Value		Gain on Sale	
Total Development Cos	$18,647,059	Sale Price	$0
+ Acc. Replacement Re	$1,348,692	Sales Expenses	$0
- Acc. Depreciation	($6,417,112)	Net Book Value	($13,578,638)
Net Book Value	$13,578,638	Gain on Sale	($13,578,638)

Tax Payment		Net Proceeds from Sale	
Accumulated Depreciatio	$6,417,112	Sale Price	$0
Depreciation Recaptur	($1,604,278)	Sales Expenses	$0
		Mortgage Payoff	($10,143,202)
Capital Gain in Excess o	$0	Tax Payment	($1,604,278)
Capital Gains Tax	$0	Net Proceeds from Sal	($11,747,480)

OFF-SHEET CALCULATIONS

Amortization & Interest	1	2	3	4	5	6	7	8	9	10
Beginning of Year Balance	$12,120,588	$11,971,746	$11,813,723	$11,645,954	$11,467,838	$11,278,736	$11,077,970	$10,864,821	$10,638,526	$10,398,273
End of Year Balance	($11,971,746)	($11,813,723)	($11,645,954)	($11,467,838)	($11,278,736)	($11,077,970)	($10,864,821)	($10,638,526)	($10,398,273)	($10,143,202)
Amortization	$148,842	$158,023	$167,769	$178,117	$189,102	$200,766	$213,149	$226,295	$240,253	$255,071
Interest	$723,186	$714,006	$704,260	$693,912	$682,926	$671,263	$658,880	$645,733	$631,776	$616,958

Tax Payment	1	2	3	4	5	6	7	8	9	10
Net Operating Income (NOI)	$1,868,235	$1,924,282	$1,982,011	$2,041,471	$2,102,715	$2,165,797	$2,230,771	$2,297,694	$2,366,625	$2,437,623
— Interest	($723,186)	($714,006)	($704,260)	($693,912)	($682,926)	($671,263)	($658,880)	($645,733)	($631,776)	($616,958)
— Depreciation	($641,711)	($641,711)	($641,711)	($641,711)	($641,711)	($641,711)	($641,711)	($641,711)	($641,711)	($641,711)
Taxable Income	$503,338	$568,565	$636,040	$705,848	$778,078	$852,823	$930,179	$1,010,249	$1,093,137	$1,178,954
Tax Payment	($175,168)	($198,998)	($222,614)	($247,047)	($272,327)	($298,488)	($325,563)	($353,587)	($382,598)	($412,634)

ダウンロード教材共通URL：https://www.kurofune-dh.com/contact

ンショック以降は資産家でもない限り融資額は総投資額の70%で自己資金が30%必要だったりと、難攻不落。金利は当然安い。

・準都市銀行（りそな銀行、埼玉りそな銀行）

僕のメインバンクでもあり、不動産投資に積極的に取り組んでくれる。難しい不動産であっても、銀行内の不動産部が活躍してくれて、時にはディールをまとめてもくれるので非常に頼りになる。スルガショック以降は80%から85%ローンにはなっているものの、金利も安い。審査態度は支店にもよるので、地元支店にまずはヒアリングしてみよう。

・地方トップ銀行（横浜銀行、千葉銀行、静岡銀行、東京スター銀行他やご自身の地域の地銀）

比較的、不動産投資に理解があり、しっかりとした事業計画書とある程度の貯金があれば、いろいろと柔軟にローンを考えてくれる、ありがたい存在。担保評価などを独自に行っている場合もあり、都市銀行系で融資額があと一歩のときに頼れる存在。金利はやや安い。

・不動産特化型銀行（スルガ銀行、オリックス信託銀行）

実は僕も家族でリーマンショック後に仕込んだ中古マンションは、スルガ銀行にお世話になったし、新築物件で少し評価が難しい物件でお世話になったことがある。金利も交渉で徐々に下がり、現在は地方銀行並みの金利なので借り換えもせず、いい関係を続けさせていただいている。スルガショックのイメージから敬遠する方も多いと思うが、買い付けでの競合が多いケースで融資獲得のスピード感が必要な場合や、キャッシュフローが十分出ている場合だが中古耐用切れ物件などでは大いに活用機会がある。いや、あった、というべきか。現在は両銀行とも不動産融資について慎重な姿勢のため、不動産投資ゲームからしばらくは降りている状態だ。

・ノンバンク系銀行（アサックス、SBI、セゾンなど）

金利は高いが審査は非常に速い。賢くローンを引くためには、あまりお世話にならない銀行だ。使い所としては、残債が減ってゆき、担保余力が出てきた物件をもとに、追加融資を引き、海外不動産など特殊な案件の獲得に充てるなど。

・政策金融公庫

これは特殊解だが、不動産融資も受けられなくはない。民間の銀行と違って、女性やシニア起業を支援していることもあり、条件が揃えば、有利な条件が引けることもある。金利は中程度。また、特殊な使い方として、不動産担保ローンに加えて、自身の不動産で旅館業やシェアオフィスなどの運営を行う場合にも借入ができたり、担保余力があれば第二抵当での融資も可能だったりする。使い方はクリエイティブに考えていい。

4

ハーバード大学院教授も驚いた！
世界でも最も有利な日本の融資環境

GSDでのプロジェクトで、自分が実行したい不動産投資を想定して投資事業計画書を作成、プレゼンテーションする授業がある。その授業の中で、これは良い機会と思い、僕は自分が米国渡航前に仕込んだ土地での新規開発プロジェクトを実際にハーバード式投資事業計画書に落としてみることにした。

結果的に教授が驚いたことは、リアルなプロジェクトであることよりも、**日本の融資条件があまりにも良すぎることだった！** 米国の平均的な借入金利は3・5〜4・5％だし、自己資金は基本的には30〜40％ほど必要だ。日本はどうだろう？

5行以上を回った方ならお分かりだと思うが、金利はだいたい1・0％〜2・0％ほど、自己資金は10〜20％程度となっていて長期での借入も可能だ。これにはさすがのハーバード教授も驚き、日本で融資を組んで、米国に投資しないか？　とさえ発言するほどだった。米国は毎年着実に家賃のインフレが3〜4％ほど起こり、人口も今後増え続けることから、長期で見れば不動産投資としては非常に面白いマーケットなのだが、それに連動して金利もやや高い。残念ながら、日本の銀行は海外不動産のデューデリジェンス（調査）ができないため、この理想は叶わない。

だが、こういった有利な融資の引ける国に我々は生きていることを知っておいて損はないだろう。これから外国人投資家が日本のマーケットにさらに入ってくる。あるいは、より洗練された銀行が海外投資にも門戸を開く時がくるかもしれない。そうした時に、ぜひこの世界の共通言語であるハーバード式不動産ファイナンスの極意を大いに活用して日本の金融機関から有利な条件での融資を引き出してほしい。

資本調達コストが安い、という業界的な言い回しもあるが、つまるところ、安い金利で資金獲得ができるのなら、世界中のどの投資家よりも有利な武器（ポジティブ・レバレッジ）をすでに持っていることになる。

例えば、ある絶好の立地に出た不動産があったとして、海外投資家の場合はほぼキャッシュで手に入れる必要があるが、国内の融資を活用できるあなたなら、全てをキャッシュで賄う必要はない。価格が少し競り上がっても平気だろう。

または、国内にあって担保余力のある不動産を持っているとしよう。その担保余力を使って、政策金融公庫や特殊系民間銀行から海外不動産投資のためのローンを低金利で受けることもできる。

5

ファイナンスで創造したアルファは絶大な利益をもたらす

映画「驚異のリターン」を鑑賞してみての感想はいかがだろう?

今でも神楽坂の物件のケースで非常に有利な条件での融資が確定したときのことを鮮明に覚えている。銀行担当者から夕方仕事が終わる前に、電話で融資審査が通ったことを聞かされた僕は、心臓がバクバクしてハイな状態で興奮しすぎてしまい、早退してしまったほどだ。

それほど融資、つまりファイナンシングで苦労して獲得したアルファが生み出す利益というものは絶大な威力を持つ。

次ページにファイナンスで創造できるアルファについて創造リストとしてまとめておこう。

図表3-10 ファイナンスによるアルファ創造リスト

アルフファ創造リスト：ファイナンス編

Creating α 各要素	平均を超えた効果
■銀行を使い分ける ・金利は安いが審査の厳しい都市銀行 ・金利は高いが審査が通りやすい銀行 ・金利はやや安めで機動力のある地方銀行 ・成功している大家仲間からの紹介 ・借り換えや金利、返済期間を交渉する	■物件取得の機会 ・属性がよいか資産があれば、最も有利な融資が受けられる ・競争率の高い物件をスピーディに取得、あとで借り換えることも可能 ・意外と頼れる存在で自由度も高く融資してくれる ・より有利な融資が決まりやすい ・毎年のローン返済額が圧縮されCFAFが大きく改善する
■NOIを最大化する ・魅力的な物件をつくり空室率を下げ、プレミアム家賃を実現する ・火災地震保険を見直してOPEXを下げる ・賃貸管理会社を見直す ・テナントと交渉してOPEXを一部負担してもらう	■CFAFの最大化 ・収益の増加 ・OPEXで無意識的にかかるコストの削減 ・効果の高い賃貸管理パートナーと組んでNOIを最大化する ・水道光熱費やエレベーター保守点検費用の圧縮
■Valuationを最大化する ・NOIを高水準で安定させる ・耐用年数の長い鉄筋コンクリート造または鉄骨造を採用する ・Cap Rateが低い都心や大通り沿いの物件	■Valuationと融資に直結 ・NOIが高いと評価額が上がる ・長期での担保価値があり、純資産のバランスが整う ・高いValuationと流動性が生まれることで実際の売却価格が上がる
■資本効率に着目する。再投資、または複数投資してみる ・自己資金を少なくできるよう事業性を高くする ・3年から5年で資産入れ替えをする ・再投資をする ・開発リスクを取る ・保有物件と売却目的物件を組み合わせる	■IRR / Multipleが伸びる（資産が拡大するスピードがあがる） ・少ない元手で大きな勝負ができる ・キャピタル・ゲインからの資産拡大が狙える ・さらに大きな物件をレバレッジをかけてトライできる ・新築物件の開発は持ってよし売ってよしの物件になり得る ・守りと攻めのバランスを保ちながら資産を飛躍的に拡大

コラム4

インド人留学生からの教え。簡単な英語がわかれば世界中で不動産投資が可能

ハーバードでの留学生活がスタートして2ヶ月が過ぎ、米国生活の環境自体には慣れてきたものの、30代を過ぎて英語を勉強し始めて留学準備をした身としては、英語での授業やディスカッションには苦労をしていた。毎回の授業での学びは非常に濃厚なものなので、僕自身ノートを取ることで精一杯だった。基本的にGSDの授業はケース・スタディを事前に読み込んでおいたり、プロジェクトの準備をチームでしておいたりして授業にのぞみ、教授やゲスト講師と経営的な判断や開発のプランニングを議論する双方向のものだ。もちろん英語でのディスカッション、そしてプロジェクト・ミーティングとなる。正直、英語に自信がなかったことと、何かいい意見やスマートな解法を発言しなくてはいけないという気負いから、毎回の授業で全く発言せずに2ヶ月が過ぎてしまっていたのだ。

授業の後、仲良くなったインド人のクラスメイトと、日本の不動産投資とインドでの不動産投資環境について意見交換をしていた時だった。彼も留学生として米国に来てはいるが、その時に放った言葉が僕のマインドを完全に切り替えてくれた。

「マサ、君は日本でもすでに小さいながら不動産投資を実行していて、立派な起業家だ。みんながその経験を聞きたいと思っている」

「Language is just a language.（言語は、単なる言語にすぎない）、だから英語が間違っていようと意見があるんだったら発信すべきだ」

その日から、全ての授業でレクチャー中に最低2回は発言することを自分へのノルマと課した。もちろん完璧な英語ではないけれど、発言することを強制的に自身に課すことで、不動産投資やデザインの英語での専門用語の使い回しなども頭に叩き込み、実際に使ってみることで、絶対発言するという緊張感の中、徐々に自分の中での言語的なバリアが崩れていった。

そして、何より、マサは日本の建築家であり不動産投資家として経験もあり、意見も持っている、そして拙いながらも英語で、そのナレッジをクラスにシェアして議論を引っ張るヤツだという雰囲気がだんだんと広がっていった。授業以外でも得意の料理の腕を活かして、学生寮内では寿司レッスンを提供したりと、だんだんと自分のキャラクターを駆使してのネットワーキングができるようになっていった。

こうして英語での生活が板につき始めたころ、あらためて英語での不動産投資用語を眺めてみると、基本的な用語さえ押さえれば、実は非常にシンプルなものであることが分かった。国を問わず、時代を問わず、どこでも英語での基本的な不動産投資用語を理解し、伝えることができれば、自分のような拙い英語をしゃべるものでも十分通用することが判明したのだ。

米国ボストンでもBOE分析を活用してハーバード大学やMIT（マサチューセッツ工科大学）の近隣の物件に買いを入れたりもしたし、スリランカやコロンビアといった新興国でも、その国の出身者とともにBOE分析で投資機会を探ることもできるようになっていた。

日本でも不動産ファンド業界では、横文字が飛び交うことが多いと思う。そんな中で、ごく基本的な横文字投資用語を理解しておけば、ファンド・マネジャーや投資家との会話が成立することも知った。留学1年目と2年目の夏は、通常長期インターンを行うのだが、僕自身も米国系不動産ファンドの東京オフィスで3ヶ月の間インターンをさせていただいた。

この経験が糧となり、さらに不動産投資に磨きをかけることになるのだが、ここでも言語は至ってシンプル。BOE分析やプロ・フォルマの基本的な英語を理解すれば仕事は成立する。

高校生まで高知で過ごし日本から一歩も出たことがなく、土佐弁しかしゃべったことのなかった僕は、英語に対する漠然としたコンプレックスもあり、その壁を乗り越えることも留学目的のひとつだった。

だが、インド人のクラスメイトのおかげで、言語というものは、ただの言語にすぎず、やはり意見や経験を世界各国から来た多様な仲間とシェアすることこそが大切だという根本に気付かされた。そして行動してみたことで、自信を持つこともできた。

この世界の共通言語である不動産英語を駆使して、これからも世界中を訪れながら、様々な人たちと出会い、ユニークな地域や物件に投資を広げてみたい。僕のひとつの夢は世界196カ国にその国の魅力を体現する不動産を開発することだ。

不思議なことに不動産という息の長いプロジェクトを走らせてしまえば、その地域への理解が進み、そして本当に多くの現地パートナーと出会い、そしてドラマもある！　それが世界中でできれば相当な社会的インパクトを持つことになるし、何より不動産管理のために世界中の友人を回るのも楽しいものになるだろう。現段階で実現しているのはスリランカ、カンボジアでのリゾートホテル投資と住宅投資だが、さらに米国も可能性が見えつつある。読者の皆さんで、もし海外投資に熱を入れている方がいらしたら、ぜひこの196カ国投資の輪を一緒に広げていってほしい。

第4章

ハーバードで学んだ不動産チームの重要性(Team Building & Networking)

1 クリエイティブ大家になるための良いチームの組み方〜ワークフローマップ

さて、映画「驚異のリターン」を観て、実際に100物件のBOE分析もしてみた。あとは淡々と実行するのみ、と「あぐら」をかいてはいないだろうか？

ハーバード大学院の初日オリエンテーションで学長から発せられた強いメッセージ、「Networking, Networking, and Networking」が実際に魅力的な不動産を作り上げ、管理を行い、運営するために我々を鼓舞してくれる。

これは大家自身が設計や建設の管理、日々の賃貸付けや物件管理、そして建物メンテナンスを行うのではなく、あくまでプロデューサーとして指揮に集中するための鉄則だ。Networking、直訳すれば人脈形成だが、それを超えた意味がある。助け合ったり、知識を補完しあったり、切磋琢磨しあえる「真の仲間とのつながり」というチームビルディングに近い。不動産投資のディールを最初から最後まで共にする外注先のことをオペレーティング・パートナーという。

まずは、どんなオペレーティング・パートナーがいて、どのタイミングで協働するのかをざっくりと眺めていただきたい。

図表4-1　ワークフローとオペレーティング・パートナー

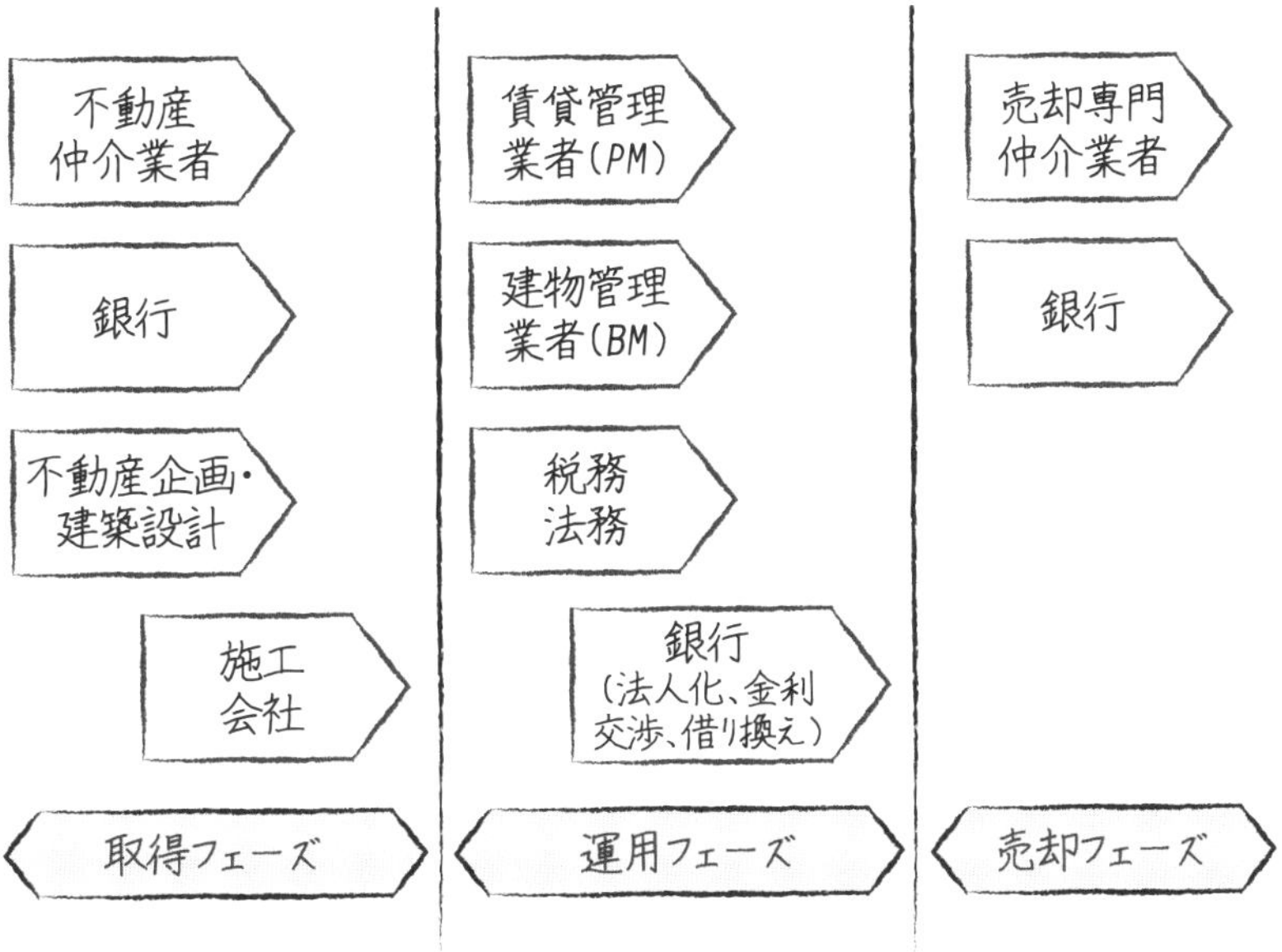

ハーバードの専門大学院が最も大事にする教育上の哲学に「分野横断的アプローチ」がある。デザインスクール、MBA、ロースクール、サイエンス、政策大学院などからの学生が寄り集まってひとつのチームを作り、課題やプロジェクトに挑戦する。それぞれの専門的な視点から分析を行い、相乗効果のあるアイデアを出し尽くし、素晴らしいアウトプットへと結晶化させる。

建築家でもあり洗練された不動産投資家でもあるビン・ワン教授がリードするプロジェクト型の授業では、ボストン港湾近くの倉庫跡地を買い取って、複合施設を再開発し、不動産投資を成功させるプランを描く。MBA生や不動産デザイン学科生はプロ・フォルマをささっと作成し事業性を検討し、建築デザイン系学生は豊かな生活のビジョンを形にする。

政策大学院の学生は都市政策の観点から公共施設や広場を導入して容積ボーナスをもらう（床面積を増やす）というバランス型開発を提案したり、テクノロジー系学生はアプリを使って街歩きを促し、施設に訪れる人数を増やすマーケティングをしたりする。これはあくまで、授業内でのチームワークの事例だが、大切なのはなんだろう？　それは、自分自身が全てをやるのではなく、チーム全体で成果を出すことだ。そして、もし自分が事業を、リスクを負って進める側だとすれば、こういう分野横断的アプローチができるチームを集めて、指揮することができることが何より重要だ。

この「分野横断的アプローチとチームワーク」は、不動産という総合格闘技のような投資事業においては、日本国内でも海外不動産マーケットでも、平均値を超えてリターンを生み出し、勝ち残るために非常に重要だ。

プロデューサー型大家に必要なパートナーとは？

まずは取得フェーズと運用フェーズ、そして売却フェーズでどんなオペレーティング・パートナーと動く必要があるのかを眺めてみて欲しい。それぞれの業種に、あなたが電話一本で連絡できて信頼のおける会社（人物）が即座に頭に浮かぶだろうか？

すでに不動産投資を行っている方なら具体的な担当者の顔が浮かぶと思う。これから不動産投資を始める方は、一旦不動産投資事業が動き始めれば、徐々に各業種のパートナーを獲得してゆき、あなただけのチームがだんだんと組成されてゆくが、まずは必要不可欠なチームメンバーがどういった顔ぶれなのかを把握してもらいたい。**やがて機動性も高く、電話一本でみんなが動いてくれる強いチームワークが生まれてくるだろう。**

そうすれば、あなたはプロデューサー型大家として、企画を考案し、的確な指示を与えるだけで不労所得が毎年入り、売却時には大きな売却益を得ることになる。結果的にチーム全員、それぞれの持ち場で報酬を受け取り、あなたの次の投資をさらに強力にサポートしてくれるだろう。

また、勤め人や家庭を持っている方の場合は、物件発掘から開発、運用まで目を光らせて時間を割くことが難しい場合がほとんどだろう。強力なオペレーティング・パートナーたちは時間のないあなたにこそ必要な存在で、あなたが日々の業務や家事に追われている最中でも、しっかりと投資物件づくりのプロセスを進めてくれる。

極端な例だが、僕が米国留学中はオペレーティング・パートナーが日本でしっかりと仕事を進めてくれて、オンラインミーティングに週一回参加することで、新築ビルの開発が完了したほどだ。

ではそれぞれのオペレーティング・パートナーの役割と組むときのコツを投資フェーズに合わせて詳しく見てみよう。

取得フェーズ（Acquisition Phase）

・不動産仲介業者（取得時）

まずは優良物件や土地の取得に欠かせないオペレーティング・パートナーだ。ここでは不動産投資用の物件取得に長けている不動産仲介業者を選ぶこと。自己使用の住宅売買に特化した、あるいは賃貸仲介のみに特化した不動産仲介業者だと、不動産投資家の望む動きをそもそもしてくれないので注意。インターネット上で物件を見つけた場合は、すでに不動産仲介が入っている場合もあるが、一般情報ならどんな仲介会社でも引き受け可能なので、必ずしも動きの悪い仲介会社を使う必要はない。いくつか質問をしてみて、あなたの望むチームメンバーなのかどうか、判断してみよう。

例えばこうだ。物件の想定される表面利回りはいくらか？　実質利回りはいくらか？　さらに突っ込んで実質収益（NOI）という言葉に反応してくれる業者は、不動産投資家の言葉を理解する優れたプレーヤーだ。

次に踏み込んで融資目線を聞いてみる。なぜかというと、融資を活用した場合、ローン特約前提で買い付けを入れるためだ。ローン特約とは融資審査が通らなかった場合、契約を白紙に戻せる特約で、もちろん手付金もそのまま帰ってくる。このローン特約条件を売主としっかりと握れるのが我々の理想とする不動産仲介業者だ。

・銀行（取得時）

ファイナンスの極意でも学んだ通り、最も大切にすべきオペレーティング・パートナーのひとり。銀行の開拓方法は先述した通りだが、ここで大切なのは、金利交渉を最初から強烈にしないということだ。金利が2%を切ってくれれば30年元利均等返済などの超長期借入の場合、ローン後キャッシュフローの取り分はそれほど悪い数字ではない。1%を切ってくれるのは2回目からの取引や、よっぽどの資産家の場合だし、そもそも、金利1・5%を切り始めると、金利コストの圧縮幅がかなり緩やかになる。銀行担当者のモチベーションを削がないためにも、まずはある程度の金利で取引をスタートさせ、返済が徐々に進んだ段階で金利交渉していこう。超長期の関係になる銀行だからこそ、短期的な利益を追求して、あなただけが勝つ関係はご法度だ。

・不動産企画・建築設計事務所

平均を超える実質収益（NOI）を生み出すデザインの第2章で、このパートナーとの企画が非常に重要だということを学んでもらった。設計と施工が一体となったパッケージ商品を提案してくる会社ではなく、不動産企画の上手な設計事務所を選ぶべきだろう。パッケージ商品では差別化は図れないし、限界までNOIを高める知恵を絞り出しての特殊な設計もしてくれないのだ。この不動産デザインとも言うべきプランニングが、NOIの伸び代を大いに左右する。ぜひとも大切にして欲しいパートナーだ。一見、設計事務所や不動産企画コンサルタントに費用を払うのはダブルコストに見えるかもしれないが、今我々が取り組んでいるのは「驚異のリターン」をあげる不動産投資だし、建物は一旦出来てしまえば、少なくともその後のキャッシュフローを22年から47年、あるいはさらに長期で左右するものだ。メンバーを選定するコツは、楽しく一緒に不動産企画を考えられそうか、NOIに対する意識があるか、そして不動産投資家と働いたことがあるか、を実例を交えながらヒアリングしてみることだ。

・施工会社

施工会社は紛れもなく、不動産投資で投入する大半の資金が流れ込む先となるため、少なくとも常に3社程度は相見積もりが取れる関係が構築できている会社を、あなたの連絡先リストに入れておこう。成功している大家からの紹介が最も有用な情報だが、もちろん自分で直接情報を当たってもいい。銀行から紹介してもらうという手もある。

ポイントは施工会社の過去の実績、そして特殊な設計に対して粘り強く付き合ってくれる姿勢があるかどうか、さらに財務体質が健全かどうかだ。取得時に銀行へ見積もりを提出するために相見積もりを取るが、ここで一番安い施工会社の数字を採用するのではなく、2番目に安い会社の見積もりを採用しておこう。あとで施工費が最安値から膨らんだとしても銀行は追加予算を絶対に認めてくれないからだ。そして安かろう悪かろうの建物をあなたも賢明な投資家として創りたくはないはずだ。

注意が必要なのは、不況時や、施工費用が足下で上がっている時世では、施工会社自体が倒産したり、下請け会社が倒産したりする可能性があることだ。コスト体質がスリムな施工会社は効率的なコスト配分で非常にいい仕事をしてくれるが、反面、万が一にも、この倒産の可能性がないでもない。2016年から2018年にかけては坪単価80万円という安さで施工を受注していたいくつかの建設会社がアベノミクスとオリンピック特需による人件費、資材費高騰に耐えられなくなり、途中で倒産した。ここでの対処法は、まさにあなたの電話リストにある、その工事をカバーしてくれる別の、柔軟な施工会社だ。僕の開発物件も施工会社が途中で倒産し、路頭に迷うところだったが、大家仲間がメンターになってくれたことと、他の建設会社との関係構築を行っていたおかげで、何とか残工事を引き継いでもらい完成させることができた。

運用フェーズ（Asset Management Phase）

・賃貸管理業者（Property Management）

賃貸管理会社は銀行と同じく、かなり長らくの期間お世話になるオペレーティング・パートナーだ。なので、これこそ、大家仲間からの情報収集を駆使して、成功している大家仲間の管理会社を紹介してもらうのが得策。ただし、エリアによっては地元で強い賃貸管理会社もあるため、エリア内の駅前不動産会社に飛び込むのも悪くない。パートナーを選ぶポイントは人材の入れ替わりが少ない会社、賃貸付けの強い会社、そして入居人審査に比較的厳し目であたる仲介会社だ。そして、最も重要なのはマンスリーレポートといって、大家に賃貸経営状況が一目でわかる様にまとめられた月一回のレポートを出してくれることだ。家賃の収益、経費、建物メンテナンス費用、法定点検などが全て掲載されており、経費を差っ引いて真水の純収益がいくら振り込まれるかを示している。これさえあれば、あなたは月に一度そのレポートに目を通し、確定申告時にはそのマンスリーレポートをまとめて税理士に提出するだけだ。管理の手間が格段に違ってくる。そしてお気づきの読者も多いかと思うが、このマンスリーレポートが示すものはBOE分析の月単位であり、実質収益（NOI）を求める近道だ。

また、賃貸管理会社もしくは銀行が物件取得時に火災地震保険を提案してくることがよくある。この火災地震保険については、同じ条件にもかかわらず、通す代理店を替えるだけで大幅なコスト圧縮につながる。もし複数物件を持つのなら、中長期的な関係を代理店とも築いて、割引率をめいっぱい適用してもらう代わりに、継続的な契約を渡してあげよう。

・建物管理業者（Building Management）

建物管理は優秀な不動産賃貸管理会社に任せておけば、その会社が同時に取りまとめて引き受けてくれるケースが多い。ここは建物のメンテナンスや管理会社との長期的な取引を継続することで、建物運営経費の効率的な圧縮も可能になる可能性が大いにあるファクターだ。いわゆる事業運営経費（OPEX）の効率的な圧縮と安定的なメンテナンスができれば、必然と自身の取り分も増える。ぜひ、建物管理の各業種と長期的で良好な関係を築き、お互いに無理のない形で効率的に圧縮しよう。

建物清掃やエレベーターの保守点検、消防点検、設備点検、外壁塗装や雨漏り対策など、建物にまつわるメンテナンスはいろいろとある。たとえば、僕の場合、エレベーターは、すべての物件で三菱エレベーターの保守点検を採用し、長期的な関係を築いてきている。施工段階でのエレベーターの価格圧縮も可能だし、保守点検についても安心で最高のサービスを受けながら、効率的にメンテナンス・コストの圧縮を図っている。お互いウィン・ウィンなのだ。

・税務法務（新築開発時は取得時も）

不動産にまつわる税務は非常に多岐にわたる。そして、この税務コントロール如何によっては税引き後の手取りに雲泥の差が現れる。取得税、個人もしくは法人所得税、減価償却、固定資産税・都市計画税、時に消費税、売却益にかかる分離課税など様々な種類の税を納めなければならないが、しっかりとした方法での圧縮も可能だ。

すべての税務をご自身で勉強いただく必要はここでも全くなく、むしろ組むべき税理士事務所は不動産特化型の税理士事務所だ。ここでも後に紹介する大家仲間との連携により、ぜひ、最良のパートナーを見つけてほしい。もちろん不動産特化型の税理士事務所はインターネット上で検索してもすぐに見つかるので、ご自身で直接依頼をかけても問題ない。

その際のポイントはプロデューサー型大家になるために、電話一本もしくはメール一通ですべてを完結させてくれる税理士事務所を選ぶことだ。賃貸管理会社からのマンスリーレポートを転送するだけで税務を完結してくれる事務所が理想だ。ここで業務効率を上げておくことで、あなたが旅行中でも、どこにいても、滞りなく税務が完了する態勢が築ける。

・銀行（法人化、金利交渉、借り換え）

最も長い関係になる銀行とは物件が安定稼働し始め、返済が無事にスタートした段階からも関係構築をぜひ続けてゆこう。まずは最低でも1年間ほど返済を進めながら、関係を築きつつ、次のような可能性も考えていく。所有物件が複数にまたがり家賃収入が増えたことで、所得税率が上がりそうであれば、法人化を行う。他行での融資を借り換えることを条件に金利交渉をしてみる。

特に、借り換えの場合は融資を手放す側の銀行からペナルティが発生する場合があるので、融資付けを新たに行ってくれる銀行には、ペナルティ分の積み増し融資も同時にお願いすることで資金流出を防ぎつつ、金利を大幅に下げることもできる。

僕の場合も借り換えにより500万円近くのペナルティが発生したものの、その500万円分を借り換え先の銀行に積み増し融資してもらい、結果的に3・5％の金利から0・975％への大幅な金利値下げが叶った。

また、長期的にウィン・ウィンとなる銀行との関係が築けてくれれば、資産拡大のための相談が格段にしやすくなる。返済を進めてゆき、しっかりと純資産評価分を確保してゆくことで、ご自身のポートフォリオでの担保余力が増し、あらたな借り入れが起こしやすくなる。本当の意味でのメインバンクという存在は非常に心強い。審査スピードや柔軟性もあげてくれるし、様々な解決方法も提示してくれる不動産投資ゲームにおける伴走者だ。

売却フェーズ（Exit Phase）

・不動産仲介業者

売却まで行って初めて驚異のリターンが確保できることは、プロ・フォルマで学んでいただいた通りだ。だが、いざ売却をするタイミングでこの関係構築を始めると1年から2年ほど理想的な売却までは時間を要してしまう。

重要なのは、日頃から売却に強い不動産会社との連携を行い、ご自身の物件の市場価格をウォッチし続けることだ。ただし、注意点はあくまで売却情報を公開しないことだ。公開されてしまっている情報は極端に交渉力が落ちてしまうし、情報の鮮度も落ちてしまうことで、次の投資家の触手がのびにくい。結果的に半年や1年など情報がインターネット上に晒されているにもかかわらず売却が決まらないという事態がおきる。

また、売却は不動産仲介会社にとっても儲けどころなのだが、一般的に公開されてしまった物件を仲介すると、片方からの手数料のみとなり、モチベーションが下がってしまうのだ。ではどんな売買特化型の不動産仲介業者と組むべきか？　ここは、資産家の顧客プールを沢山もっている銀行系や証券系不動産会社や、財閥系不動産会社、富裕層特化型の仲介会社に任せるべきだ。

もしメインバンクが都市銀行か準都市銀行なら、不動産部が必ずあるし、行内のお客さんに紹介可能なので、真っ先に相談すべき相手だ。同時に富裕層の顧客やプロの顧客を抱える財閥系不動産会社にも相談する。

ポイントは3社程度への売却依頼にとどめておき、情報の秘匿性を確保したうえで、自分の物件の売却相場を知ることだ。

そして、しっかりと売却までのスケジュール感をもち、あせらず、売る時はさっと売る！

そして気持ちよく手数料を支払ってあげよう。一度売却を行えば、売却特化型の不動産仲介パートナーからの、あなたへの信頼も増し、次の素晴らしい土地情報も入ってきたりする。まさにウィン・ウィンの関係が構築できる。

2

大家仲間は最強のメンターであり情報ソースだ！

実は組むべきオペレーティング・パートナーを見つけるうえで、何をおいても真っ先に頼りになるのは大家仲間だ。至極当然ではあるが、成功しているメガ大家仲間は常に、このオペレーティング・パートナー探しをトライアンドエラーで行ってきている。ゆえに、**答えを知っている、あなたの最強のメンターでもあり、純度の高い情報ソースでもある。**

さらに、不動産投資の過程で遭遇する様々なトラブルや困難にも、具体的だったり、精神的だったりの対処方法をそっと教えてくれる。もちろん情報を大家仲間からもらうだけでは、テイク（相手からもらう）だけの関係になってしまい、当然だが大家仲間とのいい関係が築けない。

具体例を出そう。僕がメガ大家から、銀行をご紹介いただき、最高の融資を受けたことは先に書いた通りだが、そのおかげで、新築を専門とするメガ大家の方々と情報交換させていただける仲となった。時々集まっては、おすすめのお店を予約しあい、それぞれの最近に開発した物件見学会とともに情報交換をしつつ、有益で純度の非常に高い情報を交換する。特に成功している大家さんほど、クイックにメールや電話連絡が返ってくる。これは Do Your Homework 精神が皆自然と染みついており、日々実行しているからこそ、メガ大家になれたからだろう。

では、メガ大家とはどこで仲良くなればよいだろうか？　それはセミナーでもよいし、メガ大家が出版する書籍やブログ、コラムでの発信をキャッチし、直接コンタクトを取ってみるのもよい。時にはメガ大家が主催する物件見学会もあるので、ぜひ参加してみて欲しい。

また東京や関東近郊、関西圏に限らず、地元の不動産勉強会もいくつかあるだろう。ぜひ参加して、登壇者（大抵は不動産成功者）に勉強会後にコンタクトしてみて欲しい。

またカジュアルな2次会などがある場合も多いので、しっかりと参加して、3次会、4次会があれば、先行投資と思って、とことんお付き合いしてみるのも手だ。僕がまだ大家として駆け出しのころ、4次会までついて行くと、メガ大家が5人もいる会へと、参加メンバーがふるいにかけられていて、僕のしつこさに根負けしたメガ大家の1人が、銀行を紹介してくれたことは先述した。

今思えば、あの時の4次会のメガ大家大先輩の方々には感謝してもしきれない。この『ハーバード式不動産投資術』の読者の方々で、良質な大家ネットワークをつくりたいと思ってくださっている方は、ぜひ、さまざまな不動産投資勉強会に参加してもらえればと思う。もちろん僕の主催する勉強会や物件見学会でも構わない。求める答えに、一気に近づくはずだ。BOE分析をひたすら行う会も開催している。そして、何より成功している大家仲間との交流は楽しく、刺激あるものだ。

3 チームのパートナーを大切にしてこそ高いリターンを実現できる

連絡は最優先する

まず、あなたが一流の不動産プロデューサーとして、真っ先に守らなくてはならないこと、それはオペレーティング・パートナーへの連絡を最優先にすることだ。連絡のレスポンスが早いということは、それだけあなたが本気で不動産投資に取り組んでいる証だし、相手にも伝わり、他の不動産投資家を優先するのではなく、あなたの要望を最優先にしてくれる。

今はスマートフォンでどこでもメールがチェックできるし、判断が必要なら簡単なメッセージで即座に返答することができる。そして相場家賃を調べたり、図面をチェックしたり、銀行への必要提出書類をPDFでさっと送ることもできる。

僕が米国留学中はオンラインで開発現場のチームと打ち合わせをして、建物の施工や管理を進めることもできたほどだ。連絡を最優先にする不動産投資家には、常にいい物件情報がまわってくるし、銀行担当者の態度も違ってくる。そして設計や施工を請け負う会社もあなたへの提案を最優先にしてくれる。不動産管理会社も頻繁にあなたからのメールや電話があれば、あなたの物件の賃貸付けに熱を入れるだろう。ちなみにメガ大家仲間のメール返信速度は非常に速い。そして必ずといっていいほど電話にはその場で出てくれるか、1時間以内にコールバックがある。丁寧な内容である必要はなく、要点を端的に伝えるメッセージで十分だ。連絡を最優先するだけで、チームの動きが加速され、平均的な物件ではなくアルファを創造できる物件が向こうからやってくる。

気持ちよく支払う

次にチームを動かす原動力となるもの、それは支払いだ。動いてくれるチームメンバーへの支払いは即座にしてあげよう。各業者が資金回収にかけなくてはならない労力は大変なものなので、この心配が、あなたとの取引ではまったくないとわかれば、気持ちよくスピーディに動いてくれる。特に、仲介手数料は理由のない値切りは絶対にしないほうがいい。銀行金利に対しても同様だ。まずはチームみんなが報われる、最高のディールを一回転させてから、わがままを時に聞いてもらおう。あなたが気持ちよく払ってくれる人だということが周囲に伝われば、それだけ様々な業者が、あなたにいい提案を持ってきてくれる。

中長期的な関係を構築する

不動産投資を続けていると、必ずといっていいほど、一時的な資金の不足や、プロジェクトの遅延、またはなかなか購入できないことなど、様々な困難にぶつかる。その時に助けてくれるのは、あなたがネットワークを駆使して創り上げたオペレーティング・パートナーだ。この時に無理を聞いてくれるかどうかは、中長期的な視点で各パートナーたちと接してきたかどうかにかかっている。このマイナスを埋める作業というのは、非常に精神的に辛いものだが、仲間がいることで、様々な解決方法を一緒に考えてくれる。投資においては、このようにマイナスになる事態が発生する時に、いかにマイナスを最小限に食い止められるかというリスクコントロール自体もアルファを生むきっかけになる。この苦しい時に、オペレーティング・パートナーと関係を維持しながらも生き残れば、次の投資では必ず大きなリターンが生まれる。僕のケースでは、神楽坂の物件で助けてくれた建設会社と、次の物件はスムーズに、かつ低コストで開発することができたし、今でもその時の現場所長には助けてもらっている。

程よい緊張感のあるリスペクトに満ちたチーム

しっかりと動いてくれるオペレーティング・パートナーへは常に一個人として尊敬の念を持ちつ

つ、ビジネス・パートナーとしてのフェアな態度、そして相手が甘えすぎてこないようにプレッシャーをかけることが大切だ。この3つのバランスは日頃の仕事でも重要なことだと思うし、本当の意味での、中長期で付き合える程よい緊張感のある、素晴らしい仕事ができる。

程よいプレッシャーをかけるために必要なこと、それはオペレーティング・パートナーの競合も、しっかりと別の発注先オプションとして持っておくことだ。

ただし、むやみにコンペ（価格競争）はさせないこと。設計事務所や、施工会社や不動産管理会社、銀行、火災保険などは、特にこちらが選択肢を持つことで、適切なプレッシャーをかけつつ、よい関係性が生まれる。

大家仲間にも信頼できるパートナーを紹介してあげる

もしあなたが、非常にいいオペレーティング・パートナーを持っているとしたら、迷わず他の大家仲間にも紹介してあげよう。間違いなくウィン・ウィンの利益創造ができるし、オペレーティング・パートナーのあなたに対する信頼も厚くなる。発注先がしっかりと良いビジネスの基盤を築いてくれれば、あなたの、多少難しい注文も喜んで聞いてくれるようになる。

4

組むべき相手によって生み出せるアルファが変わる

ここではわかりやすく組むべきオペレーティング・パートナーと、そうではないNGパートナーの見分け方について、経験も踏まえて表にしてみたい。

また、最も重要なのは、これらのオペレーティング・パートナーたちと、平均を超えるリターンを生み出すために、どういったアルファが創造できるかだ。ぜひチェックリストとして使ってもらいながら、自身の地域や取引を通じて出会うオペレーティング・パートナーを判断してもらいたい。

図表4-2　組むべき相手によるアルファ創造リスト

アルファ創造リスト：チーム・ビルディング＆ネットワーキング編

Creating α 各要素	平均を超えた効果
■組むべき相手 ・レスポンスが早い ・成功している大家仲間からの紹介 ・相見積もりを取って適正価格を知る ・不動産投資の共通言語を理解してくれる	■アルファを生み出せるチームの誕生 ・いい投資機会を見つけてくれる ・大家仲間からの紹介でクオリティの高い仕事をしてくれる ・適正な価格で動いてくれる ・一緒にゴールを目指せる
■関係を構築する ・新築プロデュースの得意な建築企画会社を雇う ・中長期の関係を構築する ・Win－Win ・連絡と支払いは最優先	■リターンを最大化できる ・床面積の最大化や高いデザイン企画が可能となりNOIが最大化される ・電話一本で答えが出る ・長期での全員のリターンの最大化 ・とにかく、あなたを優先してくれる
■尊敬とプレッシャー ・助け合える関係をつくる ・甘えさせすぎず、ほどよい緊張感を持たせる ・相見積もりを取る	■持続的に結果をだせるチーム ・ときには価格交渉で無理がきく ・馴れ合いの価格提案ではなくなる ・適正価格と長い関係が保て総開発費用（TDC）が圧縮できる
■設計事務所、CM会社、施工会社 ・設計コストを払っても付加価値を生む ・建設会社の実績と経営基盤をチェックする ・2番目に安い建設会社を選ぶ ・コンストラクション・マネジメント（CM）会社を雇う ・特命で継続発注する	■プロにしか生み出せないアルファが出てくる ・NOIの最大化、TDCの圧縮 ・建設リスクの最小化 ・追加コストに備える ・効率の良い施工費用の投下 ・お得意様割り引きが受けられる場合がある

5 建築家、不動産企画コンサルタントとのコラボから生まれる付加価値

僕自身、建築家であり大家であるため、両方の観点から不動産投資事業を行っているのだが、このバランスが非常に難しい。建築家としては材料や空間にこだわり、豊かな建物を作りたい。一方で不動産投資家としてはコストを切り詰めて、家賃を生んでくれる床面積を最大限に確保したい。ではどこでバランスをとっているのかと、よく質問される。

答えは、建築家としてのデザインや平面計画が実質収益（NOI）を増やしてくれるアイデアであれば、コストをかけてでも実現させる。

逆に、効果が薄くデザイナーの独りよがりになりそうなアイデアは削ぎ落としてゆく。このバランスを提案できる建築家は非常に少ないのだが、そういった不動産投資家にアルファをもたらしてくれる提案をしてくれる企画者のことを不動産企画コンサルタントと言ったりもする。

米国の例で有名なのは第1章でもお話しした、建築家デベロッパー型のプレイヤーがその一角だが、超有名建築家の場合でも各種コンサルタント機能を備えていたりするのは興味深い。ニューヨークの8 Spruce Streetという超高層レジデンスは世界的に有名なフランク・ゲーリーという自

由な造形美を誇るいかにもコストがかかりそうな建築家によりデザインされている。

しかし、ゲーリー事務所の施工管理コンサルタント部門が効率のよい、建築資材調達方法などを考案し、結果的に中庸な設計施工会社に頼んだ場合と同じコストで出来上がってしまった。もちろん設計料はしっかりと巨匠価格を支払う必要はあるが、結果、ゲーリーのデザインによる分譲住宅を買いたい世界中のセレブにうけて、非常に高いリターンをあげたのだ。

この建築家の起用を勇気を持って行ったのはフォレスト・シティというクリエイティブ系不動産ファンドだ。金融的なリターンを最大化するための最良の手法が、巨匠建築家に多くの設計料を支払い、そしてより付加価値の付いたプレミアム価格での分譲を可能にすることだったという象徴的な投資ストーリーだ。

そして、日本においては、不動産投資家と物件開発を行っている設計事務所であれば、実質収益（NOI）を上げてくれる提案をして欲しいと依頼すれば、いくつかの不動産企画を作成してくれる。

もちろん、不動産投資を自ら行っている設計事務所も稀なケースだがある。僕の場合も自分である程度の設計はしてしまうものの、詳細な設計や行政への申請業務、日々の現場監理業務はパートナー設計事務所に投げてしまうこともある。ここで、みなさんのようにプロデューサー型大家を目指す方に重要なのは、あまり浮気をしない、ということだ。

ただし、ベストパートナーを選ぶまでは慎重に選んでほしい。土地選定から銀行への資料作成、そして実際の設計業務へと流れてゆくが、銀行融資がめでたく獲得できて、土地取得が完了するまでは、なかなか設計料を支払えないものだ。この場面で忍耐強くお付き合いしてくれる、一緒にアルファを生み出すプランニングをしてくれる設計事務所は非常に貴重な存在だ。

実質収益（NOI）を飛躍的に上げてくれる住戸区分けプランを作成してくれたり、容積ボーナスを獲得して床面積を最大化してくれたり、さらに、建設費用の効率的な投入方法を考案し耐用年数の長い鉄筋コンクリート造の建物を設計してくれたりする。

あるいはデザインの工夫や設備の調達の工夫で、同じ予算でも素晴らしいクオリティの建物を計画してくれる。特に同じ投資金額でも居住性を向上させてくれたり、付加価値によりプレミアムレント（割増賃貸料）を生み出してくれる設計手法と施工管理方法をバリュー・エンジニアリングと言ったりする。

190ページの図表4－3を見てもらいたい。投入する投資コスト（Improvement Cost）に対して、生み出す付加価値が大きくなれば、平均値を超えてのアルファが創造できる。

つまるところ、ベスト・パートナーを見つけることができれば、プロデューサー型大家として、計画の過程を設計事務所と一緒に楽しみながら、不労所得と不動産価値を最大化したプランニングができるのである。ひとつの解としては、この書籍をご自身が選んできた設計事務所に見せて、反応を見てみる。書かれていることを理解する設計事務所なら、あなたのベスト・パートナーになりうる素質があるだろう。

図表4-3　インプルーブメント（価値向上）コスト

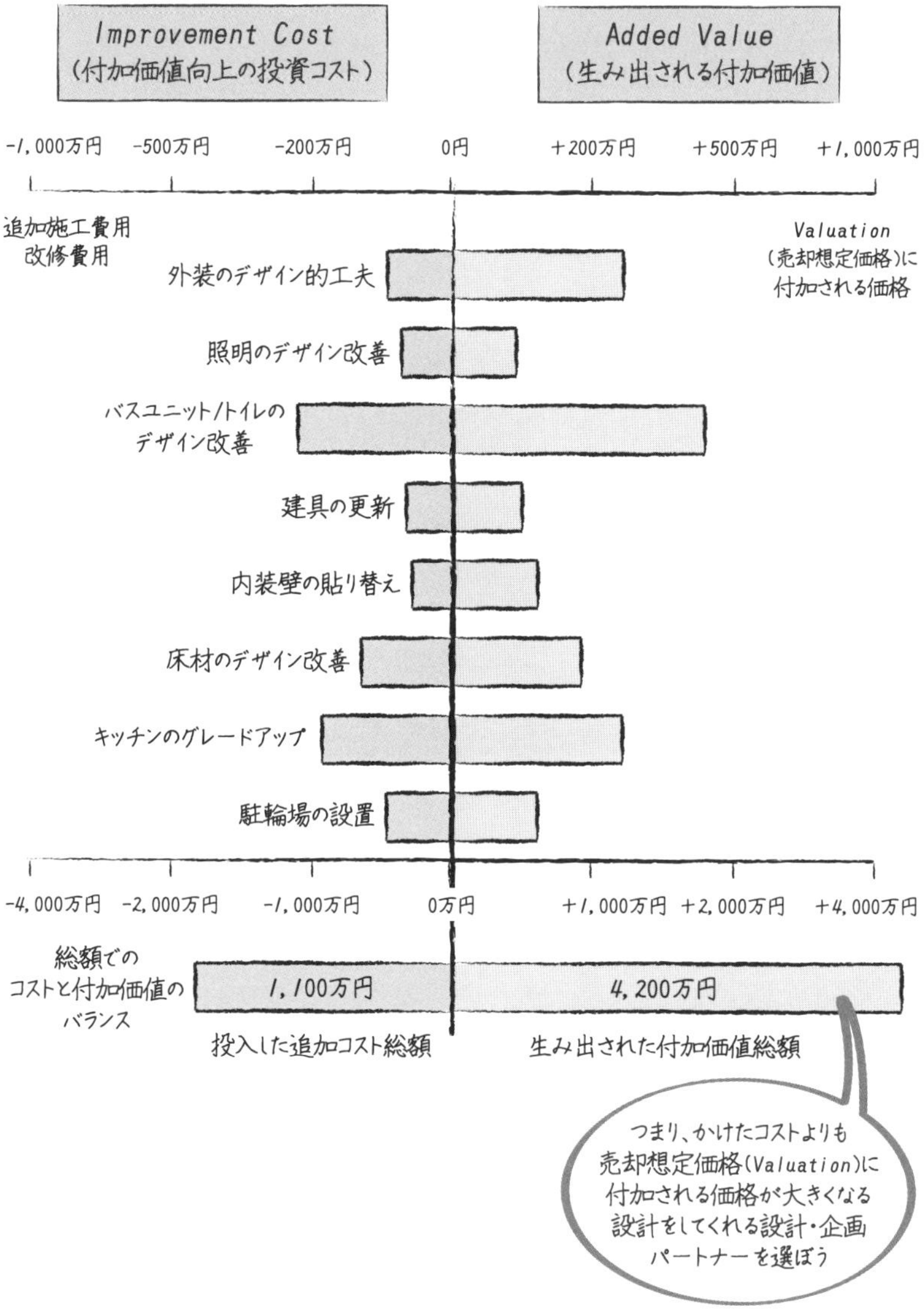

6 いい建物を作ってくれる建設会社を選定する

最低でも3社から見積もりをとる

まずは程よいプレッシャーとリスペクトのバランスを保ちつつ、最低でも3社からの見積もりをとろう。新築でも、内装改修でもコンバージョンや修繕でも同様だ。1社は自分で見つけてきた地元の業者、もう1社は広告などでよく目にする大手、そして3社目は大家仲間からなどの紹介がよいだろう。各社とも企業規模も異なれば、コストに対する意識も違い、また許容できる施工リスクも違ってくる。営業マンがしっかりといる大手などは、着実に仕事を進めてくれるが、営業コストが乗っかっていることと、建設リスクなどに対するコストが上乗せされているので、高くなりがちだが、安定はしている。

地元の業者はコスト圧縮が利く分、建設遅延や施工クオリティに関しては未知数なところもある。大家仲間からの紹介は施工会社自体が投資物件に慣れていることもあり、こちらの意図を汲んでくれやすい。また、設計事務所からの紹介なら、設計のクオリティを予算内で担保してくれるので、投下資本に対するコスパがよい。注意が必要なのは、盲目的に他人から紹介される建設会社一社のみを信用することだ。特に安い価格で無理やり受注を獲得しにこようとする建設会社には、注意してほしい。着手金を手に入れてドロンする場合もあれば、途中で建設資金が底を突いてしまい、下請け業者への支払いもままならず、現場が施工途中で放棄される可能性もある。ここでもぜひ、自分の足で建設会社を訪れ、目で実績を見て、そして周囲の大家仲間の情報網を駆使するという段階を踏んでから判断してほしい。つまり Do Your Homework だ。

コンストラクション・マネジメントができるコンサルタント、もしくは設計事務所を雇う

ひとつの近道は、適切な施工会社の選定、施工会社の見積もりを管理し、建設クオリティをコントロールしてくれるコンサルタントや設計事務所を雇ってしまうことだ。自身がよほど建築や施工に詳しくない限り、自分の時間的コストを考えれば、プロを雇い建設費用と質をしっかりとコントロールしてもらうことに尽きる。一見、コンサルや設計事務所へ支払うフィー自体がコスト負担にも見えるが、結果的にクオリティの高い建物が同じコストか、それ以下で出来る場合が多い。

値切りすぎない。予算には余裕を持たせる

不動産投資は投資総額のコントロールでもある。あなたの物件の価値を上げてくれる可能性のある建設費用や設計コストを最低価格の業者に合わせすぎると、平均値を超える高い家賃を実現したり、売却時に素晴らしい価格で評価してくれる機会を失うことになる。

また特に、銀行に提出する投資事業計画書（プロ・フォルマ）では、建設コストを値切って安く見積もりすぎた想定を出してしまったばっかりに、途中で建設コストが膨らんだり、遅延した時に追加融資も出ずに苦労することになる。ここは僕も過去に失敗経験があり、補填に奔走した。値切りすぎず、安すぎず、少し余裕のある予算提示をしてくれる建設会社の数字を採用しよう。

新築開発が好きなあるメガ大家の言葉も紹介しておこう。建設会社は「生かしすぎず殺さず」だそうだ。建設会社にあまりにも儲けさせすぎず、ただしコスト安で締めつけすぎずという、程よい施工費用が持続的な関係ということだ。

難しい施工現場でもリスクをともに背負って施工してくれる会社にする

ある一社に特命での継続発注をしてみることで、非常に難しい現場でも建設リスクを背負って素晴らしい建築を施工してくれる場合が多い。僕の神田紺屋町の物件は外壁から境界までの距離がわ

ずか15㎝しかなかったし、地下掘削も非常に大変なものだったのだが、特命で同じ建設会社に発注したところ、様々な工夫をしてくれて見事に完成させてくれた。

境界ギリギリまで建てることができれば、当然非常に効率的で広々とした内部空間がつくれる。つまり賃料を生んでくれる床面積を極限まで最大化してくれる。必然的に家賃も高く取れ、実質収益（NOI）が上がり、不労所得が増えるし、もちろんバリュエーション（不動産評価額）も上がる。こういった様に通常の大家ができない領域に、難しい設計や施工を行ってくれるパートナーと一致団結して踏み込むことで、大きなアルファが創造できる。

7 不動産投資のチームワークとバリューチェーンが好循環をもたらす

ここまで見てきたように、素晴らしいネットワークとチームは、不動産投資で勝ち抜くための、あなただけの重要な財産だ。不動産自体や資金自体が財産であることに疑う余地はまったくないが、チームさえいれば、生み出せるアルファの幅が格段に広がることは見ていただいた通りだ。

あなたが行う何千万円、何億円の経済活動である不動産投資により、チームみんなの仕事が作れ、そしていい仕事が積み上がり、いい建物ができ、その先には、またいい投資リターンとなって、あなたに返ってくる。このように不動産ほどバリューチェーンが長く、大きい産業も少ないだろう。

あなたがプロデュースする不動産投資が何百人という人たちの仕事に影響し、そして住む人、使う人、街並みに至るまで長年にわたって影響し続けるのである。

このバリューチェーンの循環がポジティブであればあるほど、さらに大きな好循環が経済的にも、そして社会的にもぐるぐる回る。ぜひ、そんな好循環を創り出す最初のモメンタム（初動の勢い）を回し始めてほしい。

山あり谷ありの不動産投資事業を通じて、様々な人間模様にも出会い、そして憤りや感動など

図表4-4　バリューチェーンが好循環をもたらす

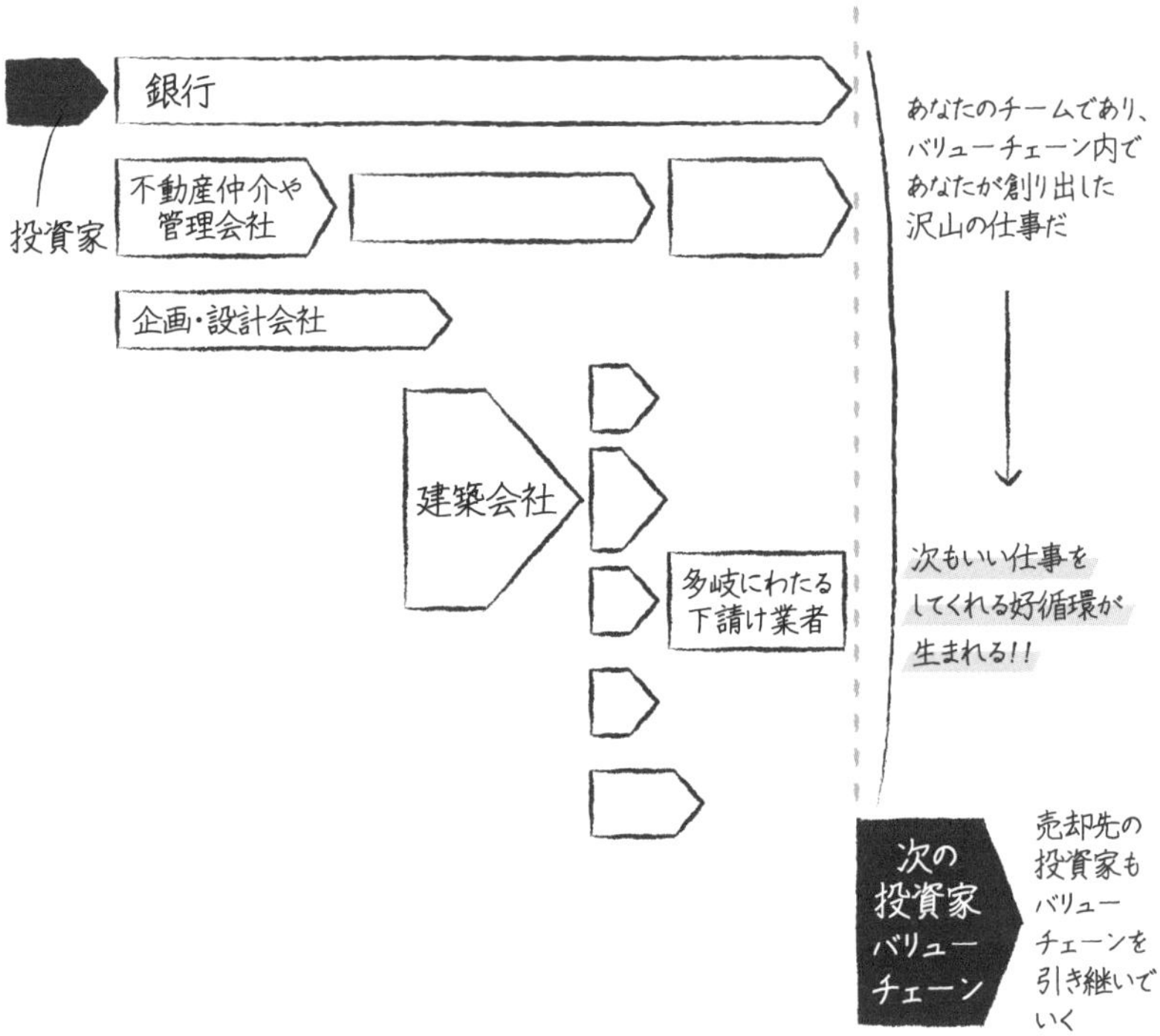

様々なドラマが待ち受けている。

しかし、一度雪だるまがモメンタムを持って回り始めたら、あとは、徐々に大きくなりながら自動運転で、よい方向へと進み続ける。まるで人的ネットワークと物件という2つの資産が雪だるまのように、どんどんと大きくなるようだ。

コラム5

世界的な不動産ファンドは、何をやっているのか？

我々個人大家さんと、世界的に活躍する不動産ファンドが行っている投資には何か違いがあるのだろうか？　あなたの個人大家としての戦略を次のステージへと持ってゆくには、どうすればよいのだろうか？　そんな疑問にもハーバード不動産ファンドの授業やケース・スタディ、またはインターンからの生の体験はヒントをくれる。

ブラックストーン、モルガン・スタンレー、ゴールドマン・サックス、KKRなどの大手金融系不動産ファンドの名前を耳にしたことのある方も多いのではないだろうか？　そしてブティック型といわれる、少数精鋭ながらエッジの利いた投資戦略を展開するファームもある。ゴー・キャピタル、フェニックス・プロパティやアンジェロ・ゴードン、そしてオーク・ツリーといった面々だ。

個人不動産投資家とこういった不動産ファンドの違いは、自分のお金を使って期間を決めずに不動産投資をしているのか、他人のお金を集めて期間を決めて投資をし、期待されるリターンを上げているのかにある。

不動産ファンド各社、それぞれのリターン目標（IRRやMultiple）があり、運用期間も違う。そしてファンドの資産運用サイズに関しては100億円程度のものもあれば、6000億円にのぼ

図表4-5　不動産ファンド各社の運用方針

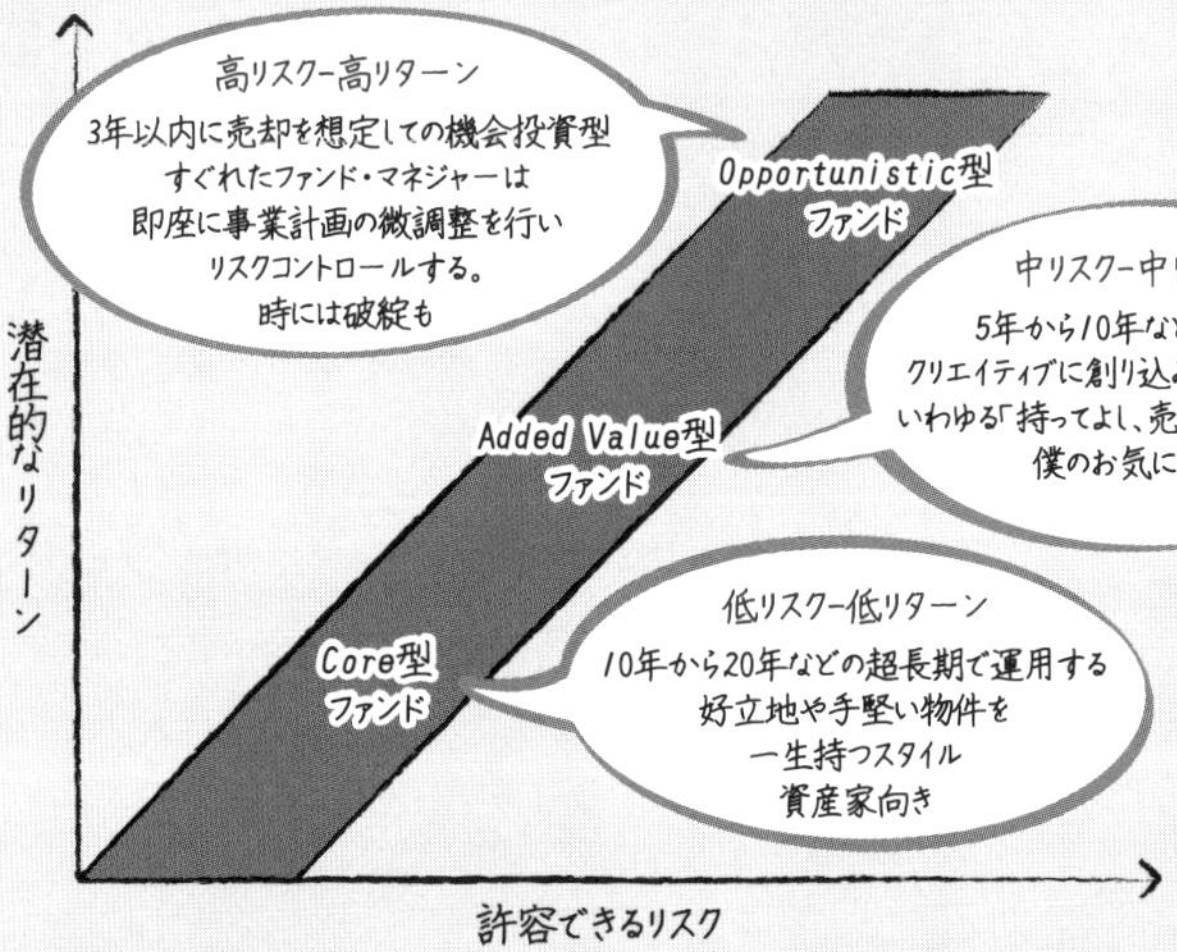
5年から10年などで物件を
クリエイティブに創り込みリターンを出す
いわゆる「持ってよし、売ってよし」のスタイル
僕のお気に入りだ

るものまである。それぞれのファンドの運用戦略を大きく分けると次の3つだ。

3年で高いリターンを出す代わりにリスクも許容しなくてはならないファンド「Opportunistic型」、10年や20年といった超長期で安定した低リスク低リターンを積み上げてゆくファンド「Core型」が双極だ。

僕が好きなのは5年ほどの期間をみながら、デザインや用途転用、リノベーションの力で不動産に付加価値を与える「Added Value型」ファンドで、中リスク中リターンとなりクリエイティビティも活かせる戦略だ。上の図は不動産ファンドの授業で繰り返し示されるもので、不動産ファンドの各社の運用方針を端的に示している。リスクが高いファンドは、潜在的なリターンも高くなることを示しているし、逆もしかりだ。

ただ、面白いことに高リスク高リターンと謳っている不動産ファンドでも、さきほど示した尖った戦略を少数精鋭で行うブティック型ファームの場合は、投資機会を柔軟かつ俊敏に捉えてアジャストすることができるため、一見高リスクと思われる投資でも見事にリスクをコントロール下に置き、高いリターンを上げてくる。

第3章の不動産ファイナンスの極意で触れたプロ・フォルマ（投資事業計画）がここでは物をいうのだが、柔軟にこのプロ・フォルマの途中でもシナリオを調整して売却時期を早めたり、建築計画を変えたりするのだ。参考までにこういったOpportunistic型（高リスク高リターン型）ファンドの3年間のIRRは、17〜20%程度、Multibpleは1・7〜2倍ほどだ。

つまり、ざっくり3年の投資期間でファンドに拠出した資金が1・7倍から2倍になることだってある。彼らはこうして、トラックレコードと呼ばれる不動産投資戦歴を積み上げてゆき、投資家の信頼を勝ち取り、より大きな資産を運用してゆく。

では、僕たち個人投資家が、世界的な不動産ファンドから学べることはなんだろう？　それはずばり、各物件における投資の期間を考えることだ。もう死ぬまで持っておくと決めるCore型の物件、はたまたOpportunistic型ファンドのように3年で売却を想定して大きなキャピタル・ゲインを狙いにいく物件、もしくは景気のサイクルをゆっくりと観察しながら建物の付加価値をしっかりと創り込む物件もいいだろう。

すぐにプロの不動産ファンドのように自分の物件ポートフォリオを、こう都合よく組み立てることはできないかもしれないが、こういった意識で物件を買い進めることも不動産投資を拡大していく上では重要だ。

特にこれからの多様で複雑性の増す投資環境下では、いくつかの戦略を組み合わせて、リスクを分散させたり、機会を逃さず投資していったりすることが生き残る不動産投資家の条件にもなるのではないだろうか。

第5章

ハーバードで学んだ勝ち残るために必要な景気サイクルと出口戦略(Cycle & Exit)

1

10年の景気サイクルと5年の人の記憶サイクルがある

「マサ、君はまだ不動産投資のフルコースを味わっていない。エグジットしてトラックレコード(投資戦歴)をひとつでも積み上げてはじめて、次のバージョンに君のビジネスがアップデートされる」

不動産ファンド戦略の授業を受け持ち、自身も1000億円単位の不動産ファンドを動かすフランク・アペシェッセ教授からの言葉だ。この言葉の意味が授業では理解はできたし、机上の計算でも、もちろんわかる。ただ実際に投資戦歴を一度積み上げるまでは実感がなかったのだ。この章では、出口戦略を意識しながらの仕込みの戦略や、日々の自身の不動産価値に対する意識がいかに大きなアルファを生み出すかを紐解いてゆきたい。

「10年の景気サイクルと5年の人の記憶サイクル」。これは2人の教授であり実務家である恩師から教わった金言だ。ひとり目は先述のハーバード・ビジネス・スクールの不動産投資ゲームという授業を、何十年にもわたり教えてきた伝説の教授ウィリアム・ポルヴー教授だ。そして何が伝説かというと、今や3兆円に届かんとする資産を運用するファンドの創業者のひとりでもある点だ。そして、もうひとりは不動産マーケット分析の授業を行う重鎮、レイモンド・トルト教授だ。彼は不

図表5-1　10年単位のマーケットサイクル図

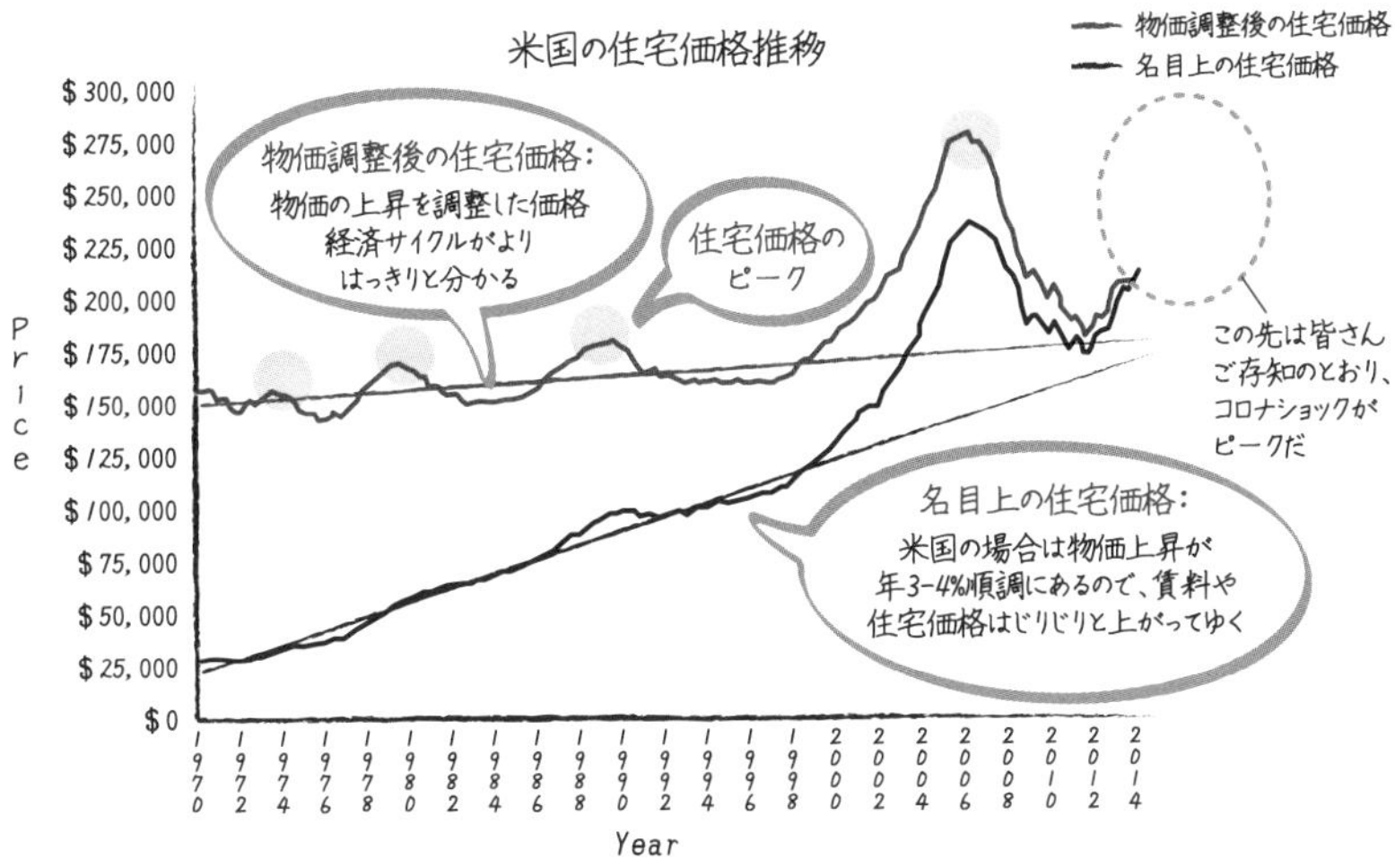

動産のマーケット情報を世界中で握っている外資系総合不動産仲介の最大手、CBREのマーケット分析プラットフォームの創造主だ。ずばり、まずは米国を中心とする不動産マーケットの長期価格指標（図表5－1）を見てほしい。

米国全体の住宅価格の長期的推移を1970年代から追っていただくと、価格の波が大きくなりながらではあるが、**おおよそ10年ごとにピークと底を繰り返していることがわかると思う**。2019年に向かってさらに伸びており、続く10年間サイクルでも同じ現象が起こっている。そしてコロナショックにより2020年から都心部の不動産価格に調整が入るが、それさえも10年の景気サイクルで図られたように合致している。米国主要5都市部でも同じことが言える。日本の金融市場や不動産市場も緩やかに米国の指標に引っ張られているため、おおよそ似たような動きをする。

図表5-2　10年のマーケットサイクルと5年の人の記憶サイクル

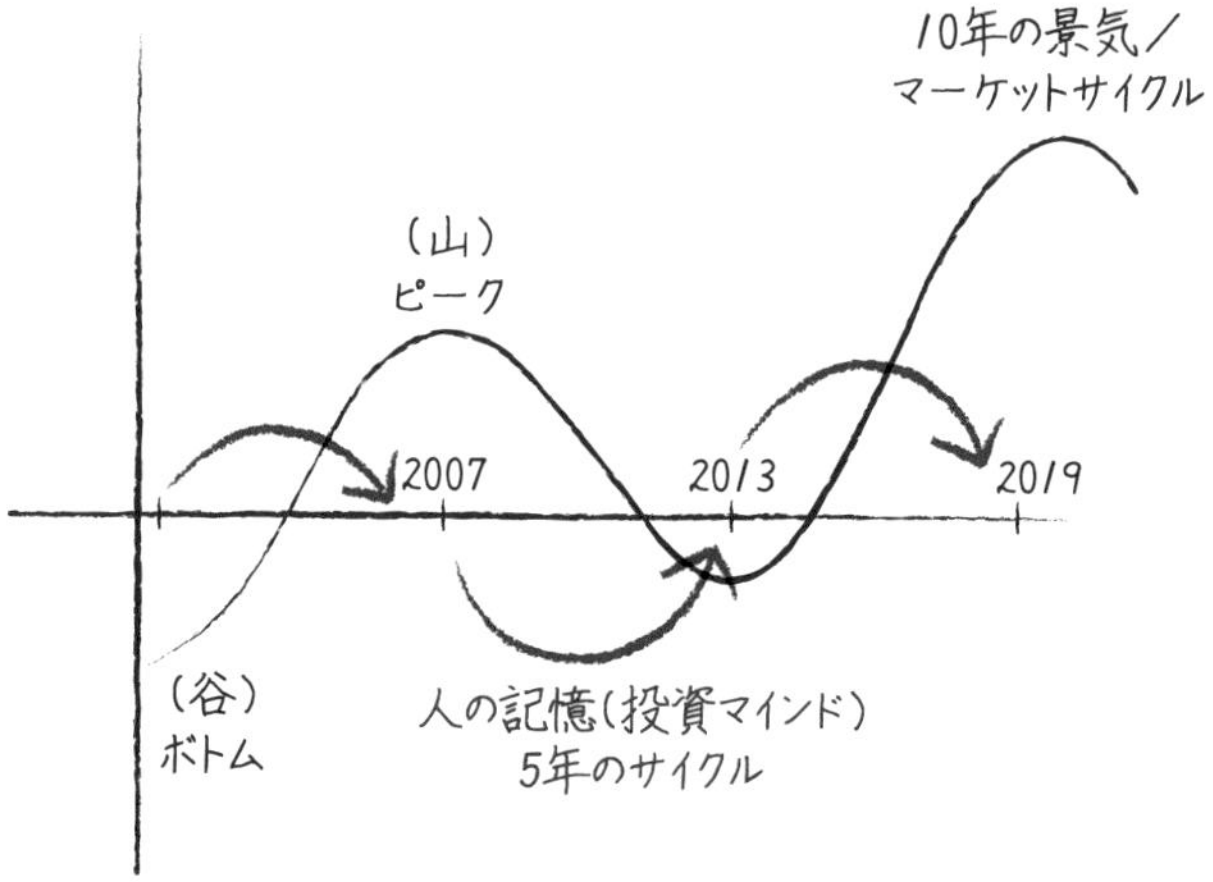

この2人の賢人はすでに70歳も近いが、常に世界中の景気と不動産のサイクルを追っており、日本のマーケットにも詳しいことに本当に驚かされる。10年の景気サイクルとともに不動産価格がゆっくりと上下を繰り返しながらも、着々と上昇していることは見ていただいた通りだ。

ただし、面白いのが、この理知的なサイクル以外にも、**人の5年短期の記憶のサイクルというものが不動産の実際の取引には関係している**ということだ。思い返してみてほしい。リーマンショックから5年もすれば、投資家や銀行担当者の記憶も遠のき、不動産熱が再燃していた。そしてそんな時期からさらに5年が経過した2018年は、もうピークが近いので不動産は高値掴みになるという、大方の予想だった。

この2つのサイクルを意識しているだけで、どのサイクルにいても**必然的に、勝ち残るための戦略、**

つまりアルファの生み出し方が見えてくる。リーマンショック直後は売却を迫られた不動産業者が多く、一方で融資の引き締めにより、収益不動産購入のための融資が出づらい時期だった。不動産価格は割安で買い叩ける状態であるにもかかわらず、買えるプレイヤーが圧倒的に少ない状況だ。

僕もこの時期に物件を仕込んだのだが、建設費用も低く抑えられていた時代だったために、建物を限界まで上に伸ばして床面積を大きくとることで、アルファである高水準の実質収益（NOI）をつくり込み、渋る銀行からの融資も獲得できた。もちろんその物件はのちに超優良物件へと大化けする。

サイクルの中の厳しい時期にいるからといって不利ではない。ではアベノミクスがピークを迎えようとしていた2018年はどうだろう？

誰もがこの時期は高値掴みになると思っていたが、同時に銀行からの融資は信じられないくらいの低金利で出ていた。少々価格が高くても、金融コストが安ければ、十分なキャッシュフローが出せるため、投資としては成立しやすい時期だ。

こういう時期は不動産の転売業者が急いで利益確定のために物件を放出してもいるため、好立地の物件が出て来たりもする。早稲田大学に程近い大通り沿い物件は、まさにこのような転売業者から買ったものだが、買い付けを入れてきたのは合計で11社あったらしい。銀行も融資に積極的な時期だったので、一番乗りで融資を獲得した僕のところに優先交渉権がきた。この場合は銀行とすみやかに動けるチームづくりがアルファを創造するきっかけとなる。

図表5-3　サイクルでの入り口と出口のタイミング

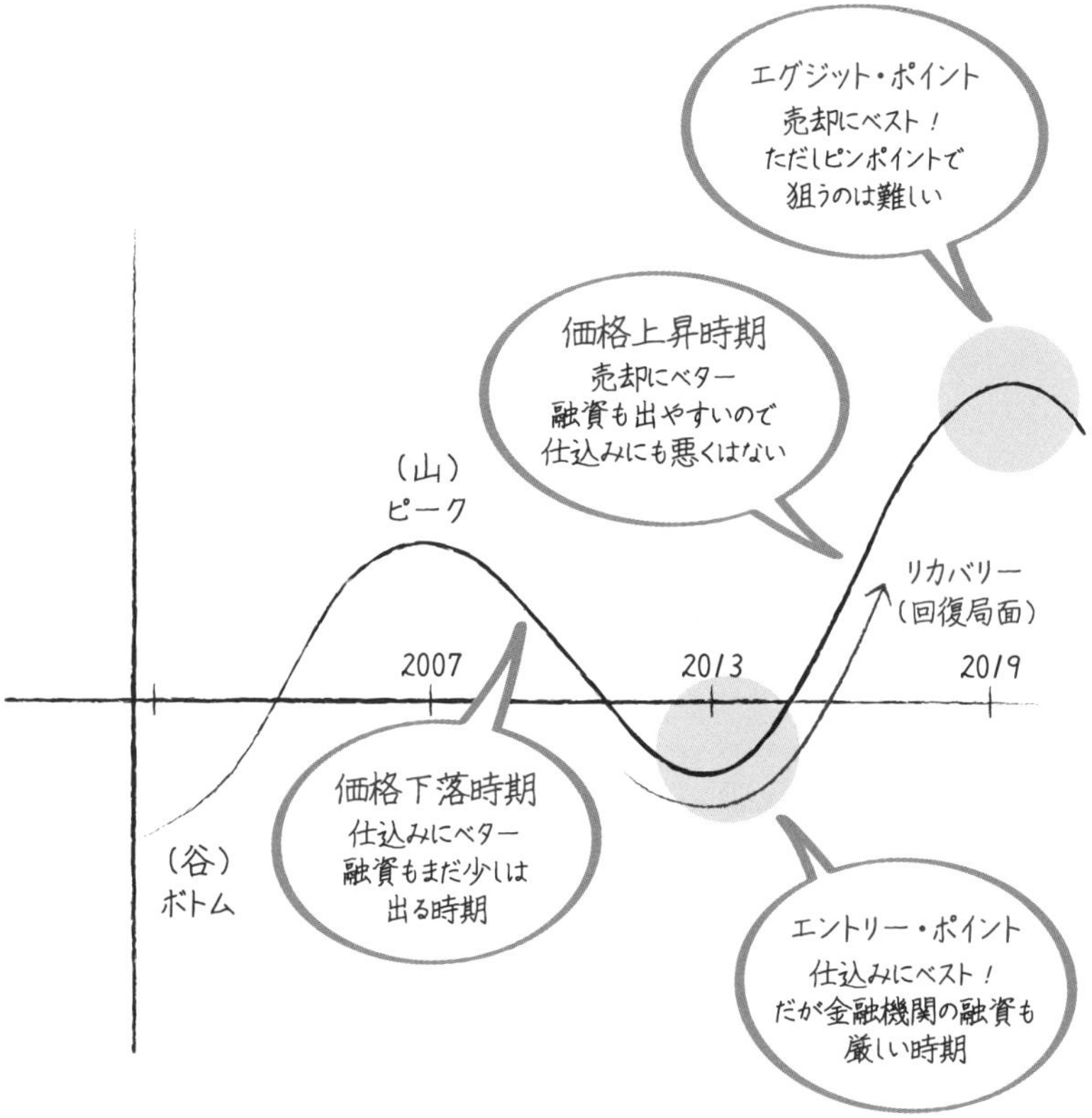

常にエグジットのための準備をしておく

王道の戦略は、サイクルの谷間に落ちゆく時期に、急いで売却しなければならない状況に陥らないように物件をホールドし続けても痛くも痒くもなく、売り時をこちらのペースで決められる新築か築浅の鉄筋コンクリート一棟投資だ。

そのためには実質収益（NOI）がたとえ落ち込んだとしても、耐えうるだけの返済比率としておくことや、リファイナンスができること、余剰資金（リザーブ）を貯金しておくことなどが重要であったりする。

そして、じっと、リカバリー（回復）局面まで待つことだ。もちろん、谷で仕込んでピークで売却できれば最高のディールとなるが、その局面を待つのは10年に一度かもしれない。そんなタイミングを待っていては10年も投資が実行できない。

ではどうするか？

答えは、どんな局面でも平均を超えて少しでもいい条件でゲームに参加すること。そしてエグジット時期がたとえ悪くても、そのための準備を常にしておけば、必ず平均を超える価格でのエグジットが可能だ。この入り口と出口でのアルファ創造を常に意識することで、不動産のサイクルをめぐるゲームから降りなくて済む。

2 不動産投資の時間的価値(Time value of money)を味方にせよ〜始めるのは今！

今あなたの銀行口座にある1000万円は果たして、10年後も1000万円の価値があるだろうか？　または、10年後に入ってくる1億円と、今日手に入る1億円は同じものだろうか？

答えは投資の時間的価値を加味した指標でもある映画「驚異のリターン」でのIRRの活躍を観た皆さんなら、もちろん気づくだろう。

不動産投資においては**時間を味方につけることこそ、驚異的なリターンを将来に創造できるの**だ。しかも意外と月日が経つのは早いもので、まさに光陰矢の如しだ。

あれだけ苦労して仕込んだ5年前の物件も、人の記憶というものは5年が限界で、今やさほど気にすることもなく、日々家賃を稼いで、残債をせっせと減らしてくれている。

GSDの前学科長であり、名物教授であるリチャード・パイザーによる授業では1ドルが将来にどういう価値を持つか？　というシンプルな質問からスタートすることを紹介した。必修の授業であり、分野横断的に意識の高い学生があつまり、クラスのキャパシティを超えるほどの数の学生が殺到している。

ただし、不動産開発の主軸となるファイナンス理論を扱っているため、宿題の量が半端ではなく、文字通り半端な気持ちではついていけない授業でもある。最初はそれだけの宿題をこなす必要があるのだ。

だが、徐々に宿題を効率よくこなしてゆくことができる様になり、2件目の投資から非常に楽になるのは現実での不動産投資実務を反映している。

1ドルの時間的価値という基本概念からスタートし、最終的には不動産開発に関わるものには必須の不動産評価手法や資金調達理論、プロジェクトのキャッシュフローを習得する。

また毎週紹介されるケース・スタディは、どれも実際のプロジェクトの中で経営者が不動産事業の判断をどう行うかを鮮やかに描いており、その中で習得したスキルと想像力をもとにどう判断するかを学生に問いかける。

この1ドルは、5年後、10年後に何倍になるか？

210ページの図表5－4を見て欲しい。この1ドルの将来価値を見てもらえれば一目瞭然だ。何もしなければ1ドルは1ドルのまま。そして世界的にインフレ傾向にある中で、あなたが10年後にハワイに旅行に行った時には1ドルでは水さえ買えないかもしれない。であればこそ、この1ドルに今から働いてもらおう！　5年や10年などのプロ・フォルマを描いてみると、この1ドルが将

図表5-4　1ドルの時間的価値
5年先、10年先、そして30年先をスケッチ

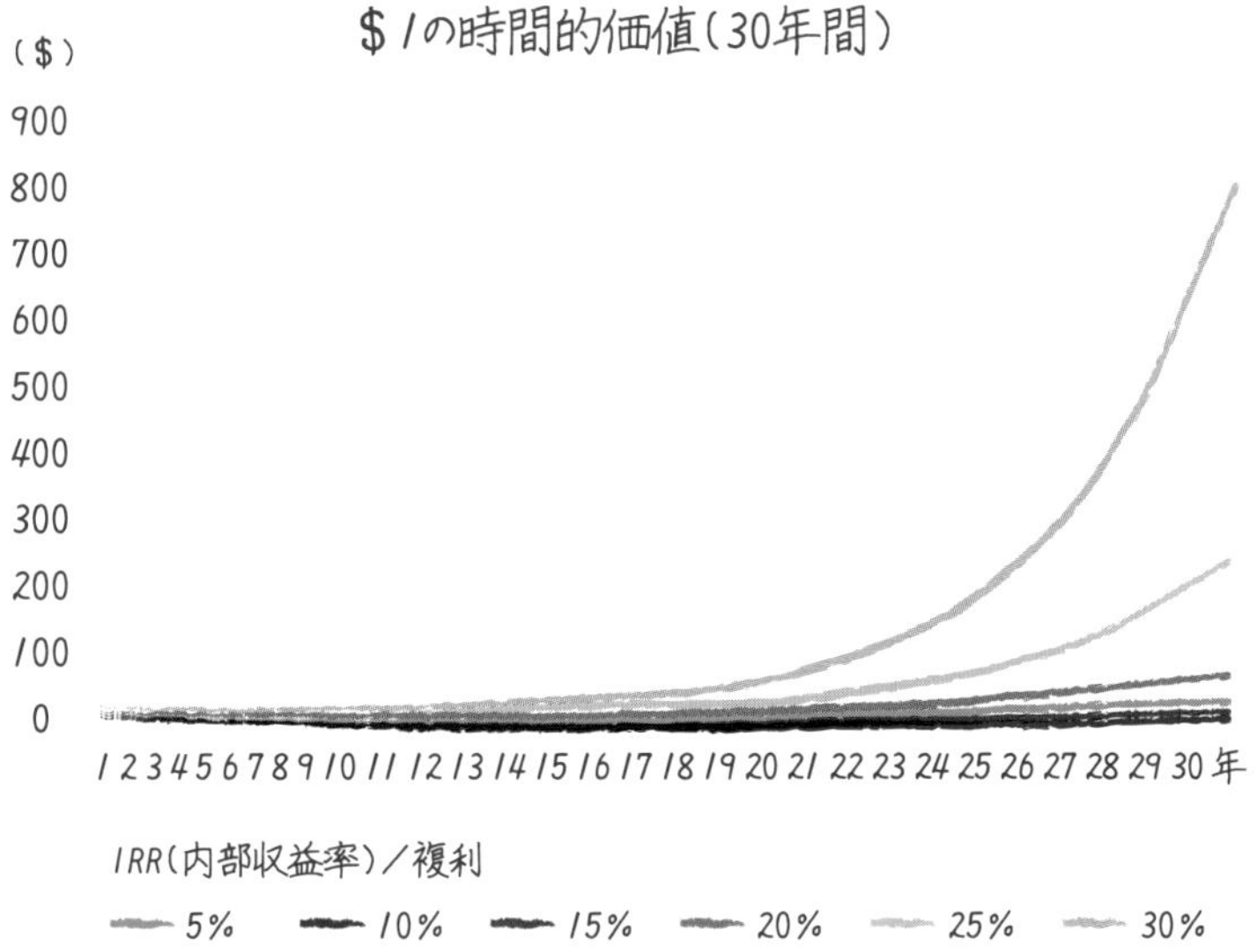

来に何倍（Multiple）になるのか、ＩＲＲ（内部収益率）は何％なのかといった未来予想図が描けたと思う。

一番効いているファクターは数学的に言っても「時間の経過」なのだ。長期的に運用できればできるほど、ローン後キャッシュフローが積み上がり、たとえ途中で不況や世界的パンデミックが来てもリザーブ（温存資金）で耐え凌ぐことができる。そして、好景気の時には売却を狙う。運用時間を長く取ることで、残債も進み、資産の担保余力が増す。**賢い投資家はどんな時でも「今」の中での**

ベストに投資をして、時間の経過により大きく稼ぐのだ。

あるメガ大家いわく、若い時に「気合い」という資本を活用してスタートしたからこそ、20年経過した今、大資産家になれた自分がいる、と説く。

ハーバード大学のビン・ワン教授は資本が貯まるまで待つのではなく、自身の持てる労働や知恵の資本を出すべきと教える。

自分が汗をかき、知恵を絞り、リスクを取ること、つまりSweat（汗）Equity（資本）を最大限活用することだ。

不動産ファンドの世界では、投資を全てコントロールし、プロデュースするゼネラルパートナー（General Partner、無限責任出資者）と資金のみを出すリミテッドパートナー（Limited Partner、有限責任出資者）という2つのプレイヤーがいる。この両者では流す汗の量が圧倒的に違う。それが両者の収入の違いにもなるのだ。

3

出口（エグジット）を常に考えながら、自身の不動産の市場価値を計算しておく

インカム・ゲイン（家賃収入）とキャピタル・ゲイン（売却益）で、どちらでもアルファが生まれる状態を常につくっておくこと。少し小難しい言い方だが、平たく言うと「持ってよし、売ってよし」の物件を仕込み、そして維持管理してゆくことだ。

こういった物件が仕込めた場合、仮に景気後退サイクルに入った場合でも、インカム・ゲインがあるからこそ、じっと耐えられるし、耐えている間にも、残債を減らしてくれる！

将来の売却時に得るキャピタル・ゲインの収益は、売却価格から残債と必要経費を引いて初めて、真水の手取りとなる。このＩＲＲ（内部収益率）のストーリーが描けていれば、じっと耐えることこそ、最高の戦略となることが迷わずわかるだろう。

逆に景気後退サイクルでは、第一級地でのプレミア物件が放出されることもあり、ここで資産組み替えを行い、仕込みたいと思う積極的な投資家もいるだろう。こういった場合も十分に実質収益（ＮＯＩ）でアルファを創造しておけば、申し分ない価格での売却と資産入れ替えが可能だ。

では、映画「景気後退期のＩＲＲ編」ではいったい何を見ておけばよいのだろう？　それは非常

にシンプルだ。

実質収益（NOI）をつくり込む、つまり、高水準で家賃収益を確保し続けること。

そして、売却を想定した場合の期待投資利回り相場を把握しておくことだ。

この2つの指標に注目し、常に自身の物件が売れる価格を把握しておくのだ。これは収益還元法という手法だが、住宅以外はこの期待投資利回りを買主が参考にすることが最も多いためだ。

実質収益（NOI）÷期待投資利回り＝不動産評価額（売却価格の市場予測）

これに加えて、もしNOIが上下に振れた場合、または期待投資利回りの予測が動いた場合に備え、感応度分析（シミュレーション）も行っておけば、非常に優れた投資コントロールと投資判断が可能だ。もし試してみたければ、ダウンロードしてもらったモデルを参考にして欲しい。

4 売却(エグジット)をハッピーエンドに終わらせる

売却時は不動産仲介業者のネットワークがものを言う。そして、どの業者とパートナーシップを組みながら売却活動をするかが、最終的な映画「IRR」をハッピーエンドにしてくれるか、果たまたバッドエンドになってしまうかに影響する。

正直に告白すると神楽坂のケースは、実は景気後退局面でのエグジットとなってしまい、ともすればバッドエンド化する可能性も大いにあった。

しかし、結果的に銀行系や、資産家を囲っている財閥系不動産仲介業者の熱心かつ慎重な売却活動のおかげで、想定していたハッピーエンドを無事に迎えることができた。もちろん、少し前に売却をしていれば理想的すぎるほどのハッピーエンドだっただろうが、どんな投資も全てが理想的には実行できないものだ。

ここでも売却活動を通してDo Your Homework精神で準備をしてきたことや、見てきたように物件の用途変更を可能にするなどのアルファを創造しておいたからこそ、売却価格が伸びたのだ。

図表5-5　売却時のアルファ創造リスト

アルファ創造リスト：EXIT（売却時）編

Creating α 各要素	平均を超えた効果
■サイクルを考える ・底値近くで入った場合は、いつ売ってもOK ・10年と5年のサイクルを意識する ・サイクルのピーク近くではアルファを意識する	■サイクルを味方につける ・持ってよし、売ってよしの最強物件ができる ・ベストなサイクルでなくても、いいディールはある ・ピーク近くでも見落とされている土地は必ずある
■売却想定をたてる ・サイクルを意識して売却時期を想定しておく ・売却価格の幅は広くとっておく ・流動性にこだわった建物や立地にする ・売却に強いチームと動く	■IRR/Multipleを最大化し、実現する ・プロ・フォルマに沿った戦略 ・流動性を高め、キャピタル・ゲインを実現する ・買い希望が多く、Valuationが増える ・売却価格を高水準でロックできる
■売却先を考える ・長期的な取引相手となる売却ルートを使う（銀行や紹介など） ・売却先もローンの引きやすい物件をつくる ・売却活動はクローズドで一定期間をとっておこなう	■持続的に資産を入れ替えし、資産を拡大する ・有利な売却活動が可能　価格も高い値がつきやすく再現性もある ・買えるプレイヤーが増えることで売却価格があがる ・秘匿性を使っていい売却ができる
■売却しやすい条件を整える ・好立地の建物 ・耐用年数の長い構造形式を採用する ・満室稼働にする ・NOIを高水準で安定させる	■流動性とValuationがあがる ・持ってよし、売ってよしの物件ができる ・ValuationとEXIT価格が伸びる ・いつ売っても結果が出せる ・大きなキャピタル・ゲインが望める

では、売却活動ではどのようなポイントがアルファを創造するのだろう？　実体験をもとに前ページの売却時のアルファ創造リストをシェアしておきたい。

ここでも第4章チームビルディングの章で触れたように、売却を一度でも一緒に成功させたオペレーティング・パートナー（仲介会社）との関係は何をおいても大切にして欲しい。

この仲介業者、またその売り先には、あなたがいい物件を、しっかりと売ってくれて、仲介手数料も払ってくれて、売り手、買い手、仲介業者ともにハッピーになれる状況を創り出せる人であることが十分に伝わる。そして、そのネットワークは貴重な財産になるのだ。

コラム6

住まいが人を変える！
～ハーバードの学生寮は最強の不動産投資だった

SNSサービスのフェイスブック創業者、マーク・ザッカーバーグが会社を起こしたのはハーバード大学の「カークランド・ハウス」という学生寮だ。ビル・ゲイツもハーバード在学中に刺激溢れる学生寮で過ごす間に起業をしている。やはり世界中から多様で優れた人材が集まり、寝食をともにする濃厚な時間を学生寮で過ごすからこそ、こういった人物も大学から輩出されるのだ。僕が住んでいたパーキンス・ホールというGSDに程近い学生寮とピーバディ・テラスという家族寮も、本当に刺激に満ち溢れた環境だった。

ハーバード大学の学部は全寮制で、大学院生も大半はハーバードが提供する学生寮に住みながら研究を行うことになる。日本人には馴染みがないかもしれないが、大学と寮生活は、学びやネットワーキングの機会を最大化するために、米国のトップスクールでは常にセットなのである。レジデンシャル・エデュケーションと言われるこのシステムは数百年変わらず、そして輩出されるタレントや発表される研究内容が、その成果を物語っている。少し生活を覗いてみよう。

学生相手の賃貸経営が大学の財務基盤にもなっている

ハーバード入学初日に割り当てられた学生寮の立派な門に到着すると、レジデント・アシスタント（通称RA）という、その寮の世話役が出迎えてくれる。このレジデント・アシスタントは大学院生や博士課程の学生が自身も住み込みながら、世界中からくる寮生のさまざまな世話をする。その仕事は入居での手続きサポートや、日々の生活でのトラブル解決、寮内のコミュニテイ活性化のための週替わりイベント企画など多岐にわたる。

各個人の個室は比較的小ざっぱりとしていて、ベッド、机、ワードローブという必要最低限のものが用意されている。うって替わって、リビングルームやキッチンダイニング、イベントスペースや図書館などの共用施設は非常に豊かだ。隣接して24時間使える図書館もあり、大学が経営するクラフト・ビール・パブもある。この豊かな共用部や周辺施設がコミュニティの鍵であり、さまざまな専門大学院生との交流も起こる。ある時はダイニングでテック系大学院生が新しいアプリケーション・サービスの開発を行っていて、僕もデザイン系大学院生としてアプリ・インターフェイスのデザイン性についてアドバイスを求められたりした。またある時は、リビングで大統領選挙についての討論会が繰り広げられていたりする。

共用キッチンは僕のお気に入りの場所だ。クラフト・ビールを片手に、インド人の学生寮仲間と一緒にお互いの国の手料理を振る舞い合いながら、お互いのビジョンを語り合う。留学中にもっとも役立ったスキルのひとつが寿司を握れることだった。美味しいもの、とくに日本の寿司は、簡単に言語的、文化的な壁をぶち壊してくれる。僕の寮のレジデント・アシスタントとともに、寿司レッ

スン・イベントを開催したが、総勢50名ほどが集まり、最終的にはGSDでも250人が参加する人気レッスン・シリーズとなった。こういった一芸を持っているとネットワーキングにも有効だし、言語的バリアの克服にもつながるので、これから留学を問わず海外で活躍したいと思う方は、渡航前に日本で寿司レッスンを受けておくことを強くオススメする。

寮内の濃密な生活を少し垣間見てもらったが、実はこの寮、もちろん家賃を払わな

くてはならない。そして学食代も1学期分を強制徴収される。平均すると月々日本円で16万円ほどになる。ビジネス・スクールの学生寮など少しラグジュアリーな学生寮では20万円近くもするし、家族寮ともなれば70平米ほどの広さで45万円ほどの家賃になる。

ではその金額が高いのか？　僕はそうは思わない。濃密な生活と学びを享受するために、家賃というよりは、自分の生活環境への投資のような意味合いが強いと思うし、そこで出来た仲間との強固なネットワークや、生み出せた新しいアイデア、そして家族寮でのファミリー同士の助け合いなど、ベネフィットを数え上げればキリがない。人は誰とどのように住まうかによって、こうも変わるものかと思い知らされる。大学側からすると、こうして数万人分の学生を相手にする賃貸経営を行っているからこそ、財務体質も健全で潤沢な資金を最高の教育サービスと環境の提供に充てられるのだ。まさにユーザーが何百年にもわたり保証されている最強の不動産投資戦略だ。

余談ではあるが、世界最大の機関投資家のひとつがハーバード大学の基金であるといったら少々驚くだろうか？　少し数字を見てみよう。ハーバードの資産運用高はなんと4兆円を超える。これほど大きい資産を安定的に成長させようとするとポートフォリオ戦略も必要だ。株や債権、ヘッジファンドや天然資源など様々なものに投資を分散させて年利約7％ずつ資産を積み増している。

不動産に限っていうと年にもよるが7〜13％が不動産投資に割り当てられており、それだけでも約3000億円から5000億円となる。この金額はあくまで、我々の自己資金に相当するものなので、当然この元手に融資での資本的レバレッジがかかり、実際は1兆円から2兆円の不動産投資を何らかの形で実行していることになる。

この潤沢で長期的に見据えることのできる基金を使って、ハーバード周辺に新しいキャンパスや学生、教授、その配偶者のための寮を整備したり、起業家のためのインキュベーション・センターを開発してゆく。まさにマサチューセッツ州ケンブリッジ市の最大の大家さんでもあるのだ。だからこそ、街並みも非常に整っており、学際的な雰囲気の中で落ち着いた環境を何百年にもわたって醸成してきている。こういった不動産投資のメカニズムが前向きに働いている姿から、日本の大学や民間企業、また地主や行政は学べることが多くあると感じる。

僕自身もこのハーバードが実践する不動産づくり、街づくり、そして学びの最大化という姿勢からインスピレーションを得て、ハーバードで出会った仲間たちと一緒に教育サービス付き国際学生寮をつくっている。U Shareという名の学生寮で、英語を基本言語とし、世界中の留学生と、これから日本を飛び立って世界で活躍したいグローバル思考の日本人留学生が共に生活する成長と学びを最大化できる環境を提供する。

もはや大家業の枠を越えているのは承知のうえなのだが、ハーバード学生寮のケース同様に家賃を支払うという概念ではなく、自分と仲間の最大限の成長機会に投資するという新たな不動産の在り方を模索している。リモート・ワークが必然的に進み、ニュー・ノーマル社会が到来する中で、あなたはワンルームマンションで孤独にパソコンに向かい、オンライン会議をし、オンライン飲み会をし、PCの隣にあるベッドに寝転び一日を終えたいだろうか？　やはり、人の人生を豊かにし、成長を最大化するのは、誰かと住まいながら、お互いの価値観をシェアしたり、高め合ったりすることで日々積み上がってゆくのではないだろうか。

第6章

ハーバードで学んだ再現性と成長性の戦略（Repeatability & Scalability）

1 不動産投資をフルコースで楽しむ～調査から計画&投資、期中管理から売却まで

不動産投資ファンド業界の重鎮、フランク・アペシェッセ教授からの教えには、「エグジットして不動産投資のフルコースを味わったか」に加えて、非常に重要な教えがもうひとつある。

「Can you do that again and again?」

つまり、その不動産投資のフルコースを、何度も何度も同じように味わえるか？　だ。

これは、「再現性」と「成長性」という言葉でまとめられるが、実際に行うにはそれこそ、取得、運用、売却という一連の流れを実体験として味わう必要がある。メガ大家の1人に、年間で一気に5棟の新築を仕込む強者がいる。なぜか？

それはその新築のうち3棟ほどをすぐに満室にして、NOI（実質収益）を安定化させ、売却することで大きくキャピタル・ゲインを得るからだ。大きな融資を起こすため資本的なレバレッジがかかり、その分リスクも高まるのは承知のうえだ。

だが、家賃や売却益が入るまでの約1年半の5棟の建設リスクをカバーして、有り余るキャピタル・ゲインをもたらしてくれるため、資産拡大のスケールが格段に高い。そうして次の投資への自

図表6-1　再投資スキーム
5棟投資、3棟売却で資産を拡大！

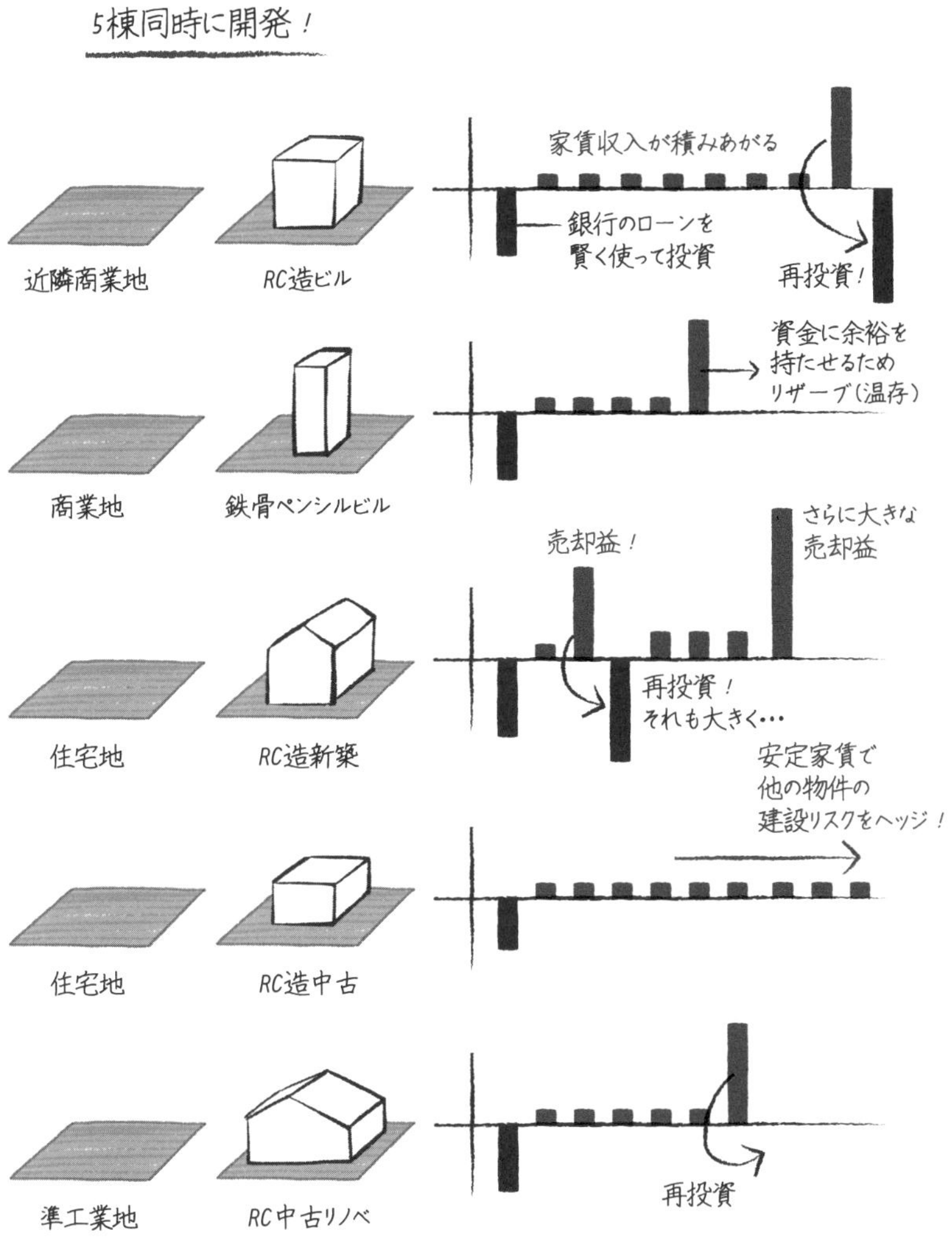

己資金ができることで、競争率の高い好立地での土地が出た瞬間に現金で買うことができ、融資を引く際にも自己資金の比率が高いため、銀行との交渉も有利に運ぶ。

こうして雪だるま式に資産が拡大してゆくのだ。そして、その再現性のサイクルを回せば回すほど、チームビルディングもでき、1棟を開発するのも5棟を開発するのも、取られる時間や投入するエネルギーはさほど変わらなくなってくるのだ。

上田式ニッチ・スケール・デベロップメント戦法

僕自身も同じ戦略を取っており、特に都心3区の商業地域やプライム・サイト（好立地）の物件に集中させている。特徴としては、**土地は小さくても容積率が取れて、建築計画や技術を駆使すれば、10階立てのペンシル型のスレンダーなマンションが建つような場所**だ。

この戦法をハーバードの授業内ディスカッションで披露したところ、教授からニッチ・スケール・デベロップメント戦法だと命名していただいた。つまり、他の大手不動産会社や大家、投資家が手を出しにくいが、一旦建設が完了してしまえば、みんなが欲しい新築のビルとして誕生する。そして投資金額のサイズも2億円から4億円というニッチなスケールなので、競合もそれほどいない。

逆に1億円近辺の物件というのは、参入障壁が低く一般投資家でも参入できるし、5億円を超えてくるとプロの不動産会社が競合となってくる。このニッチのスケールでの不動産投資を丁寧に創り込んでゆき、育ててゆく、そして時にはエグジットするというのが、僕なりの再現性と成長性を実現していく手法だ。

ここで重要なのは、何度も何度も同じディール(投資活動)を行うための戦略を忠実に行ってゆくことと、戦略実行部隊(チームとネットワーク)を徐々に築き上げてゆくことだ。

まずはプロデューサー型大家として、毎回の不動産投資のサイズ感を決めよう。3000万円から7000万円の比較的取り組みやすい木造アパートなのか、1億円から2億円の長期安定でエグジット時も大きく稼げる鉄筋コンクリート造マンションなのか、3億円以上で事務所やホテル、商業施設なども入り交じる複合ビルも考えられる。最近ではEコマース・ビジネスの勃興により、ロジスティック(倉庫や物流)関連の施設も投資対象となってきた。

サイズ感を決めるうえでのポイントは、自分が投資家として馴染みのある領域と市場で再現性があるボリューム・ゾーンを知ったうえで投資をスタートすることだ。

どのサイズ感が自分にとって取り組みやすく、運用しやすく、そしてエグジットしやすいかという指標と、どのボリューム(金額感)の投資用物件が市場で売り買いが多く、そして求める投資家も多いのかという指標の両方を考えることだ。

次の図を見て欲しい。各サイズ感に対する、マーケットの反応をまとめている。

ここで僕が取っている戦略は左記だ。

・立地と用途:商業エリア&マイクロ・複合デベロップメント

図表6-2　建物サイズ、構造形式とマーケットの反応

コンフォートゾーンと感じるサイズ	エグジット時の市場の反応
 戸建て 1500万円～3000万円 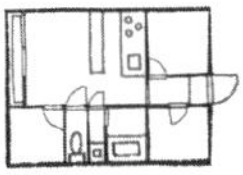 1室マンション 1800万円～4000万円	実需用に買いたい人 ただ新しいものがどんどん供給されて あふれ気味…
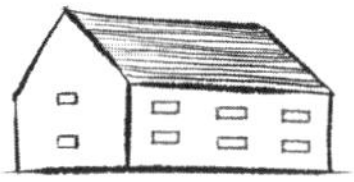 1棟木造アパート 6000万円～ 9000万円	一般向けだが耐用年数超えで サラリーマン給料与信でのローンが つきにくくなっている
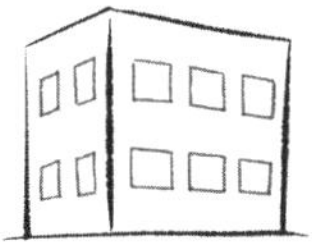 1棟RC造マンション 1億円～2億円	一般／サラリーマン投資家で 玄人寄りの人が買いたいサイズ。 売りやすい
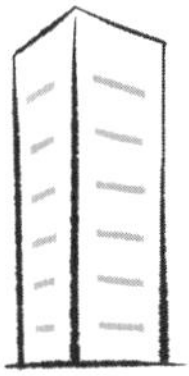 1棟都心 ペンシルビル 3億円～5億円	投資家やファミリービジネスで 不動産を運用する投資家が買いたい。 外国人も
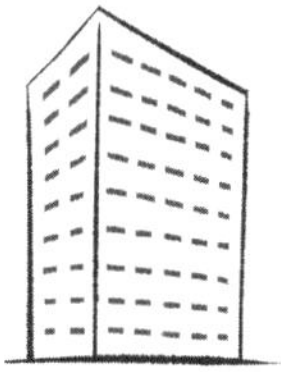 大規模物件 10億円以上	デベロッパーや不動産ファンドが 買いたいサイズ

・サイズ感：1億5000万円～4億円（仕込み時）
・構造形式：耐用年数と長期融資の引ける鉄筋コンクリートか重量鉄骨造
・融資戦略：自己資金10％から20％、超長期での低金利融資

不動産投資はこれから始める方も、すでに始めている方も一度、どのように資産を拡大していきたいのか、不動産投資業を通じて、何を達成したいのかを少し整理してみて欲しい。資産の拡大性としては次の2つの指標がある。

・インカム・ゲインとキャピタル・ゲイン：年間にどれくらい不労所得が不動産から欲しいか？もちろん、ローンを返済した後の手元に残るローン後キャッシュフロー（CFAF）だ。今のサラリーマンとしての年収と同じ額？不労所得1000万円の大台は3年で実現させたい？はたまた、1億円の不労所得を実現して、その自己資金をもとに毎年3億円の複数物件を獲得していき、メガ大家への道を歩みたい？

・純資産の拡大：例えば5年後に「プロ・フォルマ」に則り、資産を増やすとして、いくらの不動産評価額の資産を築きたいだろうか？

純資産とは、この不動産評価額から残債を引いた分だ。分かりやすく言えば、5年後に物件を売

却したときにローン残債を返済して、手元に残るキャピタル・ゲインだ。

資産拡大のシナリオの例を紹介しよう。まずは3000万円程度の中古物件を取得し、リノベーションを行い、賃料を上げたうえで、1年後に5000万円で売却。その2000万円を手元に投資サイズを大きくしていく。3年後の目標は不動産評価額3億円で残債2億円、差し引きでちょうど1億円の純資産を築くのを目標としてはどうだろう？　1億円を3年間でサラリーのみで貯金するのはそう容易《たやす》くないはずだ。しかし、不動産投資を着実に行っていけば達成できる可能性が一気に高まる。

あるいは、現在サラリーマンとしての与信や貯金が使えるのなら、最初から評価額が上がる鉄筋コンクリート造一棟ものに着手し、1億5000万円の物件を完成させ、3年後には1億のキャピタル・ゲインを得るのもいいだろう。その間にさらにもう一棟を仕込み、雪だるま式にキャピタル・ゲインを増やしていく。5年もすれば、手元にかなりのキャッシュが残っているのではないだろうか？

では不動産投資業を通じて達成したいこと、やりがいはどうだろう？
一旦、戦略と信念を持って不動産投資を始めると様々な困難にぶつかりながらも、新しい発見や、自己成長、そして仲間との出会いがあなたを待っている。

僕の場合は、ひとりでも多くのクリエイティブ大家が投資を成功させつつ、いい建物で街を満たしてくれることで、日本各地の街が個性を維持しながらも活気あるものになっていく姿を見ることが、不動産投資業でのやりがいだ。そのために、ナレッジも惜しみなくシェアするし、時には具体的にお手伝いもする。

読者の皆さんをはじめ、沢山の不動産事業者の方がいい建物をつくり、その集積体が、いい街をつくり、地域が活気付く、そんな可能性を伝播させたいと思っている。

その過程は本当に苦労も多いが楽しいものだ。多少の損や、建設の遅れはあったりするが、不動産投資を通じて達成したいことが、僕の場合は早期リタイアでもなく、自分が贅沢をしたいというものでもないため、トラブルもひとつの過程と捉えて楽しむようにしている。

不動産投資事業から得られるメリットは多い

また、自分の物件を売ってしまうことは我が子を手放すようなことだと思わないかという質問もある。自分が仕込み、設計をし、チームワークとネットワークを駆使して創り上げた物件だからこそ、次の投資家の手に渡っても恥ずかしくないくらい素晴らしいので、喜んで次の投資家の方にお渡しする。

そうすることで引き継いでくれた投資家の方が、クリエイティブ大家の精神性に触発されれば本望だ。何より、このサイクルを回すことで、街にひとつずつでも、自分のいいと思う建物が増えていくのは嬉しいことだ。

仲間についてはどうだろう？

大家仲間というのは本当に嬉しい存在で、勤勉さと寛大さ、そして安定感がある方が多い。そして、時間的な余裕もあるためフットワークが軽く、会って一緒にレジャーを楽しんだりもできる。

僕自身も家賃収入があったからこそ、家族にもわがままを言わせてもらい、ハーバード大学院へ留学を行い、好きな建築と都市デザイン、そして不動産投資の研究を続けることができた。さらに世界中に友人ができ、英語圏でのビジネスや生活ができるようになったことも自信となった。日夜彼らとも国内外を問わずに、わくわくするプロジェクトに取り組んでいる。

不動産投資事業から得られることは本当に多い。経済的な報酬もあれば、人生における新しい仲間を見つけたり、様々なスキルが身に付いたり。あなたのプロデュースする不動産を使う人や地域にも、広く長い期間にわたって大きな社会的インパクトを生む。

ぜひ、再現性と成長性を考える際に、経済的な面のみに注目するのではなく、ご自身のやりがいや社会的インパクトなど数字では見えにくい面についても考えてみて欲しい。メガ大家仲間のひとりに保育所を開発し、再現性と成長性を積みあげて投資事業を拡大している方もいる。行政の申請プロセスなども複雑で難しい投資ではあるものの、社会貢献と投資を着々と両立する様は賞賛に値する。

2 アルファを生み出す戦略集

巻には、不動産投資に関する多くの書籍があるので、ぜひそれらも読んで欲しい。不動産セミナーも山ほどあるので、できるかぎり顔を出してみて欲しい。その中のひとつの戦術を検証するときに、ぜひ平均値を超えられるかどうか、アルファを創造できるかどうかについて、こだわって欲しい。

例えば、新築木造アパート1棟から始めるのであれば、より競争力のあるデザイン性豊かな木造アパートをつくり、平均家賃よりも高い実質収益（NOI）を生み出すように計画する。不動産評価額はNOIと連動するので必然的に「持ってよし、売ってよし」の物件が出来上がる。平均的な利回りでも買ってくれる人はいるのだから、最終的にキャピタル・ゲイン狙いで売却するのもいい。

また、誰にでもできそうな投資手法を紹介しているということは、それで平均的な成果は出せるかもしれないが、景気が変わったり銀行の融資姿勢が変わったりすることで、すぐに平均を下回り、ローン後キャッシュフローが減ってしまう可能性がある。下手をすれば売却すらできなくなってしまうかもしれない。以下、再現性があり資産拡大が可能な、アルファ戦略集をまとめた。誰にどう建物を使って欲しいかを考えて建物運営を工夫し、高利回りの壁を越えて欲しい。

図表6-3　不動産投資でアルファを生み出す戦略とは

再現性と拡張性のアルファ戦略集
■オポチュニスティック型投資（機会投資型） ・1年から3年で売却をし、大きなキャピタル・ゲインを得る ・再投資をしながら勝負する金額をあげていき資産を増やす ・景気サイクルの波を利用する
■アド・バリュー型投資（付加価値創造）はオススメ！ ・丁寧に物件を創り込み、持ってよし売ってよしの物件をコレクションしてゆく ・5年から10年で資産を入れ替えながら、バランスよく資産を拡大する ・ホールド物件と売却物件を交ぜてリスクのバランスを取る ・慣れてきたら複数を同時に仕込む
■コア型投資（長期安定型） ・潤沢な自己資金や相続物件、所有地を使って耐用年数の長い建物を開発 ・バランスシートの健全さを利用して、3年に1件などサイクルを決めて物件を増やす ・相続対策のために法人化や信託化する
■用途の特性を考える ・住宅は安定型投資でニーズが常にある ・商業物件はテナントが具体的に想定できる場合にのみ開発する ・ホテルは変動性が高いため、住宅に戻せるように企画しておく ・オフィスは今後のニーズが読めないため、コンバージョン可能にしておく ・物流施設なども考えてみる ・複合施設やシェアリング・エコノミー型不動産開発も考えてみる
■立地の特性を考える ・都心一等地は最強だが投資金額もアップすることと、売り物件が少ないので、勝負するときは、まとまった投資をする ・地方大都市でのサイクルの速い投資をする（例えば札幌への投資は一時、流行った） ・地方の高利回り物件も検討してみる

3 NG戦略集

資産拡大のために次の融資が引けずにデッド・エンド(どん詰まり)に陥ると、不動産投資のゲームから降りなければならなくなる。または非常に長い時間をかけて返済を進めたり、自己資金を貯めたりしなければ、もう一度リングに上がることはできないのだ。

こういった再起不能の状況に陥らないためにも、日ごろから自身でHomeworkをこなしておくのがとても大切だ。

そこで、ハーバードで伝えられてきた不動産投資のNG行為と、僕たちメガ大家界隈で口伝されてきた投資のNG戦略集を、以下に共有するので、ぜひ、参考にして欲しい。

図表6-4　投資NG戦略集

投資NG戦略集
■ワンルームマンション一室投資 ・CFAFがでづらい ・節税を無理やりさせられる ・売却益がでにくい ・土地割合が低く評価損がでやすく、継続してローンが受けられない
■タワーマンション一室投資 ・広告費や営業費がのっかっていて割高 ・資産圧縮できるが担保性が極端に低い ・次のローンが受けられない ・将来に管理費と修繕積立費用があがる
■新築木造アパート（業者物件）投資 ・利回りが決められていて、業者が儲けを食い尽くしている ・次の買い手が長期ローンが組めず、売却先が限られてしまう ・長期的に家賃下落が発生する ・担保評価が低く、継続融資が受けづらくなる
■その他 ・住宅ローンを先に借りてしまう。投資用ローンが出づらくなる ・カーローンで高級車を買う。しばらくガマン！　家賃収入で買おう ・不動産収入が充分安定する前にサラリーマンを辞めてしまう ・確定申告をしない、又は節税を優先して確定申告の所得が低い

4

資産運用高を拡大する方法〜3年、5年、10年サイクルで資産を入れ替える

持ってよし、売ってよしの物件を1棟ずつ仕込み、2、3棟稼働し始めた時点で、1棟を売却して資産入れ替えを行う。このバランスが本書で推奨する資産拡大ストーリーだ。つまり、保有して家賃収入を稼ぎながら、ときには売却を織り交ぜてキャピタル・ゲインを取りに行く攻守に優れた戦法だ。

このバランス戦略が良い理由はいくつかあるが、何より安定した資産拡大性に優れているところにある。ひとつの不動産物件を半永久的に持って30年間のローンをせっせと返し、その建物を返済という圧力から解放されたリタイア後の収入源にするのもよいが、ひとつだけでは、30年後には生き残れない可能性がある。30年間、またはそれ以降にNOI（実質収益）が今と変わらず安定しているなんてことは考えられるだろうか？

また、10年、20年間隔で発生する大規模修繕や雨漏り、エレベーターなどの設備の改修費用を想像したことはあるだろうか？　30年後の売却価格は一体どれほど下落しているのだろうか。

マンション1室投資の場合なら管理費が上がったり、マンション全体の老朽化に伴う積立金が膨

れ上がってきたりすることもある。近隣に将来競合となるハイグレードなタワーマンションが建ったら、あなたの一室マンション投資物件は競争力を保てるだろうか？

今、我々が行おうとしているのは素晴らしい不動産をプロデュースすることで「驚異のリターン」を得ることだ。そしてチームを動かし、ネットワークを駆使して、資産をますます拡大することこそに、ゴールはある。そのための重要なポイントは、ある一定の期間を置きながら物件売却を織り交ぜ、雪だるま式に資産拡大していく手法だ。実はこの戦法自体はいわゆるオポチュニスティック型不動産ファンド（機会投資型で短期ハイリターンを狙う）が成長戦略として使っているものでもある。少しイメージを掴んでもらいたい。

不動産投資でサラリーマンの平均生涯年収を稼ぐイメージ・トレーニング

これまでに見てもらったようにローン後キャッシュフロー（CFAF）、つまりは不労所得でサラリーマンの平均年収相当をひとつの物件でつくるには、各局面で平均値を超え、アルファを創造する必要がある。ここまで達成できれば間違いなく、「持ってよし、売ってよし」の素晴らしいディールを手にしている。

ただ、現実的にはいきなり、そんな願ってもないディールは仕込めない。では売却まで含めた映画「驚異のリターン」で見てもらったように、プロ・フォルマ（資産運用の未来予想図）を用いたらどうなるだろう？　仮に5年でのエグジット（売却）を想定しての、それまでにサラリーマンの平均生涯年収2・5億円以上を生み出すためのモデルだ。それだけもらえれば引退してもよいというひとつの指標になるのではないだろうか。

まずは、ひとつ目の6000万円程度の物件を仕込む。もちろん第3章で学んだ通り、ローン後キャッシュフローがしっかりと出る物件であり、売却時にはキャピタル・ゲインが想定できる物件だ。3年ほどローン返済が進んできたあたりで、次の投資への自己資金もしっかりと貯まってきている。この貯蓄してきた自己資金を使って、少し大きめの鉄筋コンクリート新築マンションを仕込む。価格は1億2000万円としよう。

さらに2年が経過してひとつ目の物件の返済も5年進み、NOI(実質収益)も高水準で安定してきている。ここでプロ・フォルマ通りに売却をしてみよう。最初の物件が9000万円ほどで売却でき、それまでの5年間での家賃収入と売却益で約4000万円程度の自己資金ができる。これの一部を使って次は2億円の物件を仕込む。現在は1億2000万円と2億円の2つでトータル3億2000万円の投資を実行し、家賃収入をローン後キャッシュフローで1500万円稼ぎだしている状態だ。さらに自己資金が貯まるため、来年にはもう1棟仕込めるかもしれない。

そして今手持ちの2物件の市場での不動産評価額は5億円ほどになっている。さらに資産拡大を進めるために2つ目の物件を売ってもいいし、5年経った今、キャピタル・ゲインを享受してもいいだろう。残債も3億円ほどになっているため、不動産評価額と残債の差である売却益も2億円にのぼる。そして家賃収入の累積も5000万円を超えているので、サラリーマンの平均生涯年収の2・5億円を5年間で稼ぎ出したことになる。

図表6-5　3棟運用で1棟売却時のイメージ図 VS
ひとつの物件で30年

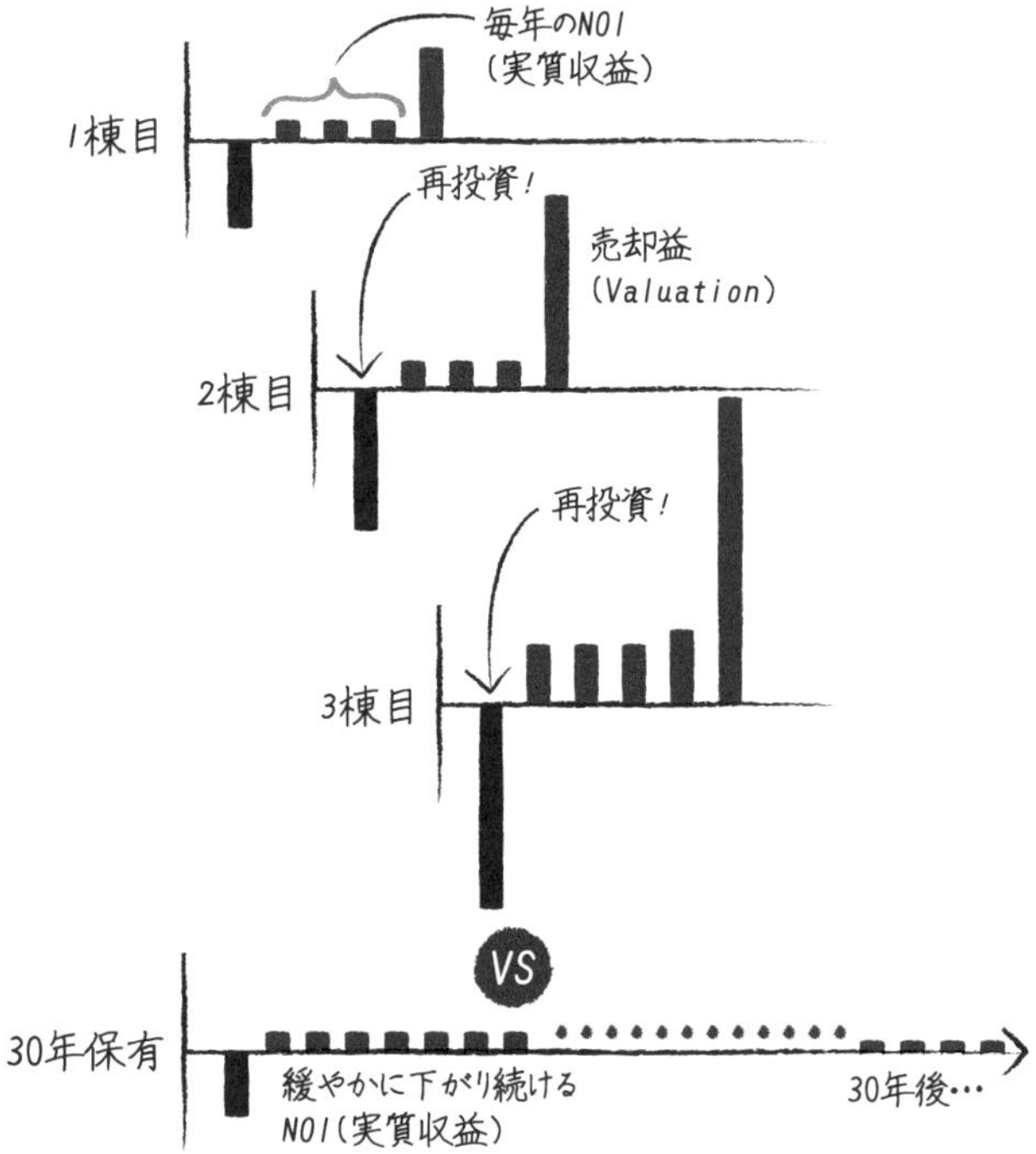

上の図に不労所得と売却益が増えていくイメージを示す。

5 ポートフォリオ戦略と資産拡大のステップ

資産拡大のイメージはついただろうか？　ここではご自身の物件コレクション、つまり不動産ファンド用語などでいう「ポートフォリオ」をどうつくり上げていくかについて触れたい。このポートフォリオの中に、どういう物件が入っているかによって、あなたの資産全体の安定性や成長性、そしてリスクが決まってくるのだ。

例えば、住宅は不況時にこそ力を発揮する。リーマンショックやコロナショック中では、オフィスや商業施設などの撤退が相次ぎ、そして空室を埋めるのが難しくなる。ホテルは好景気の時や、観光ブームの時は非常に高い収益性を誇るが、いざ不況や自然災害、はたまた世界的パンデミックが猛威を奮い始めると、極端に収益が落ちる。この15年で着々と地位を築いてきたのは倉庫・物流施設（ロジスティック）だ。現在のところオンラインでの購入が当然になっているため、これらはますます安定感を増しているアセット・タイプ（不動産資産の型）だ。

もう少し解像度を上げてポートフォリオを考えてみよう。住宅に集中したポートフォリオを形成しているとして、どんな住宅が自分の投資スタイルだろう？

僕の場合は、都心3区での商業地域に、新築で建てる鉄筋コンクリート造もしくは重量鉄骨造のペンシル型の住宅だ。そしてファミリータイプに特化している。まずファミリータイプにしておくことで狭い土地でも1フロアーファミリータイプが成り立ちやすい。そしてファミリー物件は、一旦賃貸付けが決まれば非常に長く安定的に住んでもらえる。ファミリーの場合はダブル・インカムで家賃を払っている場合が多いので、家賃滞納リスクも低い。さらにファミリータイプは好景気時にはスイートタイプのホテルとして貸し出すことや、事務所併設型住宅として貸し出すこともできる。ここは設計的な工夫が最初の段階で必要だが、用途の変更（コンバージョン）は比較的容易にできる。それぞれの物件はおおよそ2億円から4億円程度の新築物件なので、5年から10年先までは物件の売却に困らない。

このサイズの物件が欲しい投資家は個人、企業問わずに結構いるのだ。しばらく家賃収入からローンの返済を進めながら、ローン後キャッシュフロー（CFAF）を享受しつつ、3年から5年で物件を売却しながら、次の新築物件を仕込む。この再現性と成長性の流れを一貫してつくるために、自分のポートフォリオに、どんな住宅を入れるのか戦略を立てている。

逆にそれ以外の物件が紹介される場合もあるが、その場合は勇気を持ってパスをすることも必要だ。4年ほど前に、ある北陸地域の利回り11%のマンションを紹介されたことがあった。利回りが相場より高かったために飛びついてしまい、ローン審査まで行い、買う寸前だったが、それよりも自分のポートフォリオ戦略にどハマりする物件が都心で見つかったため、頭を少し冷やして、自分のポートフォリオ戦略に戻ることができた。今思えば行ったこともない地方の物件を利回りだけで購入しようとしたことは、僕自身Homeworkができていなかったし、ポートフォリオ戦略を完全に無視したもので、恥ずかしい限りだ。

このように自分のポートフォリオ戦略と成長性のためのストーリーをしっかりと描いておくことで、あれこれ物件を物色するのではなく、的確にBOE分析を行いながら、自分の投資スタイルに合ったいい物件を見つけ出せる確率が格段に上がる。そしてライバルよりも素早く、いい価格で物件を仕込み、平均を大きく超えた良質な物件が創造できるのだ。

ひとつの例だが、神田紺屋町の物件を検討していた時、売主はあまりにも土地が小さいため、建設を諦め、建ってもせいぜい7階までだろうと踏んでいたようだった。そこで僕の得意技である狭小地ペンシル型マンション企画をチームとともに綿密に検討した結果、7階が限界ではなく11階まで建つことがわかった。こういった通常の不動産投資家やプロでも見過ごすアルファ創造の機会、平均値を上回る建物づくりは、まさに自分のポートフォリオ戦略と得意技を理解してこそ、発揮できる。

また、ポートフォリオの中の物件数が増えてくれば、少し尖った物件を入れてもいいかもしれない。すべて都心の住宅で固めるという安定感抜群の物件コレクションに、地方の古民家ホテルを少し交ぜるのはどうだろう？　この古民家は買値自体が200万円ほどで、リノベーションや家具設置を施しても合計350万円ほどの投資となる。そして年間のホテル収益が100万円ほどだとすると、4年以内にリスクはゼロになる。今は情勢が厳しいが、将来に地方の古民家ツーリズムが再興した時によりアップサイドを狙うことや、リモートワークで都心から離れた古民家住宅が欲しい人のための売却も可能だろう。

ポートフォリオ内に安定した所得を生み出してくれていて、なおかつ不動産評価額がしっかりと伸びている他の物件がいくつかあればこそ、こういったハイリスク・ハイリターン型だったり、地方貢献型の物件にも挑戦できるのだ。

フランク・アペシェッセ教授から学んだポートフォリオ戦略

不動産投資ファンドの黎明期をよく知り、さまざまなファンドの戦略と成長を見てきたフランク・アペシェッセ教授によるポートフォリオの拡大を示す図表6－6を紹介しておこう。長期的にポートフォリオ戦略を取り資産拡大を目指すために、プロのファンド・マネージャーの戦法からも学べるものがある。

まず、最初の2年で徐々に物件を仕込んでゆき、トータルで10億円ほどの複数の物件を仕込む。そして2年目から4年目までは高いNOI（実質収益）を安定的に出せるように賃貸付けを行い、物件を管理する。その間に次の新たなファンドのための物件も仕込み始める。大抵の投資家や銀行はファンドの物件が安定稼働し始めたら、その1号ファンドの成功体験をもとに、次の2号ファンドへの投資や融資をしてくれる。

そして4年目から6年目までに総額10億円で仕込んだ物件を徐々に売却していき、おおよそ15億円ほどの売却価格を達成して、大きなリターンを上げる。その投資戦歴（トラックレコード）を見

図表6-6　フランク教授による投資の再現性と資産運用残高の拡大

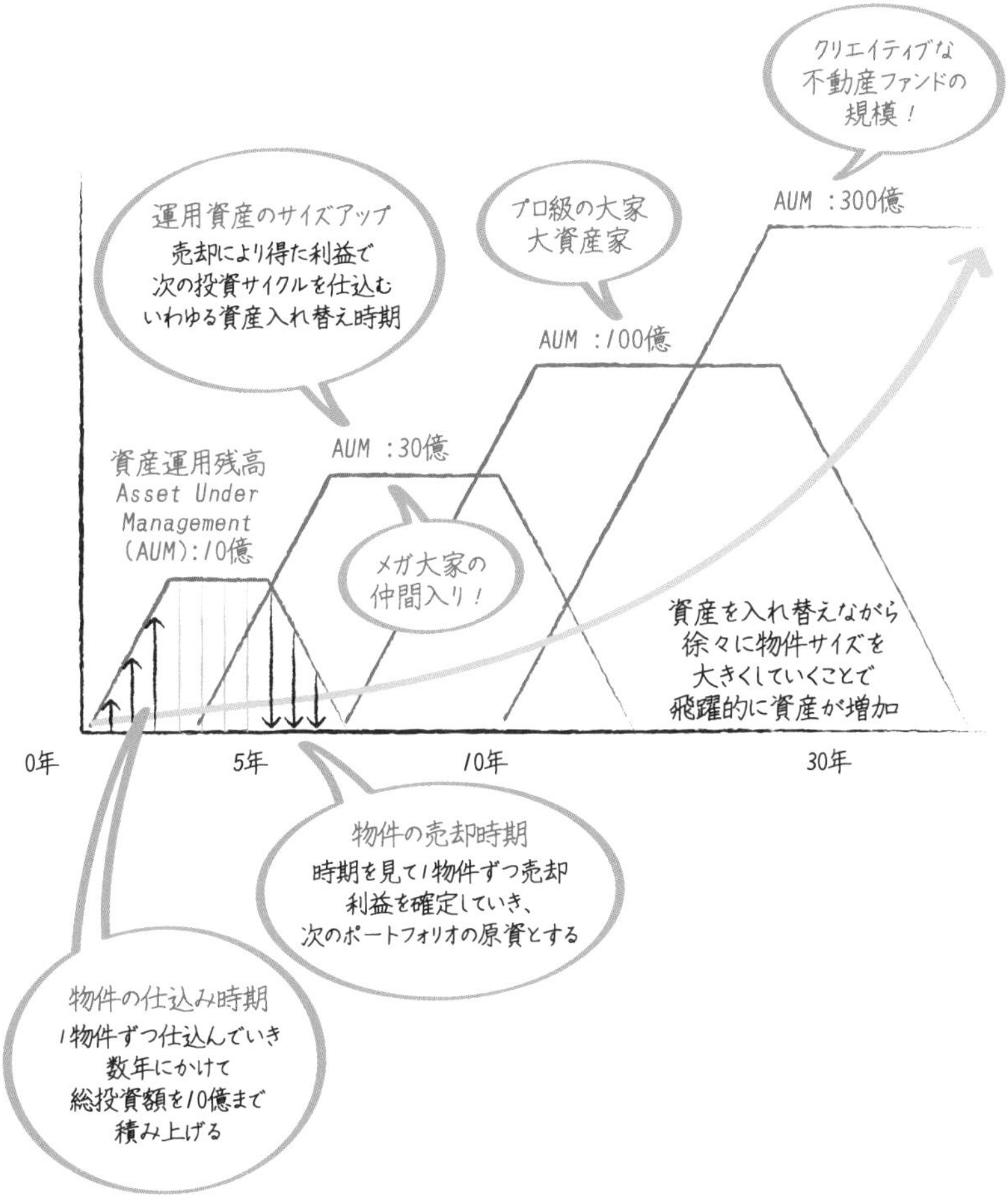

た投資家と銀行から協力を得て、2号ファンドの物件取得はさらに拡大して総額30億円ほどの資産運用高にまでなる。

これを3号、4号と繰り返していき、安定してトラックレコードを築いていけば、ファンドの運用高は100億円、300億円と伸びていく。

実際に香港のデザイン特化型のクリエイティブな不動産ファンドは2億円の物件からスタートして10年で2000億円の資産運用高を誇るようになった。我々のような個人大家が、こういった機関投資家的なファンド拡大をすることは難しいし、ここまで望む方も少ないと思うが、もし資産拡大を驚異的に行いたいという場合は、このハーバードの不動産ファンドの授業からヒントを得てもらえればと思う。

第7章

ケース・スタディから見えてくる不動産の新しいデザイン手法

実例に学ぶアルファの創り方

この章では、これまでに習得していただいたアルファ創造の手法を、僕がどのように実践してきたかを生々しい数字とともに追体験していただきたい。

ハーバード大学院のケース・スタディ・メソッドでは、250ページの見開きのように前提となるケースの情報を授業前に読み込み、もし自分が投資を実行する当事者であればどのように判断し、行動するかを授業でディスカッションする。

余力があればぜひ、前提情報を元にご自身でBOE分析を殴り書きしてもらいたい。続く次の見開きで実際に起こったストーリーや投資判断、また様々な失敗談やQ&Aも公開している。ハーバード式不動産ファイナンスの真髄であるプロ・フォルマ（資産運用の未来予想図）も各ケースすべて公開する。

エグジット（売却）を完了している物件もあるが、基本的には僕の投資スタンスであるAdded Valueファンド型（付加価値創造型）に沿って3年から5年でのエグジットが目標だ。今回は各ケースのプロ・フォルマを中間の4年でエグジット（売却）する想定で組んでいる。

まずは、250ページからの各ケースの冒頭に記された案件の特徴やストーリー、また一次情報と呼ばれる不動産仲介や金融機関からの基本条件に目を通していただきたい。例えばケース1の「鰻の寝床形状で勝つ」では土地形状の特徴や、その難しさが一般投資家の目にはどのように映るのかを示している。そして一次情報については当時、僕が投資を実行した時の数字そのものを共有していて、ケースに取り組むうえで必要な情報を伝えている。

また視覚的な情報や建築計画、デザインの与条件などを参考に、ぜひケース・スタディの準備をご自身で軽く行ってみてもらいたい。もちろん手元でBOE分析を殴り書きしていただく程度でも十分だし、本格的にダウンロード教材のプロ・フォルマに入力しながら、IRR（資産運用成績）やMultiple（資産拡大倍率）などを算出してくれてもいい。

さらに、もしご自身なら、どんなアルファを創造できるか、5つの観点からスポットを当てながら、想像を膨らませて欲しい。ケースIの神楽坂物件については、本書の序盤でも何度か取り上げているので、ケース・スタディ・メソッドを進めて行くうえでのよい腕試しになるだろう。さらに効果的なケース活用方法は大家仲間や、付き合いのある不動産業者、または学友と一緒に同じケースに取り組み、自身が出した答えと仲間の出した結論を比較しながら議論してみることだ。実際にハーバードでも行われているディスカッション形式での学びを再現でき、学びも深まり、あらたなアルファ創造のためのアイデアも生まれるかもしれない。

Case01

鰻の寝床形状の土地で勝つ

都市部密集商業地域によくある
間口が狭く奥行きが長い、
いわゆる「鰻の寝床」形状敷地だ。
一般の投資家やプロは諦める難しい土地に、はたしてアルファを創造し、想像を超える
リターンが出せるだろうか？

■一次情報

場所：神楽坂
土地費用：5,000万円（交渉後）
施工費用＋諸経費：1億円
自己資金：700万円
借入：1億4,300万円
　　金利0.975%　30年元利均等返済

■ケース・スタディ準備

・簡易BOEを計算してみてほしい
・4年でのIRRを計算してみてほしい
　＊エクセルをダウンロード使用可能

Creating αの要素をアイデア出ししてみる

・デザイン／ファイナンス／チームビルディング／エグジットとサイクル／再現性と成長性の5つのどれで平均を超えるためのアイデアが実行可能だろうか？

間口が狭く奥に延びる「鰻の寝床」敷地

密集商業地域などによくある土地だが活用が難しい

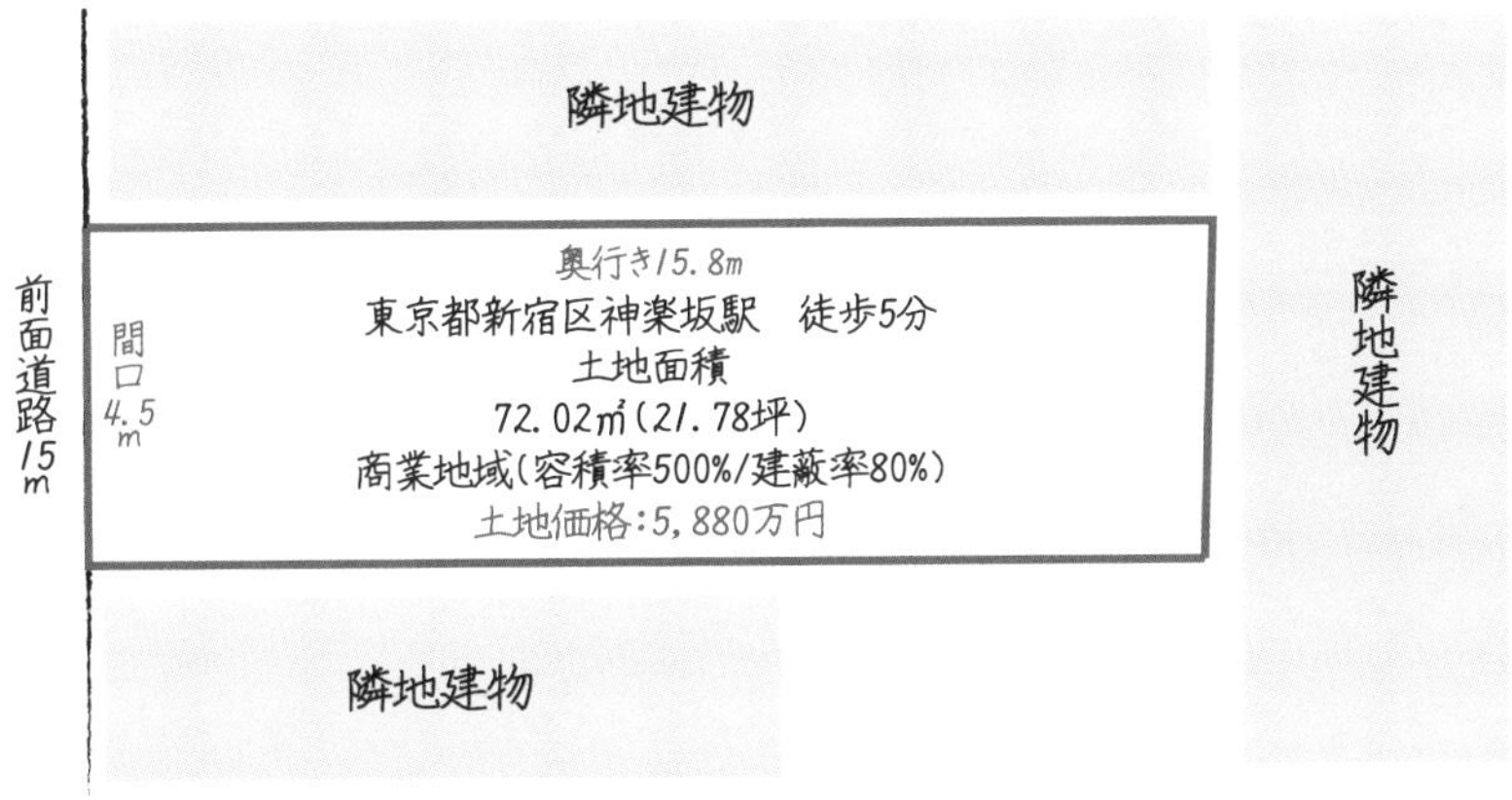

建物構成

超ペンシル型ビル vs 壁式 RC+ 地下テナント

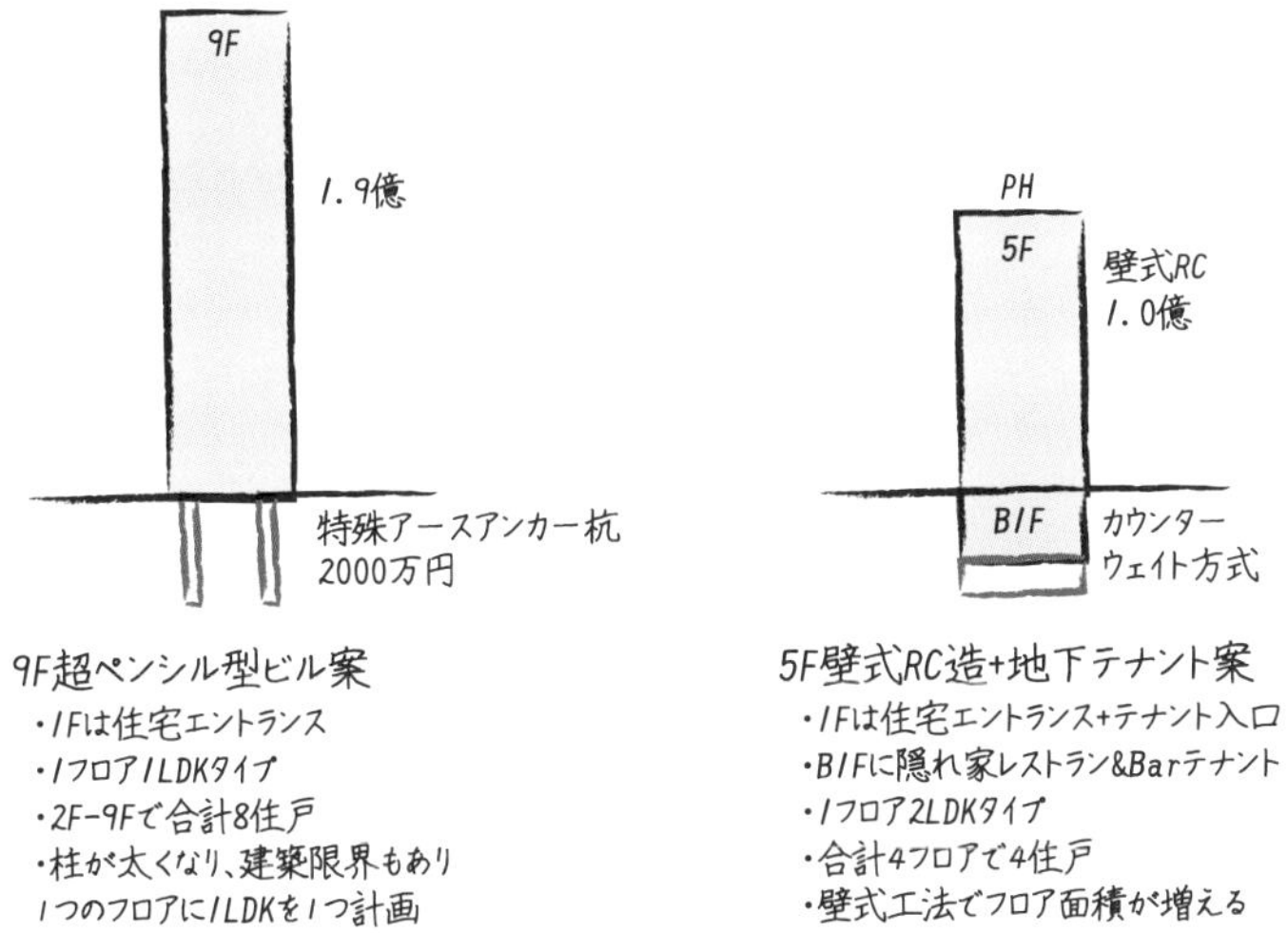

ZA KAGURAZAKA

Case 01
αの創造
Creating α

デザインでのα創造

敷地：実は日本の商業地域なら全国どこにでもあり、活用の難しい鰻の寝床のように間口が狭く奥に延びる敷地形状

土地価格：とにかく割安！

ソフトのデザイン：住んでよし、仕事してよしのホーム&オフィス
神楽坂という土地柄、家族にフォーカスしてみる

ハードのデザイン：狭い敷地で他のプレイヤーは諦めている！
壁式RC造は5Fまでならコストが抑えられる

ファイナンスでのα創造

最初はスルガ銀行による融資活用を考えたが、メガ大家からの紹介により、りそな銀行での融資がOKになり、金利が大幅に圧縮された

世界的パンデミック時期にもかかわらず、打ち放しコンクリート造による建物のデザイン性や立地、安定した家賃収入が功を奏し、ほぼ希望価格で売却成功！

建物のコンセプト

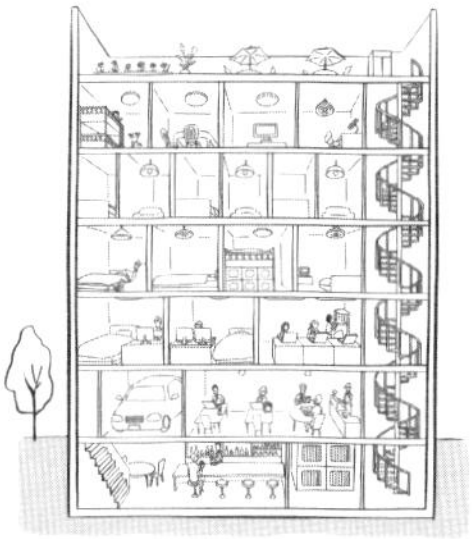

「ZA」、「座」、「The」

都会の喧騒の中でも一際、落ち着きと情緒に満ちたまち、神楽坂。
実は国際的なマチ、KAGURAZAKA。

お気に入りの時間を気心知れた仲間や空間、ものや楽しみと過ごす。
そんな生活のA to Zが詰まった空間で、仲間と「座」し、唯一「The」のときを過ごして欲しい。
そんな想いから生まれた場所が「ZA KAGURAZAKA」です。

奥行きを活かした1フロア1ファミリー住戸プラン

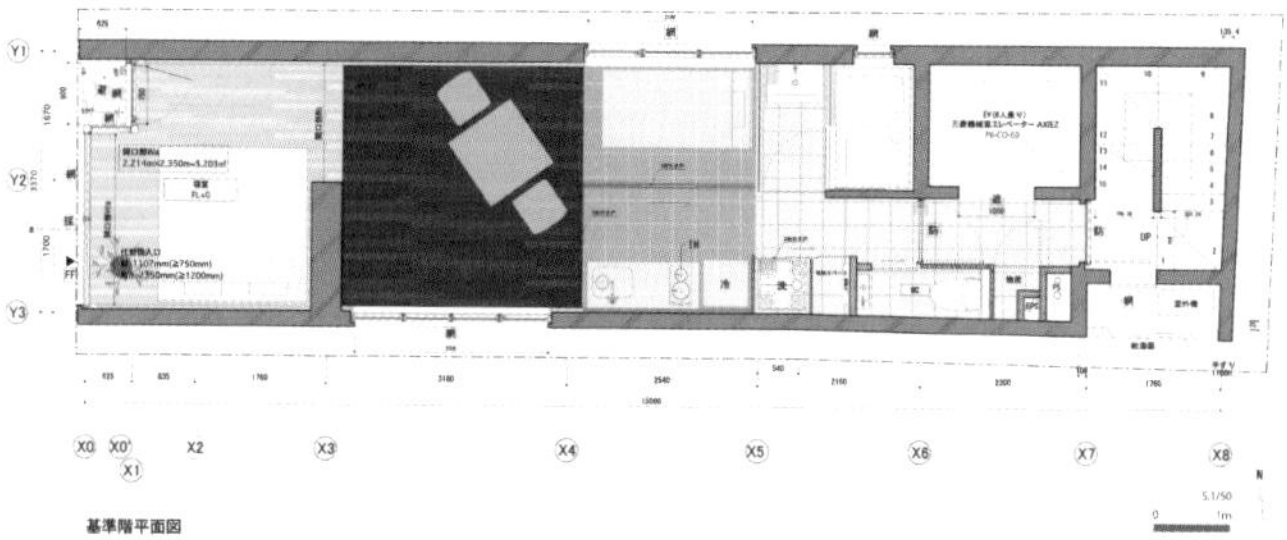

基準階平面図

©Shirayama

ZA KAGURAZAKA

Case01 プロ・フォルマによる分析結果

年間不労所得（CFAF）：921 万円

売却益（Capital Gain）：1 億 4,174 万円

自己資金に対する運用成績（IRR）：186%

資産拡大倍率（Multiple）：26x

投資のハイライト＆ QA

投資のハイライト

- 割安での土地仕入に成功
- アベノミクス前の建築工事請負契約で割安で発注できるが、途中で建設会社が倒産！
- チームを組成し、引継ぎ工事を遅れること半年で完成
- 資産入れ替えのためにほぼ希望額でエグジット

Q&A セッション

Q：なぜ景気のピーク（2019）でエグジットできなかったの？

A：ピーク後のコロナ影響前には売却活動を始めてはいたものの、本気度（気合）が違っていた。売却チームを本気でリードできなかったために、時間を要してしまった。だが物件の立地と建物のデザイン性によりピーク時からそれほど価格が値下がりすることなく売却完了

Investment Structure（投資計画）	
Land Cost（土地取得価格）	5,000万円
Construction Cost + Others（総工費＋諸経費）	10,000万円
TDC（総開発／投資費用）	15,000万円
Equity（自己資金）	700万円
Mortgage Loan（不動産担保ローン）	14,300万円
Interest（金利）	0.975%
Term（借入期間）	30年
Debt Service（年間ローン返済額）	-550万円
Rent Roll（レントロール）	
B1（テナント）	28万円
1F（エントランス・ホール／テナント）	2万円
201（2LDK）	25万円
301（2LDK）	25万円
401（2LDK）	25万円
501（2LDK）	25万円
PH（屋上テラス）	0万円
Monthly Revenue（月額収入）	130万円
GPI Annualy（満室時想定年間収入）	1,560万円

BOE分析

GPI：（30万円＋25万円×4F）×12ヶ月＝1,560万円
EI：1,560万円×95%＝1,482万円
OPEX：89万円
NOI：1,482万円−89万円＝1,393万円

DS（スルガ）：851万円
CFAF（スルガ）：1,393万円−851万円＝542万円

DS（りそな）：550万円
CFAF（りそな）：1,393万円−550万円＝843万円

Valuation：1,560万円÷5.5%＝2億8,363万円
（表面Cap Rate）：5.50%
TDC：1億5,000万円
Capital Gain：1億3,363万円

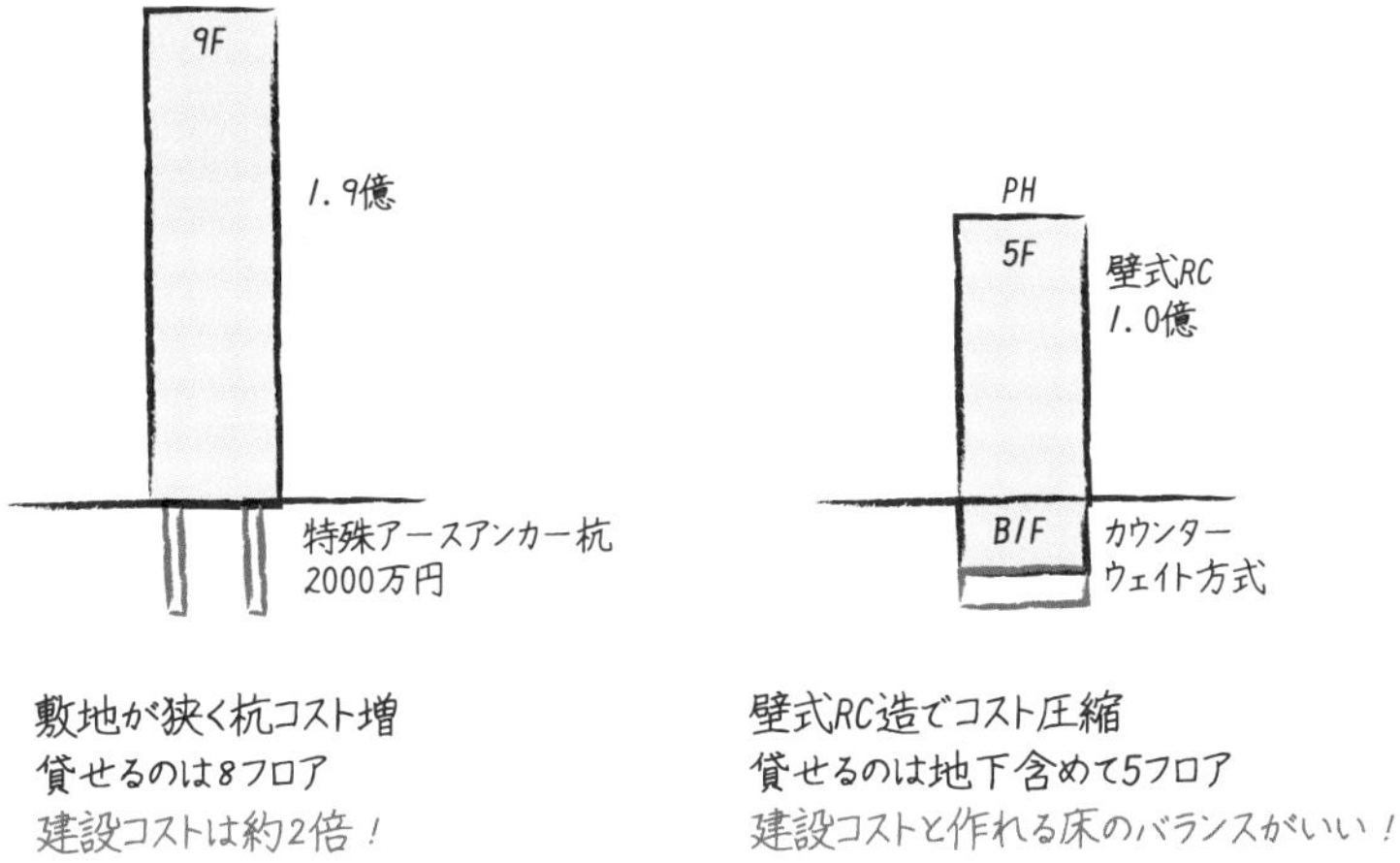

Pro Forma（資産運用の未来予想図）					単位：万円
Year（年度）	0	1	2	3	4
GPI（満室時想定家賃）		1,560	1,560	1,560	1,560
Vacancy（空室率）		0%	0%	0%	0%
EI（空室考慮後収入）		1,560	1,560	1,560	1,560
OPEX（賃貸運営経費）		-89	-89	-89	-89
NOI（実質収益）		1,471	1,471	1,471	1,471
Debt Service（ローン返済）		-550	-550	-550	-550
CFAF（ローン後収益／不労所得）		**921**	**921**	**921**	**921**
Gross Yield（表面利回り）	10.4%		Exit Price / Valuation（売却額）		26,800
NOI Yield（実質収益に対する利回り）	9.8%		Mortgage Payoff（残債返済）		-12,626
Cap Rate @Exit（売却時 期待表面利回り）	5.8%		Capital Gain（売却益）		14,174
Cash Flow on Equity（自己資金に対するCF）	-700	921	921	921	15,095
Cash Flow on TDC（融資含むCF）	-15,000	921	921	921	27,721
Levered IRR（自己資金に対する資産運用成績）	186%				
Unlevered IRR（総開発費用に対する資産運用成績）	21%				
Multiple（自己資金に対する資産拡大倍率）	26				

Case 02

超狭小地 超ペンシルビル

首都高速道路に面した取り残された
超狭小地に挑戦！
容積率は800％と大きいが
60㎡（19坪）という条件で、
どれだけ上にのばせるか？
売主は7階までの建設が
限界と考えている

■一次情報

場所：神田、秋葉原エリア
土地費用：1億2,500万円
施工費用＋諸経費：2億4,000万円
自己資金：2,000万円
借入：3億4,500万円
　　　金利0.975％　30年元利均等返済

■ケース・スタディ準備

・簡易BOEを計算してみてほしい
・4年でのIRRを計算してみてほしい
　＊エクセルをダウンロード使用可能

Creating αの要素をアイデア出ししてみる

・デザイン／ファイナンス／チームビルディング／エグジットとサイクル／再現性と成長性の5つのどれで平均を超えるためのアイデアが実行可能だろうか？

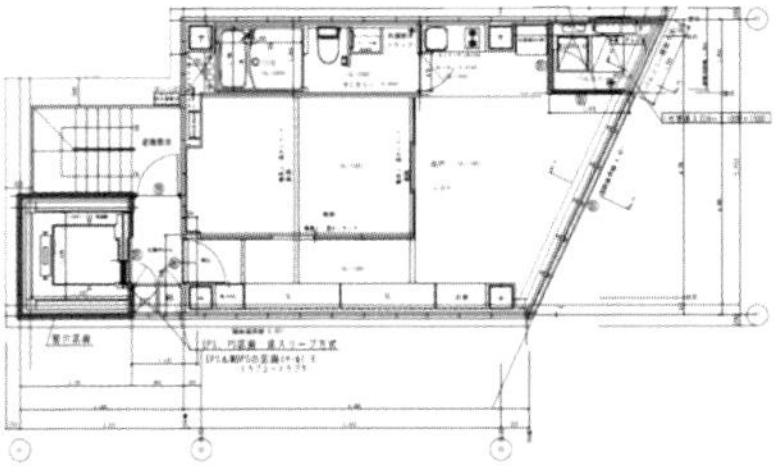

建物構成

通常開発 vs 超ペンシル型ビル

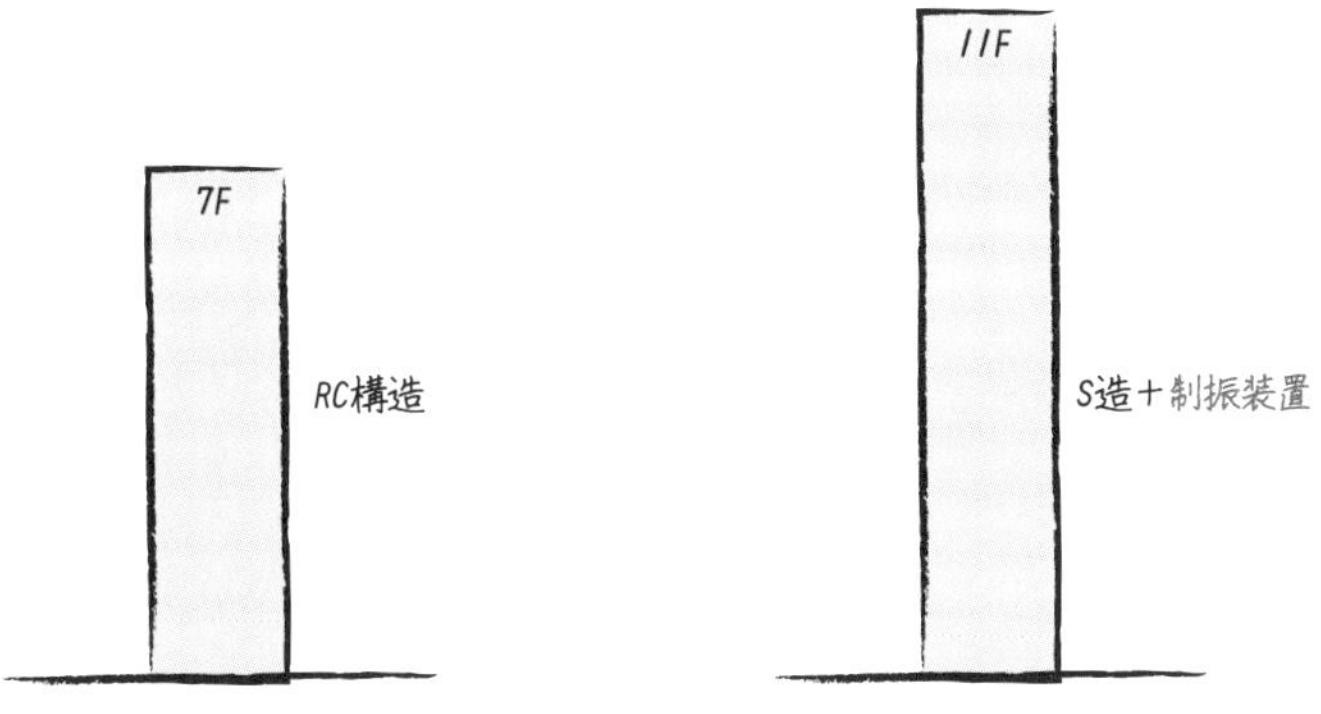

7Fビル案
・売主が描いていたボリュームプラン

11F超ペンシル型ビル案
・鉄骨造（S造）と制振構造採用により
通常ではあり得ない細長い構造

Akihabara Suite

Case02

αの創造

Creating α

デザイン

敷地：プロの不動産業者でも開発が難しい超狭小地
ソフトのデザイン：三越前や秋葉原から近いので住宅に加えて、ホテル利用やオフィス利用など幅広い用途が可能
ハードのデザイン：鉄骨造と制振構造の組み合わせで超細長いシルエットの構造が可能。敷地めいいっぱいに建築できる
7Fの建築限界が11Fに伸び、NOIを生む床が4フロアも追加された

チーム＆ネットワーキング

設計：制振構造とデザインを両立する構造設計事務所とのコラボ
施工会社：難しい敷地で勇気を持って施工してくれる建設会社
賃貸付け：ホテル用途や住宅用途に強い不動産管理会社と組んだ
エレベーター：各フロアに行くには暗証番号が必要な専用エレベーターを共同開発
銀行：スルガ銀行が開発融資を行ってくれ、竣工後にりそな銀行へ借り換えて金利を大幅に圧縮

制振構造＋S造を採用し11Fを実現！

超ペンシルビル構造を
実現してくれる制振装置を採用
意外とコストパフォーマンスは悪くない
採用により建築限界が7Fから11Fに！

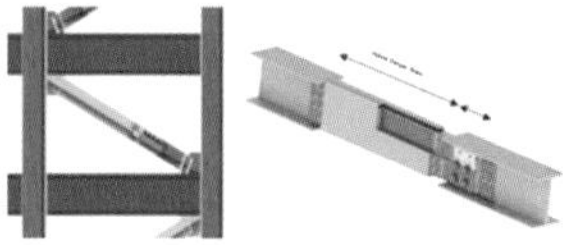

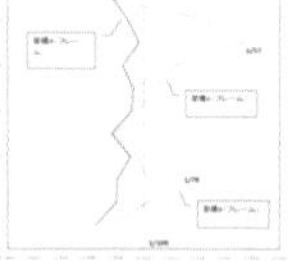

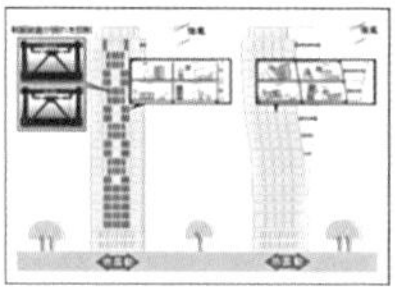

Case Study 2

2LDK タイプ

スタジオ
ホームオフィスタイプ

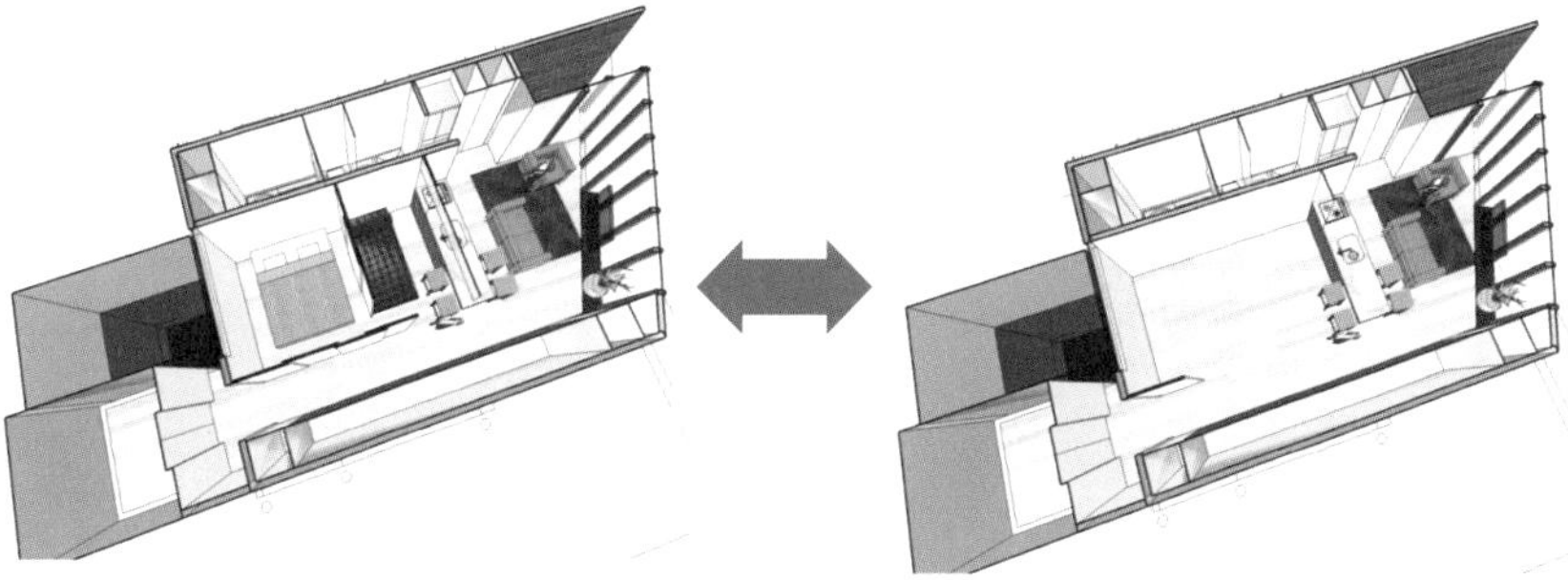

可動間仕切りにより
自由自在なプラン

Akihabara Suite

Case 02
プロ・フォルマによる分析結果

年間不労所得（CFAF）：1,703万円
売却益（Capital Gain）：3億3,138万円
自己資金に対する運用成績（IRR）：148%
資産拡大倍率（Multiple）：20x

投資のハイライト＆QA

投資のハイライト

- 3年ほど数社の不動産会社の手を渡り歩いていた開発の難しい狭小地を取得
- 神楽坂での引き継ぎ工事を成功させてくれた施工会社に特命継続発注を行い、難しい工事が可能となった
- 制振装置は追加400万円だがNOIを見事上げてくれた

Q&Aセッション

Q：どうして開発時にスルガ銀行を使ったの？
A：複数棟のプロジェクトを走らせていたため、メインバンクであるりそな銀行からは他物件が完成するまでは融資ストップとなっていた。完成後、満室稼働し始めたタイミングでりそな銀行に借り替えることができた。何より、この土地は僕しか開発できないというBOEが成り立っていたため、スルガ銀行の融資で積極開発を行った

Investment Structure（投資計画）	
Land Cost（土地取得価格）	12,500万円
Construction Cost + Others（総工費＋諸経費）	24,000万円
TDC（総開発／投資費用）	36,500万円
Equity（自己資金）	2,000万円
Mortgage Loan（不動産担保ローン）	34,500万円
Interest（金利）	0.975%
Term（借入期間）	30年
Debt Service（年間ローン返済額）	-1,327万円
Rent Roll（レントロール）	
1F（エントランス・ホール／テナント）	15万円
2F-11F	25万円
# of Floor（フロアの数）	10階
PH（屋上テラス）	0万円
Monthly Revenue（月額収入）	265万円
GPI Annualy（満室時想定年間収入）	3,180万円

BOE分析

GPI：（15万円＋25万円×10F）×12ヶ月＝3,180万円
EI：3,180万円×95%＝3,021万円
OPEX：150万円
NOI：3,021万円－150万円＝2,871万円

DS：1,327万円
CFAF：2,871万円－1,327万円
＝1,544万円

Valuation：3,180万円÷5.0%
＝6億3,600万円
（表面Cap Rate）：5.0%
TDC：3億6,500万円
Capital Gain：2億7,100万円

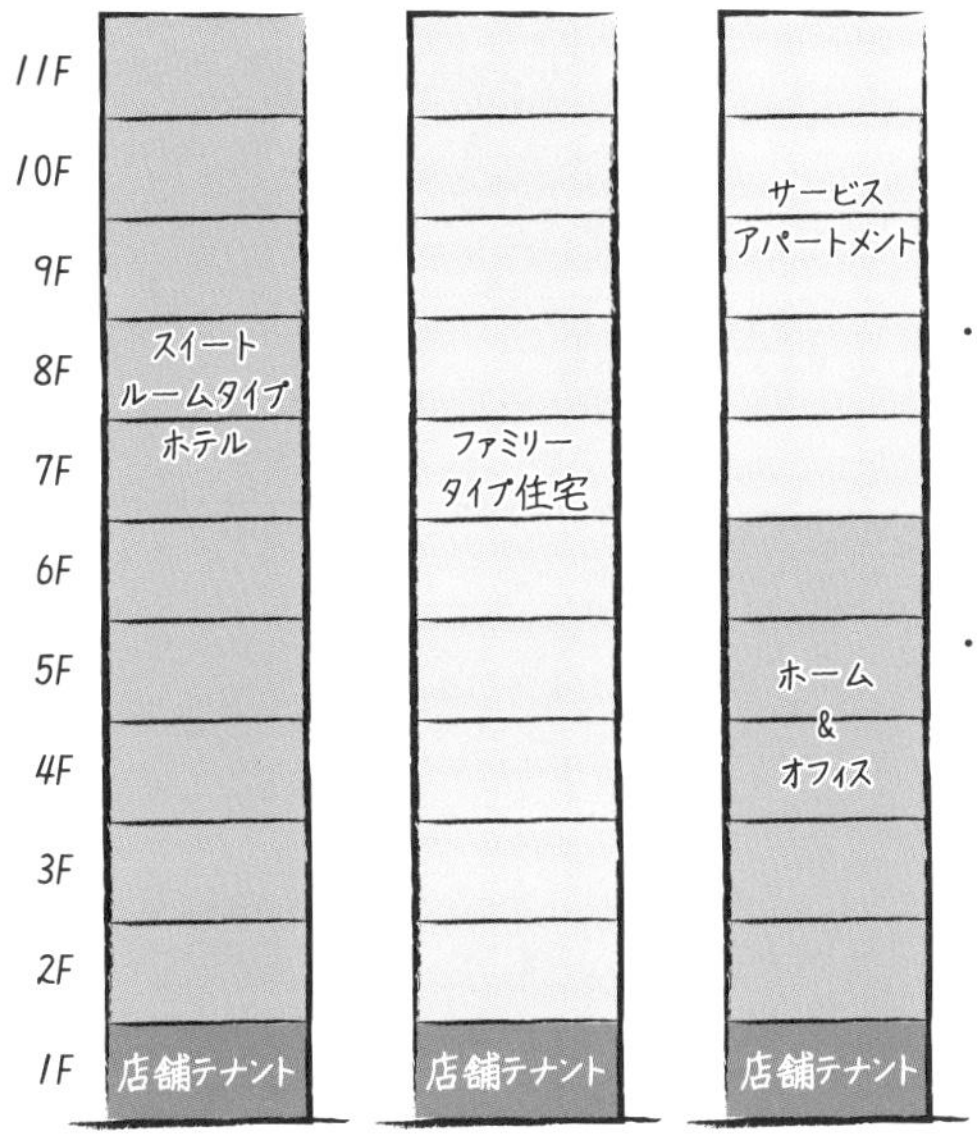

・各階1フロアの用途転用可能プラン
オフィスやホテル用途は賃料が
伸びる！

・オフィス、ホテル需要縮小期は
サービスアパートメントとして住宅利用
リスクを回避し安定感のある投資

Pro Forma（資産運用の未来予想図）					単位：万円
Year（年度）	0	1	2	3	4
GPI（満室時想定家賃）		3,180	3,180	3,180	3,180
Vacancy（空室率）		0%	0%	0%	0%
EI（空室考慮後収入）		3,180	3,180	3,180	3,180
OPEX（賃貸運営経費）		-150	-150	-150	-150
NOI（実質収益）		3,030	3,030	3,030	3,030
Debt Service（ローン返済）		-1,327	-1,327	-1,327	-1,327
CFAF（ローン後収益／不労所得）		**1,703**	**1,703**	**1,703**	**1,703**
Gross Yield（表面利回り）	8.7%		Exit Price / Valuation（売却額）		63,600
NOI Yield（実質収益に対する利回り）	8.3%		Mortgage Payoff（残債返済）		-30,462
Cap Rate @Exit（売却時 期待表面利回り）	5.0%		Capital Gain（売却益）		33,138
Cash Flow on Equity（自己資金に対するCF）	-2,000	1,703	1,703	1,703	34,842
Cash Flow on TDC（融資含むCF）	-36,500	1,703	1,703	1,703	65,303
Levered IRR（自己資金に対する資産運用成績）	148%				
Unlevered IRR（総開発費用に対する資産運用成績）	19%				
Multiple（自己資金に対する資産拡大倍率）	20				

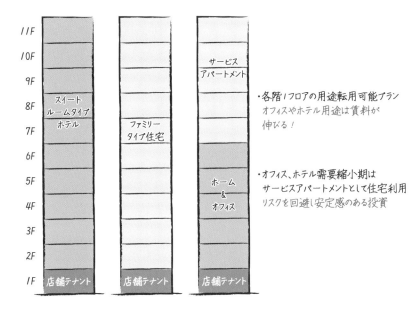

U Share Minami Aoyama

Case03

シェア型のライフスタイル

南青山という希少性の高い立地だが、
いわゆる旗竿敷地で奥には
築37年の二世帯住宅が残っている。
取り壊して再開発するか、
はたまた既存をリノベーションや
コンバージョンするか。
生かすも殺すも投資家次第

■一次情報

場所：南青山
土地費用：3億2,000万円
フルリノベ費用＋諸経費：7,000万円
自己資金：8,000万円
借入：3億1,500万円
金利1.1%　25年元利均等返済

■ケース・スタディ準備

・簡易BOEを計算してみてほしい
・4年でのIRRを計算してみてほしい
*エクセルをダウンロード使用可能

Creating αの要素をアイデア出ししてみる

・デザイン／ファイナンス／チームビルディング／エグジットとサイクル／再現性と成長性の5つのどれで平均を超えるためのアイデアが実行可能だろうか？

間口 3m 以下で奥に伸びる旗竿地

解体前提で売買に出されていた古家を活用

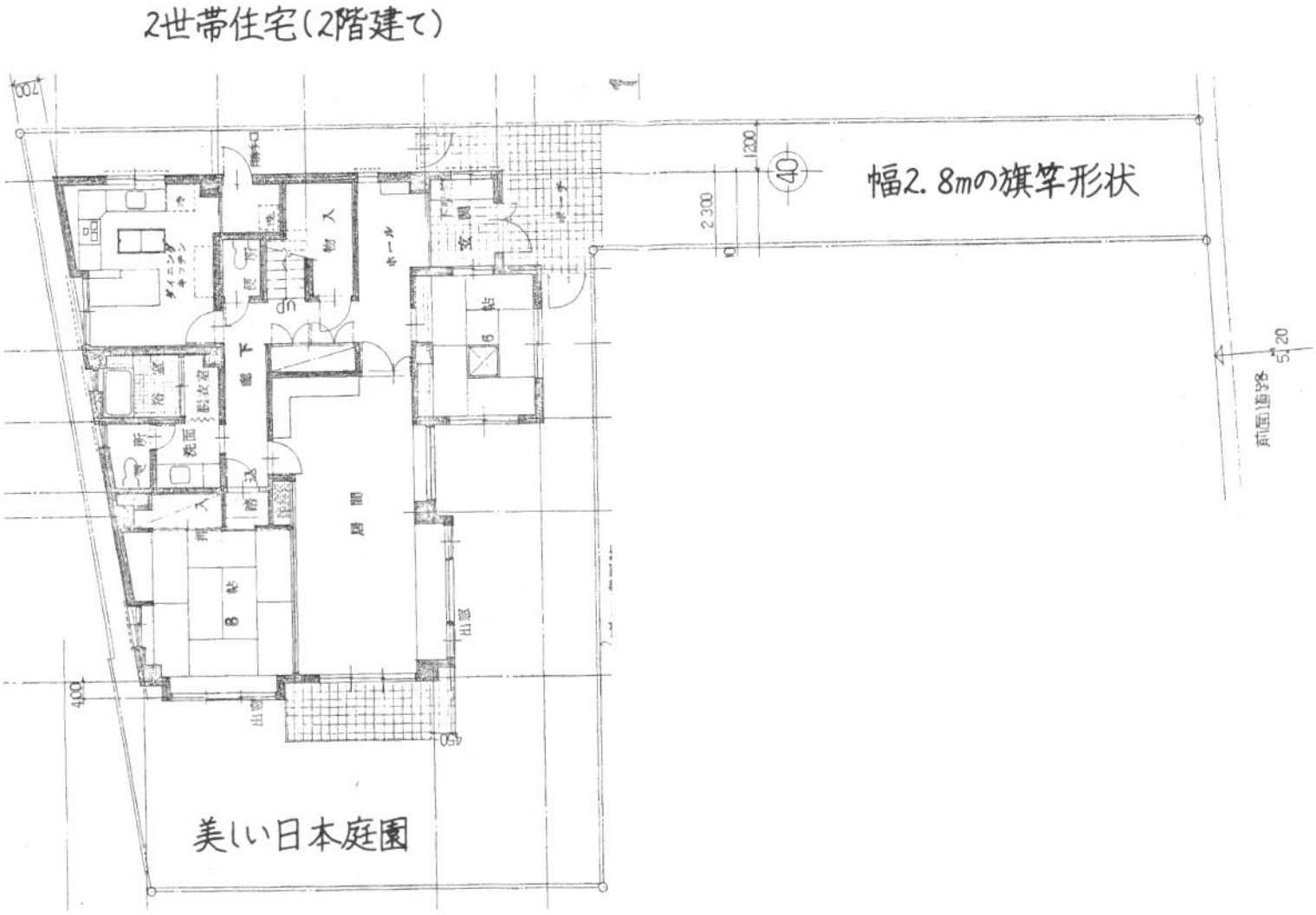

旗竿地の奥に見える既存建物

築 37 年の堅牢な日本庭園つき RC 造二世帯住宅

Case03

αの創造
Creating α

デザイン

敷地：旗竿の土地形状は開発も難しいため、面積が大きくても面積単位あたりの価格が割安な場合が多い。旗竿地を含めると280平米（約90坪）ほどの広さを誇る

ソフトのデザイン：六本木や渋谷にも近く国際的な企業も多いので外国人や海外留学経験者のための国際シェアハウスに
リモートワークや交流もしやすい様々な部屋

ハードのデザイン：既存のRC構造体を耐震診断のうえ再利用

ファイナンス＆拡張性

融資：横浜銀行が難しい融資を引き受けてくれた

価格：建物は取り壊し前提で土地値で売りにだされていたため、建物の取り壊し費用を指値（2000万円の割引き！）
土地の担保評価が高かったため、横浜銀行からの融資が叶った

将来の拡張性：旗竿値を割安に仕入れ、時間をかけてじっくりと周辺を取得し、土地が固まった時点で一気に再開発を行える可能性あり

既存の建物構造と日本庭園を活かしたフルリノベーション

RC造の駆体構造は非常に堅牢なものなので再利用（実質、駆体は無料）
筆者のハーバードでの生活経験を生かして国際シェアハウスに

AUDREY
HEPBURN
BREAKFAST
TIFFANYS

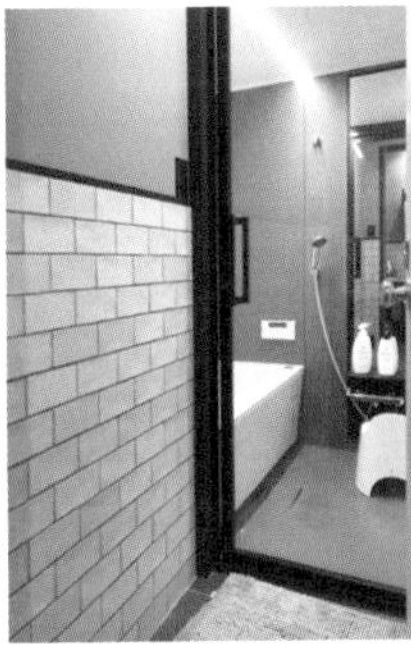

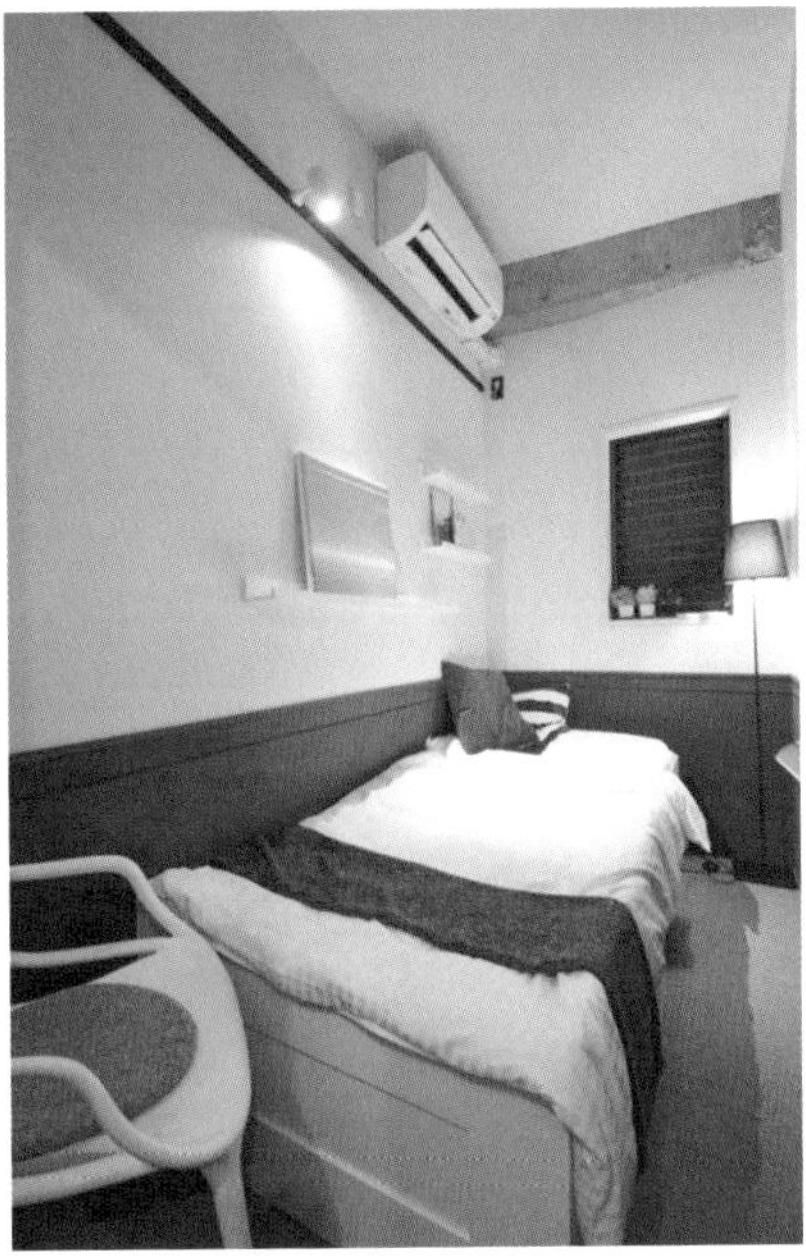

U Share Minami Aoyama

Case 03 プロ・フォルマによる分析結果

年間不労所得（CFAF）：678万円

売却益（Capital Gain）：3億1,906万円

自己資金に対する運用成績（IRR）：47%

資産拡大倍率（Multiple）：4x

投資のハイライト＆QA

投資のハイライト

- 旗竿地＋古家ありの割安物件
- 構造体を利用し、NOIを生むシェア型不動産に
- 合計10行ほどの銀行をまわった融資の難しい物件だったが、横浜銀行がOKをくれた
- リモートワーク利用や撮影利用など思わぬ利用方法が人気になってきている

Q&Aセッション

Q：なぜ取り壊してマンションを立てないの？

A：実は旗竿地には共同住宅が建築できない
再開発できるようになるまで周辺の土地を取得していく必要がある。それまでは残債を家賃収入から減らしつつ、万全の準備を整えて将来大きく開発する予定だ

Investment Structure（投資計画）	
Land Cost（土地取得価格）	32,000万円
Renovation Cost + Others（リノベ費＋諸経費）	7,000万円
TDC（総開発／投資費用）	39,000万円
Equity（自己資金）	8,000万円
Mortgage Loan（不動産担保ローン）	31,500万円
Interest（金利）	1.100%
Term（借入期間）	25年
Debt Service（年間ローン返済額）	-1,419万円
Rent Roll（レントロール）	
シェアハウス（社会人）	15万円
社会人向け住戸数	6住戸
シェアハウス（家族）201号室	50万円
シェアハウス（家族）202号室	25万円
シェアオフィス／バーチャルオフィス単価	3万円
シェアオフィス　メンバー数	10人
Monthly Revenue（月額収入）	195万円
GPI Annualy（満室時想定年間収入）	2,340万円

BOE分析

GPI：(15万円×6＋50万円＋25万円＋3万円×10)×12ヶ月
＝2,340万円
EI：2,340万円×95%＝2,223万円
OPEX：126万円
NOI：2,223万円-126万円＝2,097万円

DS：1,419万円
CFAF：2,097万円-1,419万円
＝678万円

Valuation：2,340万円÷4.0%
＝5億8,500万円
(表面Cap Rate)：4.0%
TDC：3億9,000万円
Capital Gain：1億9,500万円

社会人と家族が住う国際シェアハウス
リモートワークにも活用可能

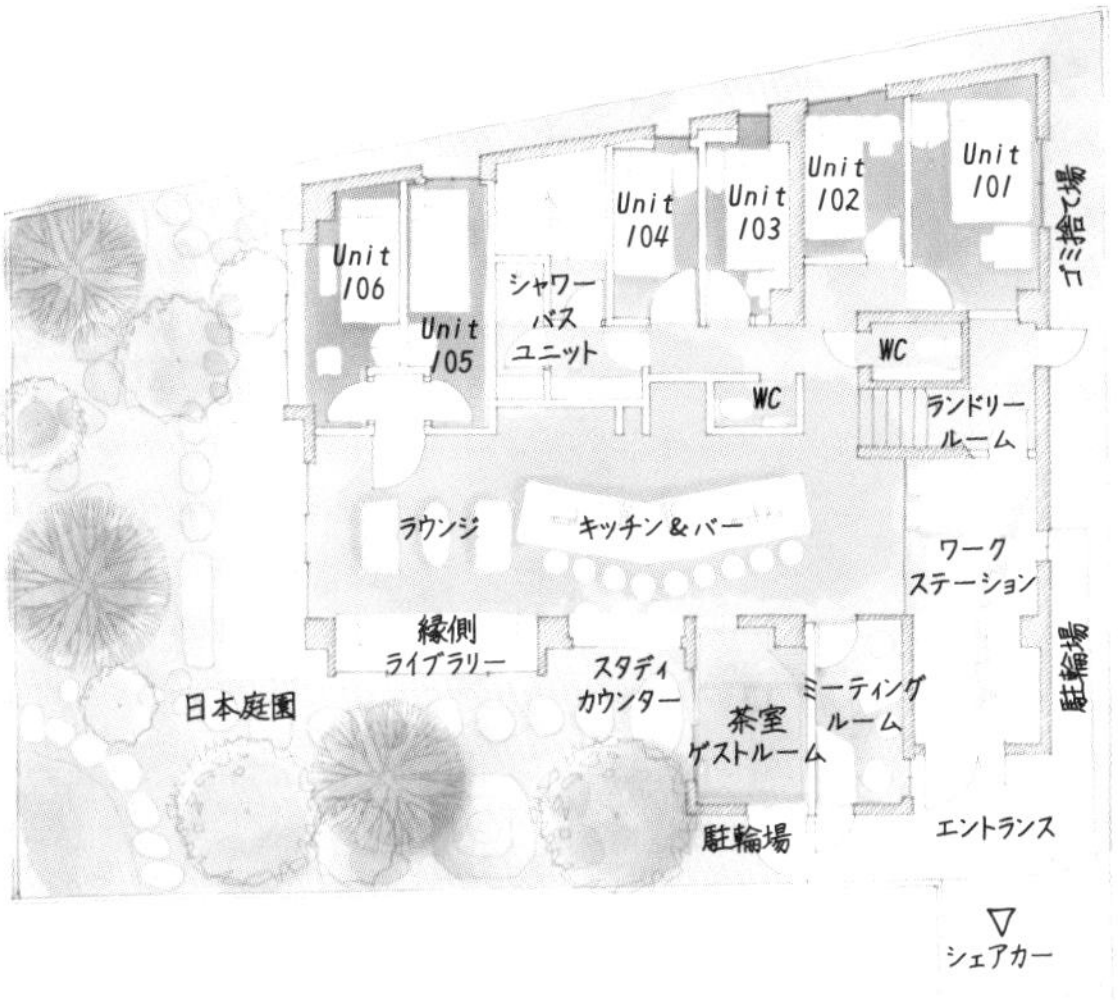

Pro Forma(資産運用の未来予想図)					単位:万円
Year(年度)	0	1	2	3	4
GPI(満室時想定家賃)		2,340	2,340	2,340	2,340
Vacancy(空室率)		5%	5%	5%	5%
EI(空室考慮後収入)		2,223	2,223	2,223	2,223
OPEX(賃貸運営経費)		-126	-126	-126	-126
NOI(実質収益)		2,097	2,097	2,097	2,097
Debt Service(ローン返済)		-1,419	-1,419	-1,419	-1,419
CFAF(ローン後収益／不労所得)		**678**	**678**	**678**	**678**
Gross Yield(表面利回り)	6.0%		Exit Price / Valuation(売却額)		58,500
NOI Yield(実質収益に対する利回り)	5.4%		Mortgage Payoff(残債返済)		-26,594
Cap Rate @Exit(売却時 期待表面利回り)	4.0%		**Capital Gain(売却益)**		31,906
Cash Flow on Equity(自己資金に対するCF)	-8,000	678	678	678	32,584
Cash Flow on TDC(融資含むCF)	-39,000	678	678	678	59,178
Levered IRR(自己資金に対する資産運用成績)	47%				
Unlevered IRR(総開発費用に対する資産運用成績)	12%				
Multiple(自己資金に対する資産拡大倍率)	4				

Case 04

国際学生寮

アベノミクスによる
不動産ブーム時に出てきた
早稲田大学至近の土地だ
間口は狭いが
需要が見込める場所なので
挑戦のしがいがある
転売業者である売主が想定している
プランではNOI（実質収益）が
あまり伸びなさそうだが
アルファが創造できるだろうか？

■一次情報

場所：西早稲田
土地費用：1億4,000万円
建設費用＋諸経費：2億9,000万円
自己資金：4,000万円
借入：3億9,000万円
　　金利0.675%　30年元利均等返済

■ケース・スタディ準備

・簡易BOEを計算してみてほしい
・4年でのIRRを計算してみてほしい
　*エクセルをダウンロード使用可能

Creating αの要素をアイデア出ししてみる

・デザイン／ファイナンス／チームビルディング／エグジットとサイクル／再現性と成長性の5つのどれで平均を超えるためのアイデアが実行可能だろうか？

点が線となり線が面となる国際学生寮拠点を順次開発

大学周辺は建て込んでいて小さな土地ばかりだが
一つ一つ大学の街にふさわしい物件をつくり、やがては街を変える！

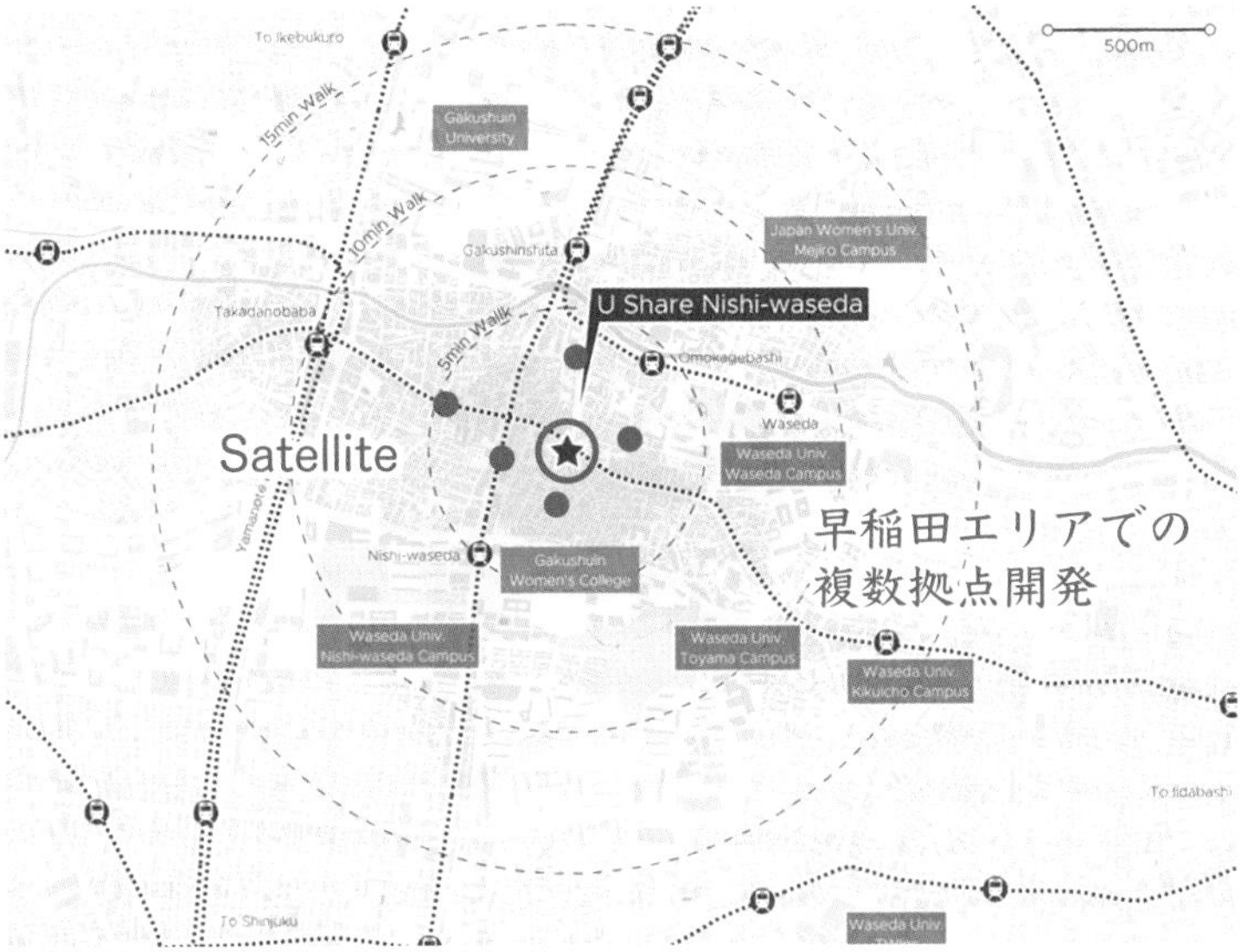

売主の参考プラン

1フロア1ファミリータイプの住戸プランが学生街に本当に適しているか？

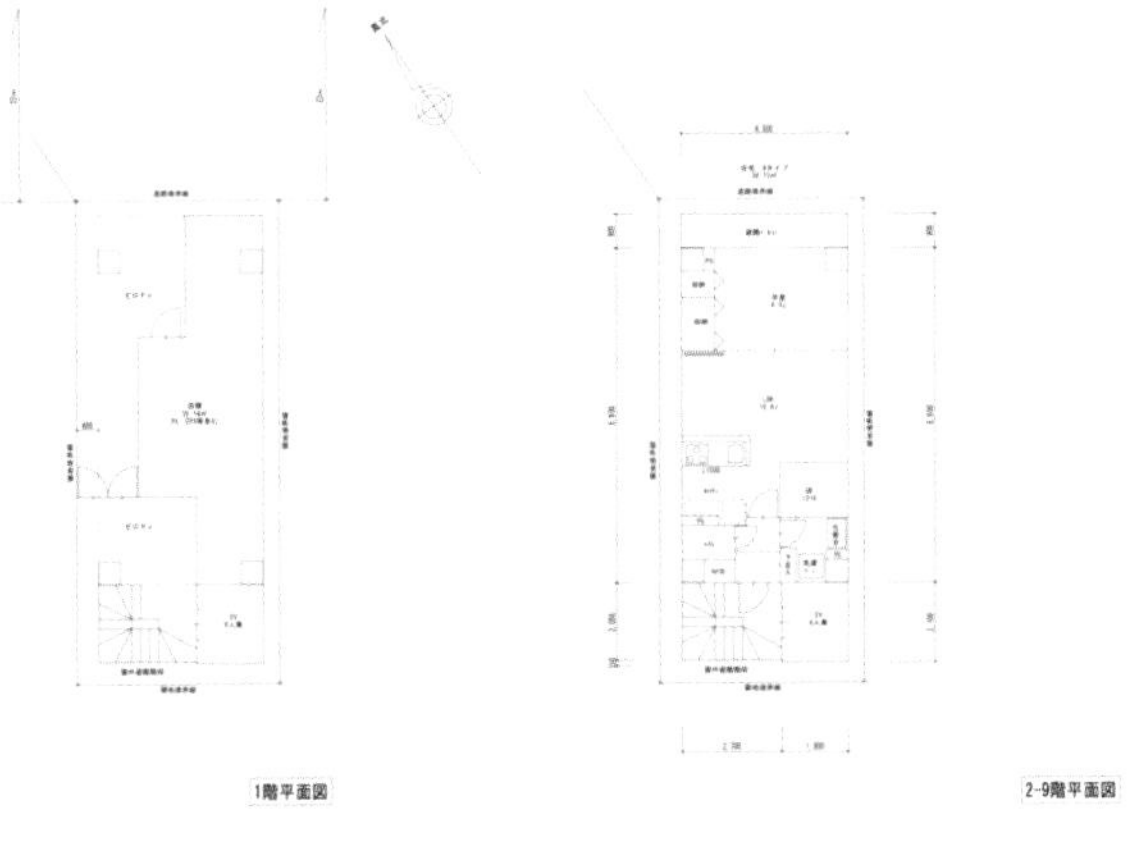

売主の想定プラン：
上層階はファミリータイプだが家賃が伸びにくい

Case 04
αの創造
Creating α

デザイン

敷地：得意の鰻の寝床形状敷地だ。早稲田通りに面しているため、めったに出ない土地

取得：合計11社が買い付けを入れてきた。当時米国ボストンにいたが飛行機チケットをすぐ取り、買い付けを出した

ソフトのデザイン：ハーバード大学の学生寮生活からヒントを得て早稲田大学と提携した国際学生寮を企画
投資、設計、開発から寮運営まで全てを一気通貫で行う

ハードのデザイン：部屋はコンパクトに、共用部は豊かにデザイン
ハーバード大学学生寮で使用されている本物のレンガを使用！

チーム＆ファイナンス

銀行：メインバンクのりそな銀行担当者が海外にいる筆者とも密に連携をしてくれて、スピード感のある融資をしてくれた。
結果、他の10社の申込を抑えて取得することができた

ハーバード大学学生寮での原体験から「学び」と「住まい」を融合する空間をつくる

英語でのコミュニケーションを基本とした留学生と国内生のための住空間

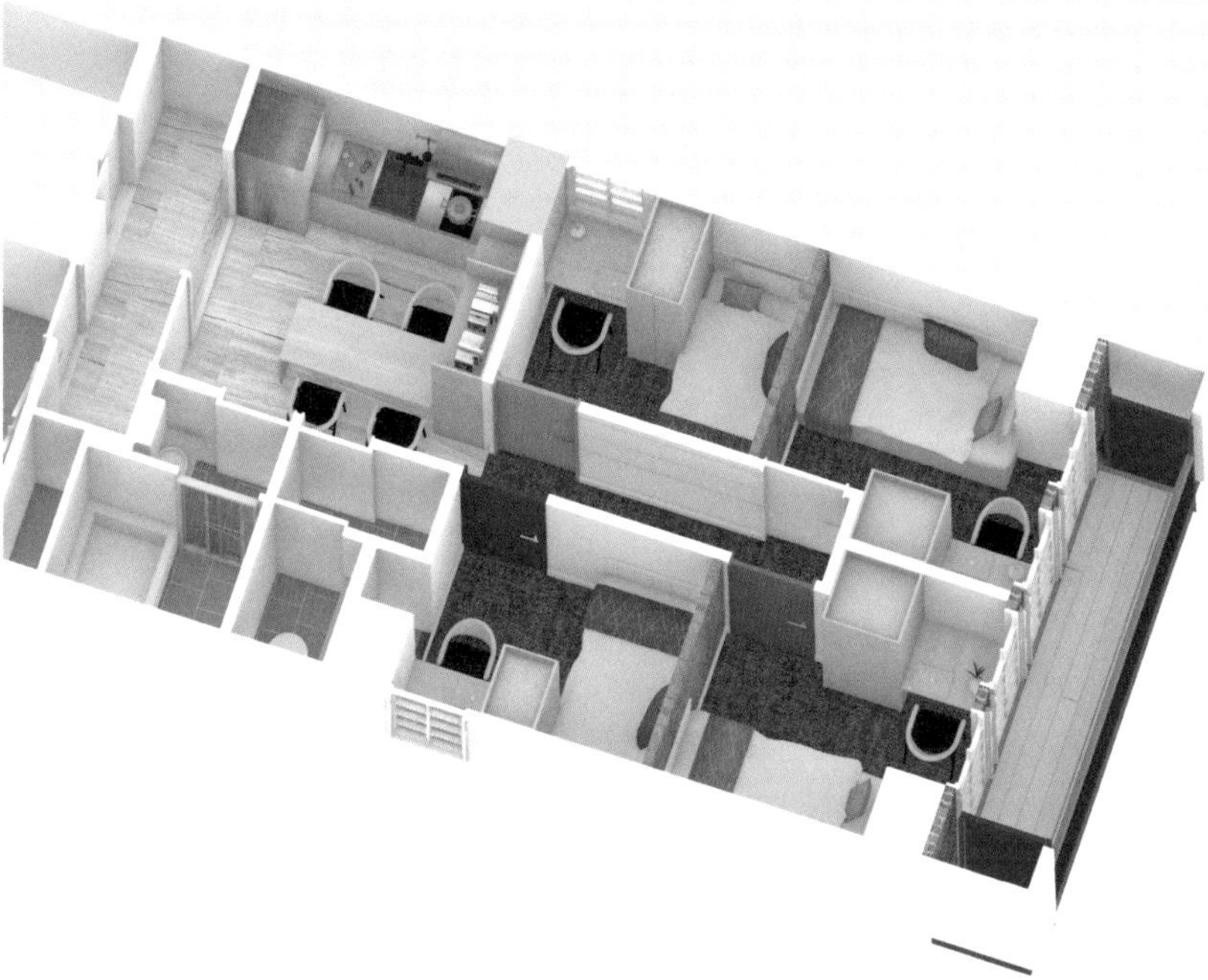

U Share Nishi Waseda

Case 04 プロ・フォルマによる分析結果

年間不労所得（CFAF）：1,715万円

売却益（Capital Gain）：3億7,679万円

自己資金に対する運用成績（IRR）：99%

資産拡大倍率（Multiple）：11x

投資のハイライト＆QA

投資のハイライト

- 海外在住時もチームのおかげで素早い投資実行
- 早稲田大学と提携し留学生に寮を提供
- オリンピックの影響で鉄骨価格が増大
- コロナ影響により工期が約1年も伸びた
- 資産入れ替えのおかげでコストアップ分をカバーできた

Q&Aセッション

Q：なぜ普通のワンルームマンションにしなかったの？

A：鰻の寝床形状の場合は避難の問題でワンルームを複数入れることが難しい。
また、学生街への貢献もしたかったし、国際的な人材が育つ場をつくりたいという、自身のインパクト投資家としてのやりがいのため

Investment Structure(投資計画)	
Land Cost(土地取得価格)	14,000万円
Construction Cost + Others(総工費＋諸経費)	29,000万円
TDC(総開発／投資費用)	43,000万円
Equity(自己資金)	4,000万円
Mortgage Loan(不動産担保ローン)	39,000万円
Interest(金利)	0.675%
Term(借入期間)	30年
Debt Service(年間ローン返済額)	-1,421万円
Rent Roll(レントロール)	
学生寮単価	7.5万円
学生寮戸数	31住戸
1Fテナント	15万円
B1Fテナント	40万円
Monthly Revenue(月額収入)	288万円
GPI Annualy(満室時想定年間収入)	3,450万円

BOE分析

GPI：(7.5万円×31＋15万円＋40万円)
×12ヶ月＝3,450万円
EI：3,450万円×96%＝3,312万円
OPEX：176万円
NOI：3,312万円−176万円＝3,136万円

DS：1,421万円
CFAF：3,136万円−1,421万円
＝1,715万円

Valuation：3,450万円÷4.8%
＝7億1,875万円
(表面Cap Rate)：4.8%
TDC：4億3,000万円
Capital Gain：2億8,875万円

共用部とプライベート個室のバランス

1フロアあたり留学生と国内生が2人ずつ、合計4人の学生が共同生活を楽しむ

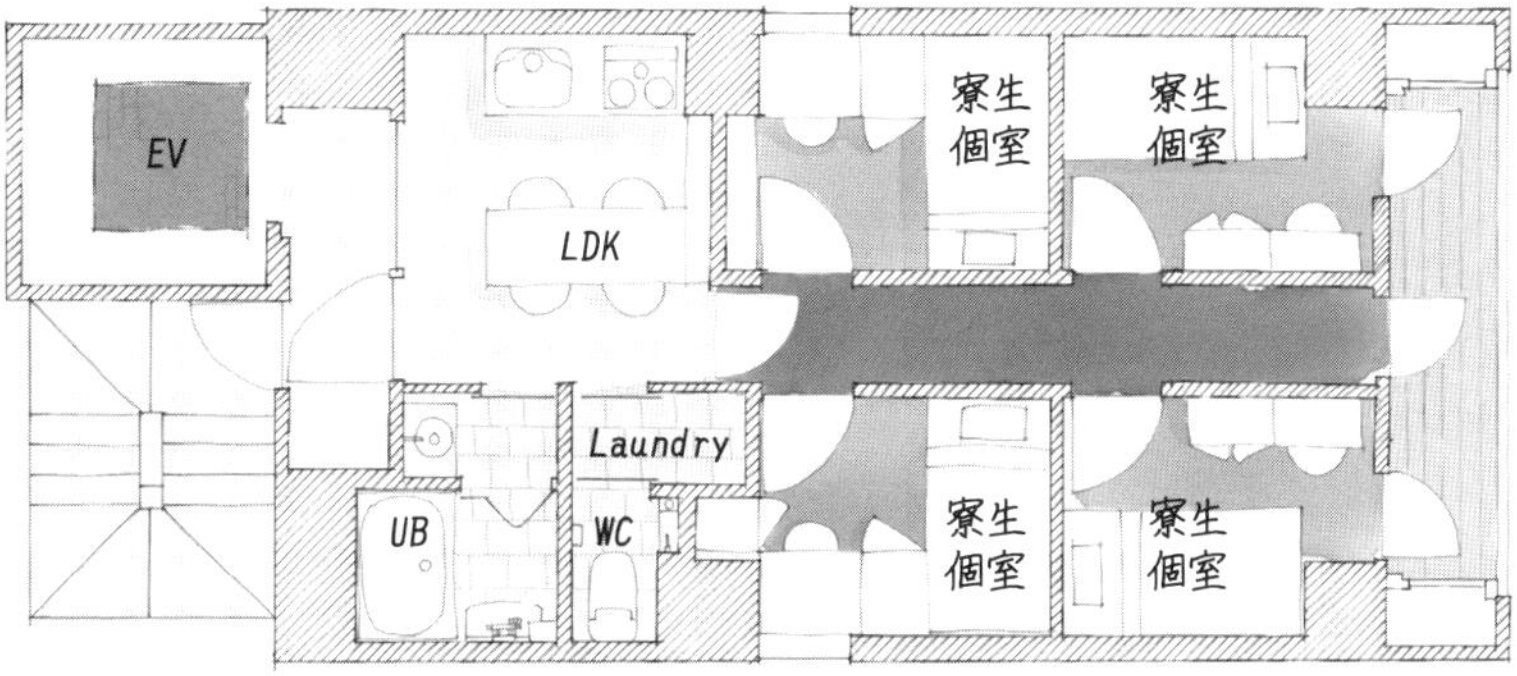

Pro Forma(資産運用の未来予想図)					単位:万円
Year(年度)	0	1	2	3	4
GPI(満室時想定家賃)		3,450	3,450	3,450	3,450
Vacancy(空室率)		4%	4%	4%	4%
EI(空室考慮後収入)		3,312	3,312	3,312	3,312
OPEX(賃貸運営経費)		-176	-176	-176	-176
NOI(実質収益)		3,136	3,136	3,136	3,136
Debt Service(ローン返済)		-1,421	-1,421	-1,421	-1,421
CFAF(ローン後収益/不労所得)		**1,715**	**1,715**	**1,715**	**1,715**
Gross Yield(表面利回り)	8.0%		Exit Price / Valuation(売却額)		71,875
NOI Yield(実質収益に対する利回り)	7.3%		Mortgage Payoff(残債返済)		-34,196
Cap Rate @Exit(売却時 期待表面利回り)	4.8%		**Capital Gain(売却益)**		**37,679**
Cash Flow on Equity(自己資金に対するCF)	-4,000	1,715	1,715	1,715	39,394
Cash Flow on TDC(融資含むCF)	-43,000	1,715	1,715	1,715	73,590
Levered IRR(自己資金に対する資産運用成績)	99%				
Unlevered IRR(総開発費用に対する資産運用成績)	17%				
Multiple(自己資金に対する資産拡大倍率)	11				

Case05

築24年 託児所つき 防音マンション

成城エリアの築24年RC造マンションで1階はオーナー住戸だ。そのままではNOIが弱いが、空室部分やオーナー住戸部分をどう活用できるかが鍵！

■一次情報

場所：成城エリア
土地建物：1億円（諸経費含む）
自己資金：1,000万円
借入：9000万円
スルガ銀行：金利4.5%　35年元利均等返済
金利交渉により1.3%　23年元利均等返済に

■ケース・スタディ準備

・簡易BOEを計算してみてほしい
・4年でのIRRを計算してみてほしい
　＊エクセルをダウンロード使用可能

Creating αの要素をアイデア出ししてみる

・デザイン／ファイナンス／チームビルディング／エグジットとサイクル／再現性と成長性の5つのどれで平均を超えるためのアイデアが実行可能だろうか？

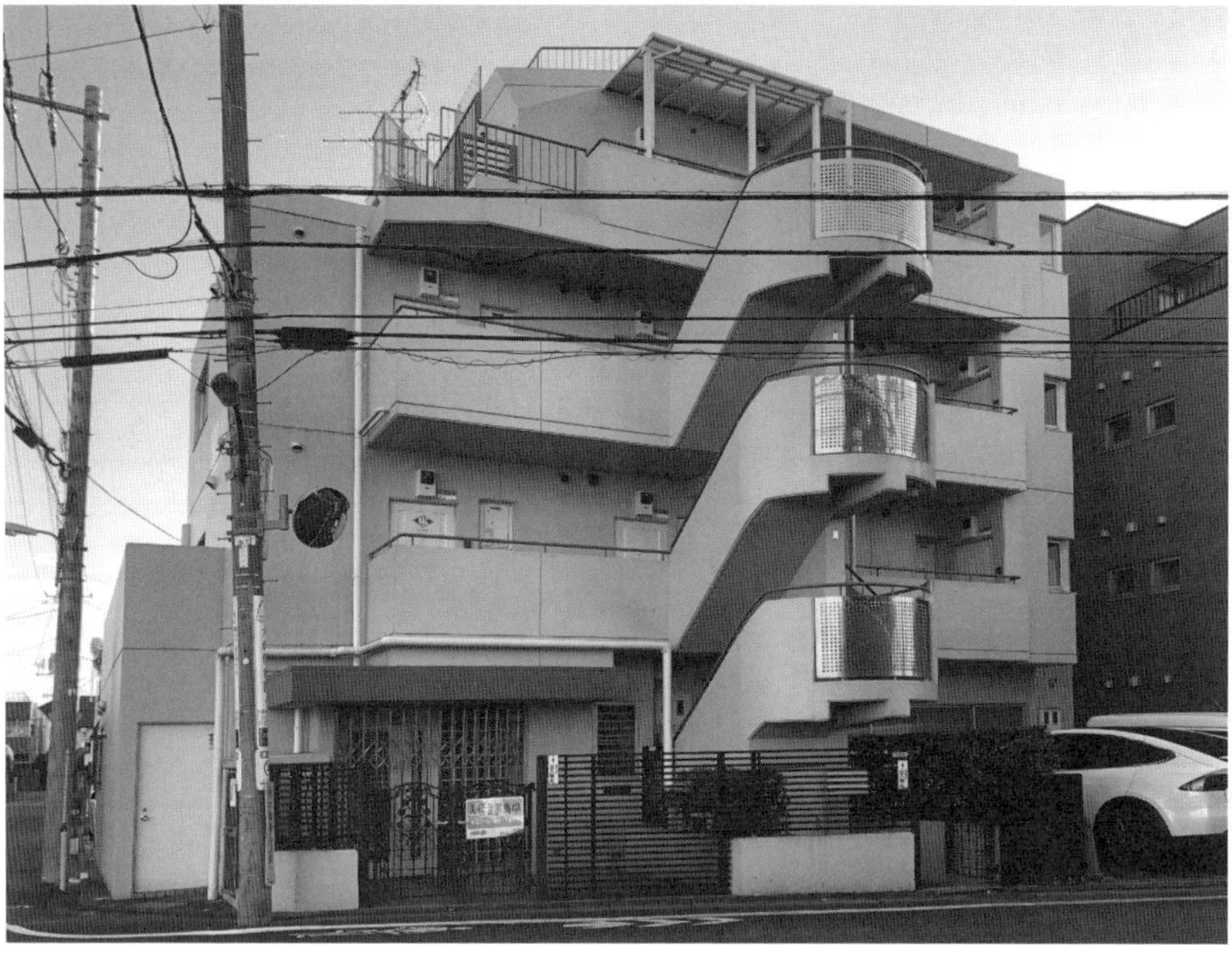

Case Study 5

年間現行家賃が513万円のため割安価格の1億円ジャストで販売

・元オーナーが高齢により老人ホームへの入所資金のため早いもの勝ち
・高利と引き換えにスルガ銀行の素早い審査で取得

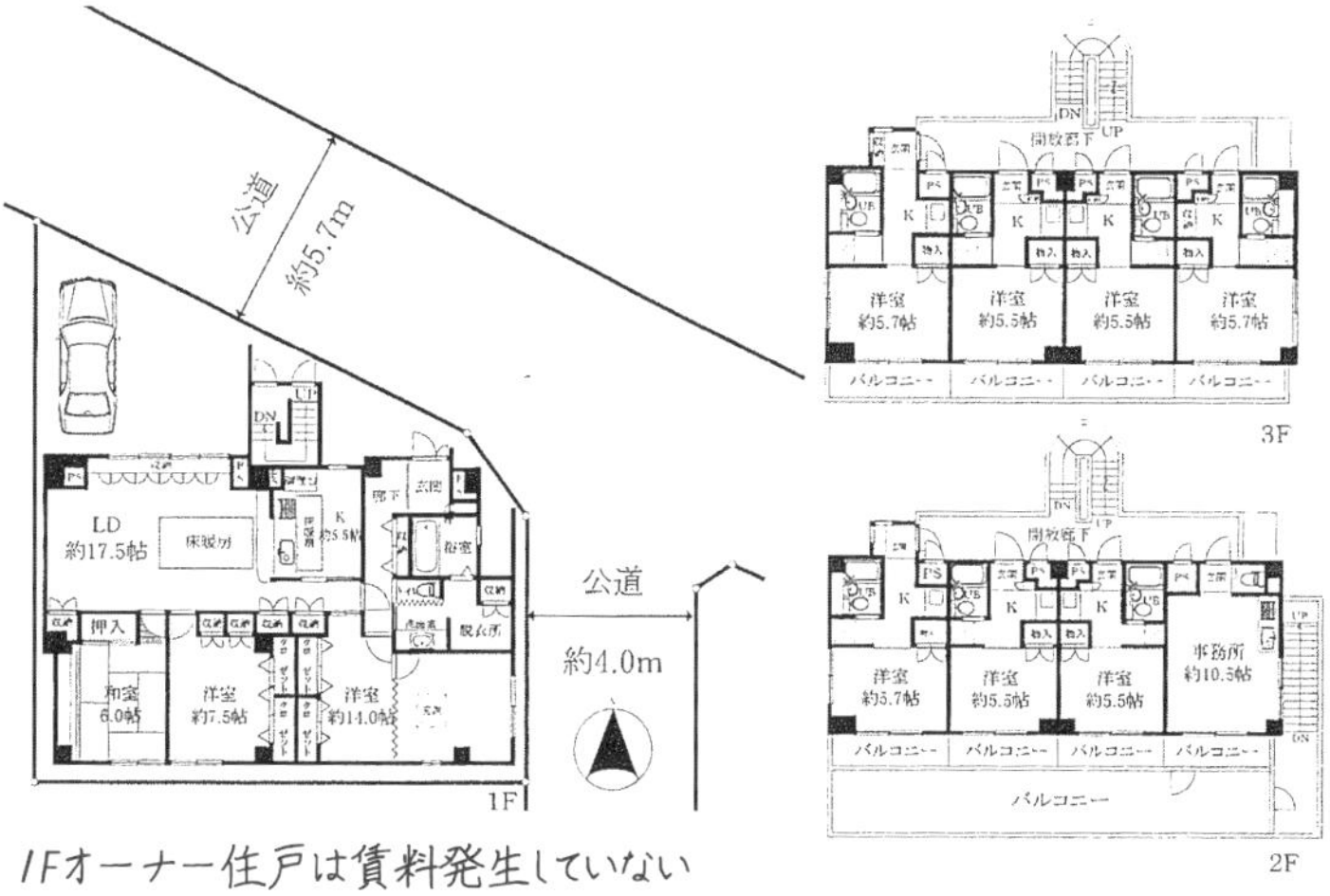

1Fオーナー住戸は賃料発生していない

「ワンルーム：11室中4室が空室」

レントロールの改善

空室（募集中）を埋めるため音大生フォーカスで広告
自己使用中の賃料が発生していないオーナー住戸を託児所に賃貸

購入前レントロール

部屋番号	家賃	共益費	家賃＋共益費	預かり敷金(保証金)	間取り
403	募集中				1K
402	¥60,000	¥1,000	¥61,000	¥120,000	1K
401	¥61,000	¥1,000	¥62,000	¥122,000	1K
305	¥56,000	¥0	¥56,000	¥56,000	1K
303	¥60,000	¥1,000	¥61,000	¥120,000	1K
302	¥58,000	¥1,000	¥59,000	¥58,000	1K
301	募集中				1K
205	自己使用中				1K
203	募集中				1K
202	¥54,000	¥0	¥54,000	¥54,000	1K
201	¥59,000	¥1,000	¥60,000	¥59,000	1K
1F	自己使用中				8LDK
駐車場	¥15,000	¥0	¥15,000	¥0	
計	¥423,000	¥5,000	¥428,000	¥589,000	

→ワンルーム空室を音大生に賃貸（205）
→託児所が借上げ（1F）

EI（実効収益）：
42.8万円×12ヶ月=513.6万円

EI（実効収益）：
88.8万円×12ヶ月=1065.6万円に向上！

Seijo Apartment

Case 05

プロ・フォルマによる分析結果

年間不労所得（CFAF）：505万円

売却益（Capital Gain）：1億3,678万円

自己資金に対する運用成績（IRR）：119%

資産拡大倍率（Multiple）：16x

投資のハイライト＆QA

投資のハイライト

- 物件掲載から2週間で契約するスピード感
- 他の買い付け者は5名
- スルガ銀行の特性を活かしたWin Winのファイナンシング（融資付け）
- 空室が埋まりNOI収益が約2倍に
- NOIが安定した時点で金利交渉 4.5%から徐々にさげてゆき1.3%に
- 築古のため今後、修繕費を積む必要あり

Q&Aセッション

Q：なぜ物件が割安だったの？
A：高齢だった前持ち主が売り急いでいたため

Q：なぜスルガ銀行でそれほど金利が安く？
A：与信背景を厚くしていったことと、物件自体の収益性を上げて、他の都市銀行でも借り換えられるステータスをつくったから

Investment Structure（投資計画）	
物件価格（土地取得価格）	9,500万円
取得諸経費	500万円
TDC（総開発／投資費用）	10,000万円
Equity（自己資金）	1,000万円
Mortgage Loan（不動産担保ローン）	9,000万円
Interest（金利）	1.30%
Term（借入期間）	23年
Debt Service（年間ローン返済額）	-453万円
Rent Roll（レントロール）	
音大生マンション単価	6.1万円
戸数	11住戸
1F託児所	21.7万円
Monthly Revenue（月額収入）	89万円
GPI Annualy（満室時想定年間収入）	1,065万円

BOE分析

GPI:(6.1万円×11+22.6万円)×12ヶ月=1,065万円
EI:1,065万円×96%=1,022万円
OPEX:64万円
NOI:1,022万円-64万円=958万円

DS:453万円
CFAF:958万円-453万円=505万円

Valuation:1,065万円÷5%
=2億1,300万円
(表面Cap Rate):5.0%
TDC:1億円
Capital Gain:1億1,300万円

Case 05 αの創造 Creating α

NOIをしっかりと上げてゆき、金利交渉する！

ソフトのデザイン&ファイナンス

・防音性の高いRC造ワンルームのため近隣の音大生にフォーカスした賃貸付けで満室に
・1Fオーナー住戸は託児所が借上げ
・ローンの審査スピードを優先しスルガ銀行と協力してまずは取得！　その後NOIを最大化した状態で金利交渉を実現
4.5%が1.3%にも下がった！

Pro Forma(資産運用の未来予想図)　単位：万円

Year(年度)	0	1	2	3	4
GPI(満室時想定家賃)		1,065	1,065	1,065	1,065
Vacancy(空室率)		4%	4%	4%	4%
EI(空室考慮後収入)		1,022	1,022	1,022	1,022
OPEX(賃貸運営経費)		-64	-64	-64	-64
NOI(実質収益)		958	958	958	958
Debt Service(ローン返済)		-453	-453	-453	-453
CFAF(ローン後収益／不労所得)		**505**	**505**	**505**	**505**
Gross Yield(表面利回り)	10.7%		Exit Price / Valuation(売却額)		21,300
NOI Yield(実質収益に対する利回り)	9.6%		Mortgage Payoff(残債返済)		-7,622
Cap Rate @Exit(売却時 期待表面利回り)	5.0%		Capital Gain(売却益)		13,678
Cash Flow on Equity(自己資金に対するCF)	-1,000	505	505	505	14,184
Cash Flow on TDC(融資含むCF)	-10,000	505	505	505	21,805
Levered IRR(自己資金に対する資産運用成績)	119%				
Unlevered IRR(総開発費用に対する資産運用成績)	25%				
Multiple(自己資金に対する資産拡大倍率)	16				

Case06 シェアリング・エコノミー活用

景気に左右はされやすいものの、新しい時代に必須のシェア型プラットフォーマーとコラボできる計画にしておけば、収益の柱を柔軟にシフトしながらリスクを回避し、アップサイドも狙える

■一次情報

場所：神田紺屋町
土地建物：4億円（諸経費含む）
自己資金：6,000万円
借入：3億4000万円　金利0.9%　30年間元利均等返済

■ケース・スタディ準備

・通常賃貸でのNOIは1,965万円/年
・**民泊からのNOIは4,798万円/年**

Creating αの要素をアイデア出ししてみる

・デザイン／ファイナンス／チームビルディング／エグジットとサイクル／再現性と成長性の5つのどれで平均を超えるためのアイデアが実行可能だろうか？

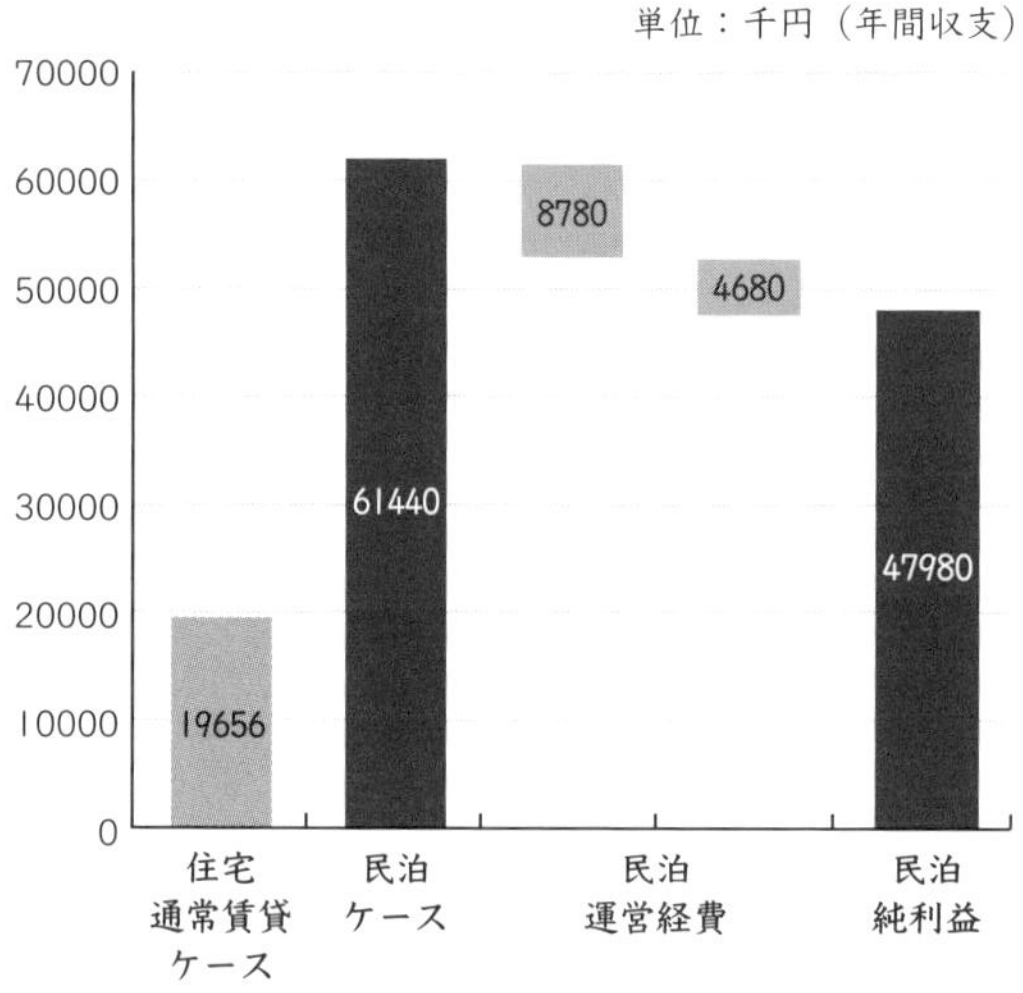

瞬間的に収益をあげてくれる

民泊活用やシェアオフィス、リモートワーク用のスペース、はたまたYouTuberの撮影スタジオや会議室利用など、さまざまな空間活用が可能になっている。唯一無二の空間づくりをデザイナーとしっかりしておけば自由度高く空間の切り売りができる！

左図は通常住宅賃貸との収入の伸びを比較したものだ

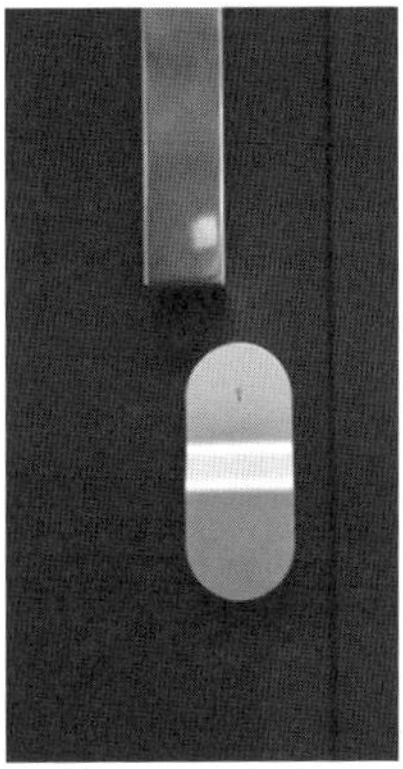

Case 06

αの創造
Creating α

シェアリング・エコノミー型運用と住宅通常運用を切り替えられるように建築計画をしておく

- 観光業が盛り上がっている時期はスイートルームとして民泊で稼ぐ
- 不況時は家族向けサービスアパートメントなどの住宅用途に戻す
- あらたな需要を取り込む（ホーム＆オフィス、YouTuber 撮影スタジオなど）

ZA DESIGN & DEVELOPMENT Inc.

Case07

法人活用 節税スキーム

不動産投資を拡大していくために
法人を活用することは必須だ。
そして個人所得を大きくして
いくよりも遥かに節税効果が高い。
個人で買い進めていた物件を
一括して法人化と同時に
借り換えしたケース

筆者の資産管理法人を設立し、同時に2物件をメインバンクに借り換え

- 神楽坂物件（融資はりそな銀行）
- 神田紺屋町物件（融資はスルガ銀行）

どちらも満室稼働で高水準でNOIが安定していたため、銀行からの提案でZAシリーズという物件名で統括するための不動産管理会社を設立

「ZA」、「座」、「The」

都会の喧騒の中でも一際、
落ち着きと情緒に満ちたまち、神楽坂。
実は国際的なマチ、KAGURAZAKA。

お気に入りの時間を気心知れた仲間や空間、
ものや楽しみと過ごす。
そんな生活のA to Zが詰まった空間で、
仲間と「座」し、
唯一「The」のときを過ごして欲しい。
そんな想いから生まれた場所が
「ZA KAGURAZAKA」です。

ZA KAGURAZAKA

ZA KANDA KONYA-CHO

Case07
αの創造
Creating α

ファイナンシング

・神田紺屋町物件は金利が3.4%から0.975%に！
・法人に物件を纏め直すことで、個人での負債がない状態となった。個人の与信が回復
・スルガ銀行へのペナルティや売買をとりまとめたりそな銀行不動産部への手数料の支払いで合計1500万円もの支出があったが、それも含めて追加融資が実現したため、キャッシュポジションは楽になった
・担保性の高い物件を保有する法人とすることで、不動産の融資が法人でも受けやすくなり、物件拡大の速度が上がった

節税効果

・個人所得の増大により高い税率だったものが、法人に物件を移したことで、税率も大幅に下がり、経費計上の自由度も格段に上がった
・新築開発時と借り換えの手数料などで所得がほぼ相殺でき、3年間は損益通算ができ、税の支払いが最小限となった
・過去時点では消費税還付が活用可能だったため、消費税還付も達成

第8章

Q&Aセッション

一通りの授業とケース・スタディを学んでみての感想はいかがだっただろうか？　実際のハーバードの不動産投資レクチャーでは教授と生徒の双方向での投げかけや応答が活発に繰り広げられる。本書でも逐次答えてゆきたいのは山々なのだが、今回は本書の最後にQ&Aセッションを設けることで、それに替えさせていただく。また、読者の素朴な疑問にも端的にお答えしておきたい。なんせ、どれだけハーバード式の理論を知ったとしても、現実では次のような質問にぶつかるからだ。

Q1 不動産投資って、面倒くさいのでは？

A1 もちろん、1件目は非常に面倒くさい！　慣れない交渉や融資獲得に向けた書類の準備、チームビルディングや、建物の企画、そして運用など、やらなくてはいけない宿題が山積する。しかし、一旦この1件目の仕込みを乗り越えてしまえば、めでたく大きなローン後キャッシュフローが待っている。特に本書でお伝えする5つのお題を扱うのは大変なことだが、平均を大きく上回るリターンが得られる。ぜひすべての宿題をこなして第1件目の投資を成功させてほしい。そして2軒目からはプロセスへの慣れと、成功体験から、それほど面倒くさいものではなくなるので安心して欲しい。

Q2 持ち家 vs 賃貸はどっちがいいの？

A2

これは資産形成をしたいと思った人が、まず真っ先に頭に浮かべる質問だ。今までどれだけの家賃を払ってきたのだろう？　家賃を払うくらいなら将来の資産形成のために持ち家（区分マンション）を買って家賃より安いローンを35年間払えばよいではないか？　それは完全な罠だ。

収益を生まない負債（住宅ローン）を抱えることで、本来あなたが組むべき有利な条件の不動産担保ローンが受けられなくなる。不動産投資のゲームに参加するための切符を既に使い果たしてしまったのだ！　もう一度、切符を手にするためには、借入と資産のバランスが整うまで、5年から10年程度返済を進めるか、貯金をするしかない。

一見、賃貸で住み続けて家賃を払い続けることは損に思うかもしれない。しかし、将来1億円の超優良物件に投資できる切符のためなら、多少の家賃はいいではないか。今は安い賃貸に住み、貯金をして、最高にいい不動産担保ローンを獲得する。年間のローン後キャッシュフローを500万円も生んでくれる1億円のローンなど、どうだろう？　そのローン後キャッシュフローがあれば、それこそ、どんな理想の家にでも大抵は住める。もちろん賢い大家さんは自分の家はずっと賃貸だ。何棟も物件を持っているメガ大家が自分の家を他の大家から借りる、という冗談もあるくらいだ。住宅を建てるのは最後の最後だ！　そしてやるからには、自分の住宅ローンさえ返してくれる賃貸部分が併用された理想のオーナー住戸を築いて欲しい。

Q3 一室投資 vs 一棟投資では、どっちがいいの？

A3

これは不動産投資を始める人から最もよく聞く質問だ。次のケース比較を見てもらいたい。

Case A：ワンルームマンション一室投資×3つ

融資額3000万円でGPI（満室時家賃収入）が210万円の投資（表面利回り7％）
賃貸運営経費（OPEX）は年間約36万円
空室率0％でのNOI（実質収益）：210万円－36万円＝174万円
金利1・5％、30年元利均等返済でローン返済年額：124万円
CFAF（ローン後キャッシュフロー）：174万円－124万円＝50万円
3室あるので50万円×3室＝150万円

リスクシナリオ

1室マンション投資は、3ヶ月ほど賃貸付けにかかるため、空室率25％があり得る。
空室率25％でのNOI：210万円×稼働率75％－OPEX36万円＝121万5000円
このシナリオでのCFAF：121万5000円－124万円＝マイナス2万5000円！

これが3室あるので、3室合計のリスクシナリオは**マイナス7万5000円に！**

Case B：鉄筋コンクリート造1棟マンション5室

融資額9000万円でGPI（満室時家賃収入）が、630万円の投資（表面利回り7％）
賃貸運営経費（OPEX）は年間約45万円
空室率0％でのNOI（実質収益）：630万円−45万円＝585万円
金利1・5％、30年元利均等返済でローン返済年額：372万円
CFAF（ローン後キャッシュフロー）：585万円−372万円＝**213万円**

リスクシナリオ
5室のうち3室が3ヶ月ほど賃貸付けにかかるとして空室率15％があり得る。
この時点で1室マンション投資よりも5室あるほうがリスク回避しやすい！
空室率15％でのNOI：630万円×稼働率85％−OPEX45万円＝490万5000円
このシナリオでのCFAF：490万5000円−372万円＝118万5000円のプラス！

答えはBOE分析を行えば自然と出るものだ。お互い同じ9000万円の融資を引いて同じボ

リュームの投資をしているにもかかわらず、OPEXがダブってしまう1室マンション投資×3のシナリオよりも一棟マンション投資のほうが成績がよくなる。

また、1棟マンション投資の場合は用途変更などを大家が自在にできることから、時代やユーザーのニーズに合わせて柔軟に戦略を切り替えてもいいだろう。

一方、マンションの管理組合から合意がとれない1室マンション投資は自由度がまったくない。さらに管理費と修繕積立費用は10年、20年と長期になればなるほど上がっていく。

Q4 タワマンは資産になる?

A4

確かに、ブランドのある立地に有名デベロッパーが開発するタワーマンションは値下がりしにくく、将来的に価値があがるかもしれない。しかも、自分も住宅にしたくなるようなうっとりする内装、ゴージャスな共用部、そして夜景は自分の所有欲を存分に満たしてくれる。僕も何十というタワーマンションのモデルルームを見てきたし、実際に住んでも来たからこそ、買いたい気持ちが嫌と言うほど分かる。ここでも先程のケースで見ていただいた通りだが、タワーマンションの場合は管理費と修繕積立費が割高になる場合が多く、NOI(実質収益)が薄くなりがちだ。そしてローン後キャッシュフローは目も当てられないものになる。もちろん土地割合が極めて低いため資産圧縮性は抜群だ。逆を言うと、純資産としての評価が圧縮されてしまうために、継続して次の投資を行うための融資は組めなくなるという罠が待っている。

Q5

不動産投資は節税対策になる？

A5

これはイエスでありノーだ。ワンルームマンション投資を節税対策に勧めてくる営業電話をあなたはとったことがあるだろうか？　減価償却もとれて、給与所得を相殺でき、所得税の還付金が戻ってくる。この手の不動産投資は資産を拡大する投資ではなく、所得を相殺するだけの投資だ。資産のバランスも崩れ、債務超過に陥り、本当によい不動産投資ローンも将来組めなくなる。手元に残ったのは数十万円の所得税還付金のみ。

逆に、メガ大家の教えでもあるが、不動産にまつわる税は喜んで払うくらいがちょうどいい。つまりしっかりと不動産で収益を出している証拠だ。税を払いながらもロングランで収益を生み続けてくれるよい不動産を長く保有する。その収益の源泉があれば、賃貸業の範囲内でどんなものでも経費として落とせる。そして減価償却費を引いて、それでも収益が残っていて税金を払わされたら、それは投資が健全な証拠だ！　固定資産税や都市計画税の税収があるからこそ、日本の街は大抵どこでも衛生的で整備が行き届いている。中国や東南アジアなどの新興都市では固定資産税がないばかりにゴーストタウン化してしまう街も沢山ある。

Q6 どれくらい勉強すれば投資を始められるの？

A6 答えはシンプルだ。始めたいと思った時に、投資検討を始めながら勉強するのが一番効率がいい。30冊の本を読み、10の不動産セミナーに出たとしても、ひとつも物件に投資をしていなければ何も始まらない。まずは、この本を横に置いて、数あるWeb上の物件紹介サイトで自分の気になる場所の物件情報を100物件、見て欲しい。BOE分析で有望な物件はいくつあっただろうか？　もしひとつでも見つかれば、勇気を持って買付証明書を出してみて欲しい。すでにあなたは立派に不動産投資の実践編を始めている！　不動産投資はすべてを勉強してからスタートすることは難しい。なぜなら個人によって条件が異なるし、投資家の与信や得意とするスタイルも様々だからだ。だからこそ、実践しながら、走りながらDo Your Homework精神で進めることが吉だ。

Q7 今は不動産投資を始めるべき時期じゃない？

A7 リーマンショックの直前は誰もが、不動産は美味しいと踊らされていた時代だし、リーマンショック後は、どんな金融機関からも不動産担保ローンが出ず、今は不動産投資の時期ではないと考えられていた。ではアベノミクスの時期はどうだろう？　その時に笑っていたのは、リーマンショック後の難しい時期に仕込んだ不動産投資家だった。僕もその時期に苦戦しながら物件を仕込んだ。ではコロナ後の世界はどうだろう？　不確定要素が不動産には多いと感じている投資家も多い一方で、都内の一等地での優良物件が出始めている。金融機関の融資姿勢も慎重にはなったとはいえ、リーマンショックの時ほどではない。さらに1、2年待っていれば、より価格が下がった状態で仕込めるかもしれないが、一般的に価格の底が見え始めた頃は競合が多いものだ。答えは、いつでも投資機会を見つけることができる！　だ。

逆を言えば投資を始められない人は10年経ったあとでも、まだ景気のサイクルを眺めながら、あれこれ考え、物件をひとつも持っていないだろう。その間にクリエイティブに考えて投資を実行できた投資家は返済が10年進み、資産も積み上がり、悠々と引退していることだろう。

Q8

リスクが大きいのでは？

A8

人は見えないもの、わからないものにリスクを感じる。ではリスクをしっかりと分解して、コントロールできるものにしてはどうだろう。株式投資は自分では何もリスクコントロールができない。債権は将来戻ってくるかの長期的なリスクを祈りながら時間が経過するのを待つしかない。

1億円の不動産担保ローンを組んだ時に、ご自身がリスクを許容できる、心理的安全地帯（コンフォートゾーン）はどこだろう？　ケースで考えよう。表面利回りとローン条件を同じにしたケースAとBを比較しながら、空室率リスクとしてあり得るシナリオをそれぞれに検証してみる。

Case A：ワンルームマンション1室投資

融資額3000万円でGPI（満室時家賃収入）が210万円の投資（**表面利回り7%**）
OPEX（賃貸運営経費）は年間約36万円
空室率0%でのNOI（実質収益）：210万円－36万円＝174万円
金利1.5%、30年元利均等返済でローン返済年額：124万円
CFAF（ローン後キャッシュフロー）：174万円－124万円＝**50万円**

リスクシナリオ

1室マンション投資は、3ヶ月ほど賃貸付けにかかるため、空室率25%があり得る。
空室率25%でのNOI：210万円×稼働率75%－OPEX36万円＝121万5000円
このシナリオでのCFAF：121万5000円－124万円＝**マイナス2万5000円！**

Case B：鉄筋コンクリート造1棟マンション5室

融資額1億円でGPI（満室時家賃収入）が700万円の投資（**表面利回り7%**）
OPEX（賃貸運営経費）は年間約48万円

空室率0%でのNOI（実質収益）：700万円－48万円＝652万円
金利1.5%、30年元利均等返済でローン返済年額：414万円
CFAF（ローン後キャッシュフロー）：652万円－414万円＝**238万円**

リスクシナリオ
5室のうち3室が3ヶ月ほど賃貸付けにかかるとして空室率15%があり得る。
この時点で1室マンション投資よりも5室あるほうがリスク回避しやすい！
空室率15%でのNOI：700万円×稼働率85%－OPEX48万円＝547万円
このシナリオでのCFAF：547万円－414万円＝**133万円のプラス！**
仮に空室率が1室マンション投資と同じ厳しい条件下では、
空室率25%でのNOI：700万円×稼働率75%－OPEX48万円＝477万円
このシナリオでのCFAF：477万円－414万円＝**63万円のプラス！**

このようにローン額の大きさでリスクを早合点するのではなく、BOE分析で検証してからリスクを扱うようにすれば、闇雲に恐れて、本来はあまり効率のよくない小さい額の投資を実行してしまうこともなくなる。さらに本来は1棟投資のほうが土地割合が1室マンションよりも格段に多いため、銀行からの担保評価には雲泥の差が現れる。最悪、物件を任意整理することになったとしても、残債をきれいに解消できる可能性が高いのは1棟RC造マンションのほ

うだ。

Q9 パートナーが連帯保証人になってくれないので投資が始められない……

A9

恥ずかしながら、僕も最初は同じマインドの持ち主だった。そのせいで結婚したばかりの妻ともお互いの理論や正当性をぶつけ合いながらの大喧嘩や冷戦をしたものだ。僕の言い分は、家族の資産を伸ばすのだから当然協力すべきだというものだった。だが結局は妻の言ってくれた一言で目が覚めた。「もしも、あなたが不動産投資で破産するようなことがあっても、連帯保証に私が入ってなければ、離婚でもなんでもして助けてあげられる。でも、連帯保証人になってしまったら共倒れになるから。それに、あなたならきっと連帯保証人なしでも成功できるはず。」

冷静になった僕は、はっと我に帰り、不動産投資の目的とリスクコントロールを再考できた。連帯保証を付けずに資産管理法人（SPC）を設立して、代表者保証（自分）のみで融資をしてくれる物件と銀行の組み合わせを模索する日々が始まった。ポイントは左記だ。

・BOE分析で十分にローン返済後もキャッシュフローが確保できる物件を銀行に持ち込むこと。実収入に対する返済比率（Debt Service Coverage Ratio）が低いとも言う
・銀行独自の物件担保評価が伸びやすい新築もしくは鉄筋コンクリート造か鉄骨造での建物と

する

・支店や担当者によって態度が変わるのが銀行の常なので、あきらめずに最低でも10行（別支店含む）は当たること

・銀行担当者は、できれば成功している大家さんの先輩の紹介で面談をする。ここはセミナーなどに顔を出すことで大家さん仲間をつくろう。もちろん、僕からもいくつかは紹介することが可能だ。ただし、気をつけて欲しいのは銀行に紹介するからには、銀行にとってもいいお客さんとなれる投資家を紹介する必要がある。忙しい銀行審査担当者としても案件成立の可能性が高いお客さんを優先したいのは当然のことなのだ

結果的には、準都市銀行に物件のBOE分析を評価してもらえ、貯金の積み上げも地道に行ったため、あっさりと銀行も配偶者の連帯保証なしでOKしてくれた。今でも自分のみの保証で行っているからこそ、物件管理や売却などの戦略も素早い判断ができるし、家族をリスクにさらさないための大胆な手法も取れる。今でも、あの時必死に抵抗してくれた妻には感謝してもしきれない。連帯保証を取られないために取れる手法はいくつもあるので、左記を積み上げよう。

・BOE分析でしっかりとキャッシュフローが出て返済比率の低い物件に投資する

・Valuationまたは銀行評価がしっかりと出る物件に投資する

・最低でも10行以上の銀行をあたり、連帯保証人なしの条件を交渉してみる
・自己資金（貯金）を積み上げて自己資金比率を高める
・親族からの借入などもトライして自己資金を厚くしてみる
・自身の年収を増やして与信背景を高める。僕は伸ばすために残業をしまくった

Q10 社会人3年目で不動産投資は始められる？ 逆に定年が近くても始められる？ 女性でもできる？

A10

新築開発の好きなメガ大家仲間にNさんという方がいる。彼は60歳手前で新築マンション開発を行って現在は3棟もの大きな新築を開発してメガ大家の仲間入りをしている。逆に僕と同年代の社会人3年目ほどから不動産投資をしてきた大家仲間はすでに、みんな5棟から10棟の物件を開発、投資して悠々自適というよりは、より戦略を研ぎ澄ませ、投資を拡大している。

こういった、世代もバックグラウンドも全く違う多様な大家仲間との交流は、本当に勉強になるし、楽しいものだ。みんなで節税対策に購入したクルーズ船でBBQを楽しみながら、お互いの投資状況や銀行融資情報を交換したり、はたまた開発した物件の見学会を行い、その後ディナー&勉強会。さらにはファーストクラスで海外不動産視察をしたりする大家仲間もいる。もちろん、こういった費用はすべて経費で落ちる。そして僕のまわりのメガ大家の先輩方10人

のうち、なんと10億円超えの投資を実行している女性不動産投資家の数は4人だ。これは女性のほうが最初は投資に慎重だけれど、物件管理の丁寧さや細やかさ、地に足のついたお金の管理などに長けているからだろうし、何よりHomeworkを着々とできるからだと思う。さあ、次はあなたの番だ。不動産投資に年齢や性別は関係ないのだ。

Q11 様々な不動産投資手法を書籍やセミナー宣伝で見るが、どれがよいのか？

A11

巷では本当に様々な投資手法がセミナーや書籍などで流布している。地方物件投資のすすめや、築古アパート投資法、またフルローンで行う投資や、空き家DIY投資などなど。実際のところ、こういった情報をどう判断すればよいのだろう？

結論からいうと、紹介された投資手法でNOI（実質収益）をしっかりと創り込むことができ、ファイナンシング（有利な融資獲得）ができ、かつリスク低減が自身で可能であり、エグジットもしっかりと想定できる投資手法であれば何だって構わない。それが勝ちパターンで、再現性と拡大性があれば、同じ手法で勝ち残り続けられる。要は、それぞれの要素で「Creating α」が常に可能であるかどうかだ。一番危険なのは人任せの不動産投資だ。そう、Homeworkもしないで、成績だけもらおうとするのは、ズルだ。必ず物件を売り込んでくる業者や運営会社がリスクフリーで儲けて、我々セミナー受講者は食い物にされてしまう。

素朴な疑問というものは、いい質問であることが多い。学校の授業で、素朴すぎて聞くのも恥ずかしいような質問をしてくれた学友に感謝した人も多いのではないだろうか？ There is no bad question!「悪い質問なんてこの世にない！」

そこで、僕のほうでもQ&Aセッションのデータベースを用意した。左記のサイトにアクセスしてもらえれば、Q&Aを見ることもできるし、書き込むこともできる。時間の許す限り、このQ&Aに答えていくし、そのやりとり自身が、後進の方々への学びともなると考えている。

URL：https://www.kurofune-dh.com/contact

おわりに

「地上にあるもの全てをデザインし、世界をより良く変える」

これはハーバード大学デザイン大学院が創設された当初の理念であり、卒業式での学長からのスピーチで必ず語られる言葉だ。

なぜ、不動産投資もデザイン大学院の範疇なのだろうと思われただろうか。その理由は、地上にある環境や住まい方、災害からの街の復興や歴史の保存、さらには月面や宇宙居住のデザインまでも研究テーマとしてカバーする同大学院では、「投資のメカニズム」をデザインし直すことも非常に重要なテーマのひとつだからだ。

単に利益追求と個人の経済的豊かさのための投資なのか、それとも世界をより良くするための投資なのか？　この視点があればこそ、投資をすることの意義や醍醐味も違った角度から見えてくるのではないだろうか。

同じリターンを上げるのでも、投資の過程で出会った人々や関係者、創り上げられる環境や空間が少しでも未来に向かってポジティブな方向性を持つものであれば、きっと大きな充実感を味わえるだろう。

僕の生々しい不動産投資体験をシェアさせていただく中で、失敗談や効率の良い投資から少し外れた実験をしていることなども追体験をしていただけたと思う。

フランク・アペシェッセ教授が知ったら、決していい戦略だとは褒めてもらえないかもしれないが、実は驚異の26倍のリターンとなった軍資金を使い果たしてでも、より進化した不動産の開発に取り組んでもいる。


なぜそんなリスクを取るのか？　それは端的に言えば、この世界をどうより良くできるかに日々挑戦したいと考えているからだ。新しい住まい方を世に問うためには、ある程度のリスクは避けられない。リスクを背負いながらも自身の知恵と勇気で投資のメカニズムを動かそうとすることは、我々大家が挑戦しなくてはいけないことだと考えている。


誰とどのように住まい、そしてどんな時を過ごすかによって、人生は根底から変わる。

このことを、僕は高知での幼少期、東京での若手の時期、またはハーバード大学院の留学時期を通して痛感した。この体験を世界にシェアできる不動産開発を、一生かけて続けていきたいと思っている。

「地上にあるもの全てをデザインし、世界をより良く変える」ために、不動産投資家ができること。それは、その投資の仕方や創り出すものが、ほんの少しでも住まう人、地域、そして社会にとってプラスの力を与えてくれるように平均や平凡を上回るデザインをしてあげることではないだろうか。

僕自身何もないところからスタートしているので、不動産投資を通じて得た資金が、人の住まいをより良く変える実験の中で、たとえ手残りがゼロになったとしても、何ら悔いはない。もしそうなったら、豊かで陽気な地元の高知に帰るだけだ。

だがその攻め込んだ実験の過程で、きっと住み手や関わってくれた人たちの人生を少しでもより良い方向に変えられる建物を、ひとつくらいは世の中に残せていると思うので上出来だろう。

僕自身の不動産投資家、そして建築家としてのスタンスは、少し極端かもしれないし、特殊かもしれない。でも、今まで試みてきて結果が出ている手法や、失敗談は惜しげなく今後もシェアさせていただくつもりだ。その中から少しでも、みなさんの不動産投資の旅路を楽しく有意義なものにしたり、経済的リターンを上げるために必要なエッセンスがあれば、ぜひ取り入れていただければと思う。

本書でのナレッジのシェアや僕の山あり谷ありの経験から、一人でも多くの「世界をより良くする不動産投資家」が誕生することを願っている。次ページには本書で活用してもらえるダウンロード教材や留学情報を公開したＵＲＬをまとめておく。

最後に本書を書き上げるにあたり、不動産投資をはじめた頃から苦労を共にしてくれて、留学というわがままにも付き合ってくれた妻と、このナレッジを世にシェアすることを全力でサポートしてくれたダイヤモンド社の高野倉副編集長には、この場を借りて心からお礼を申し上げたい。

著者

ダウンロード可能資料一覧

教材共通 URL：

https://www.kurofune-dh.com/contact

・BOE ローン簡易分析ツール
・ハーバード式プロ・フォルマ
・ケース・スタディ各種データ＋プロ・フォルマ
・Q&A セッション　データベース

筆者ハーバード大学デザイン大学院
留学ノウハウ・ブログ URL：

https://harvard-real-estate-design.blogspot.com/

教材共通 QR

留学ノウハウ・ブログ QR

［著者］
上田真路（うえた・まさみち）
建築家・不動産投資家
KUROFUNE Design Holdings Inc. 代表取締役CEO

ハーバード大学デザイン大学院（GSD）で不動産投資と建築デザインを学び、投資理論とデザインの力を融合させたユニークな不動産投資を行う。

鹿島建設入社4年目に不動産投資を開始。数々の不動産投資セミナーに足を運び、不動産関連書籍を数十冊読破。そんな中で出会ったメガ大家集団をメンターに持ち、指導を仰ぎながら不動産投資をスタートする。最初に行った東京・神楽坂での新築マンション開発では超狭小地に苦労し、辛酸を舐めつつも独自の不動産投資スタイルを確立する。現在5棟の超優良物件を保有。保有物件の中では投資額が４年間のうちに26倍になったものもある。

1982年高知県生まれ。

早稲田大学理工学部建築学科、同大学院卒業後に鹿島建設入社。

大学院卒業時にリゾートホテル開発プロジェクトにより早稲田大学小野梓芸術賞を受賞。同社では国内外で建築設計や大規模な都市開発業務に従事。鹿島建設社長賞、グッドデザイン賞、SDレビュー賞などを受賞。

2016年、ハーバード大学デザイン大学院へフルブライト留学。2018年、GSD不動産デザイン学科を卒業。外資系不動産ファンドでの投資業務を経験した後、KUROFUNE Design Holdings Inc.（デザイン事務所兼不動産ファンド会社）を創業し独立。

現在はハーバード学生寮生活で得た原体験をもとに、住まいと学びを融合させた国際学生寮「U Share」(https://u-share.com/)を開発運営する。また、慶應義塾大学SFC特任講師、早稲田大学特任講師として「不動産デザイン」について教えている。

ハーバード式不動産投資術
――資産26倍を可能にする世界最高峰のノウハウ

2021年２月16日　第１刷発行
2023年12月７日　第４刷発行

著　者――上田真路
発行所――ダイヤモンド社
〒150-8409　東京都渋谷区神宮前6-12-17
https://www.diamond.co.jp/
電話／03･5778･7233（編集）　03･5778･7240（販売）

装丁デザイン―岩永香穂（MOAI）
本文デザイン&DTP―梅津由紀子、二ノ宮匡（ニクスインク）
本文イラスト―村山宇希（ぽるか）
製作進行――ダイヤモンド・グラフィック社
印刷――――新藤慶昌堂
製本――――加藤製本
編集担当――高野倉俊勝

ISBN 978-4-478-11157-4